小市民法律大作戰 024

陳坤涵————編著

遺產繼承
DIY

2023年第十版

書泉出版社 印行

推薦序

　　現今工商社會資訊發達，許多事情均強調自己動手處理，所以DIY的觀念正不斷在民間發展著，惟必須要有內容完整，有條不紊載述的工具書作為參考始能達到事半功倍效果，本書書名為《遺產繼承DIY》，分三章，第一章遺產繼承，第二章申報遺產稅，第三章繼承登記針對發生遺產繼承時該如何著手申報及登記之程序作詳細介紹，坤涵兄以多年的實務經驗用案例將遺產繼承相關之問題及法令簡要說明，使讀者對遺產繼承之申報流程一目了然，對民法上繼承之相關概念更能簡潔說明，更使讀者對遺產繼承有完整的了解，實一不可多得之工具書，僅於本書付梓之際略記感言，以為推薦。

王永森

於理得法律事務所

十版序

本書自出版以來，由於讀者反應熱烈，迄今已改版多次，可以看出讀者對於取得遺產繼承相關知識之殷切，對於如何辦理遺產繼承益加重視。

本版次最主要就遺產繼承的有關法令、辦理的程序、書表作更新。其次，行政機關新增許多便民措施亦提供讀者參考，主要增修部分如下：

一、法律部分

本版次對近年民法、稅捐稽徵法、遺產及贈與稅法及其施行細則、都市計畫法、稅務違章案件減免處罰標準、土地登記規則等法律有增修部分已進行內容的更新。

二、解釋函令部分

本書針對生存配偶申報遺產稅時，主張要行使夫妻剩餘財產差額分配請求權部分，特別搜集內政及財政等行政機關最新之解釋函令，提供給讀者在辦理時參考。

三、相關便民措施部分

(一)財政部為使納稅義務人在辦理遺產稅申報時，能掌握更多被繼承人的遺產資訊，有提供納稅義務人申請被繼承人金融遺產的服務。本書中針對財政部這項新服務有特別介紹，以協助讀者在申報遺產稅時，能有更詳盡的遺產資料，不致因漏報而遭受補稅處罰。

(二)以往納稅義務人依法必須向被繼承人死亡時，戶籍所在地的管轄國稅局申報遺產稅，財政部為便利納稅義務人申報，遺產稅申報案件如果符合「遺產稅跨局臨櫃申辦作業要點」規定，納稅義務人亦可就近跨局申報遺產稅，對於此項新措施，本版次亦有詳盡介紹。

(三)再者，目前各縣市及直轄市政府的地政事務所都有提供跨所辦理繼承登記的服務，繼承人亦可依規定就近辦理。另外，對於跨縣市或跨直轄市的繼承登記案件，地政事務所也都有提供民眾「代收代送」的服務，讀者可不必舟車勞頓到土地所在地的管轄地政事務所辦理繼承登記。

四、更新表單部分

　　讀者在辦理遺產稅申報、抵繳遺產稅、繼承登記等案件時，因涉及國稅局、國有財產局、各縣市政府財政、稅務、地政等單位，本書儘可能提供最新且最詳實的書表範例供讀者在辦理時參考。如讀者在辦理時，各單位要求填具的表格與本書不同時，仍須以各行政及稅捐機關之表格為準。

五、調整遺產稅計算內容

　　因近年遺產及贈與稅法對於稅率及免稅額皆有修正，本書有關之案例亦同時更新所有書表及計算式。

六、修正實物抵繳規定

　　繼承人申請實物抵繳時，如無法取得全體繼承人同意，可依修正後的遺產及贈與稅法規定，由繼承人過半數及其應繼分合計過半數之同意，或繼承人之應繼分合計逾2/3之同意，於納稅期限內提出申請，本書同時並就股票抵繳的內容作詳盡說明。

七、修正附錄資料

　　本書附錄部分有關行政機關的連絡通訊資料及遺產稅不計入遺產總額、免稅額及扣除額調整表亦同步更新到最新的狀態供讀者參考。

　　本版次能順利出版，在此要感謝事務所同仁在百忙中仍協助搜尋、整理、校對遺產繼承有關法令、書表及資料，特此致謝。筆者學識淺薄，改版內容如有遺漏或缺失之處，尚祈各界惠予斧正，感謝萬分。

陳坤涵

2023年2月22日

序於興中地政士事務所

自　序

　　親人過世，除了料理喪事外，另一件因被繼承人死亡的大事，「遺產繼承」也因此出現，而遺產繼承事務所牽涉的法令及承辦的機關眾多，一般人又很少有這方面的經驗，處理起來難免令人感到棘手。

　　本書即以筆者多年的承辦經驗，將遺產繼承可能發生的各種常見問題，例如誰有遺產繼承權、如何清查被繼承人的財產、如何辦理拋棄繼承、如何主張限定繼承、如何申報遺產稅及遺產稅節稅、繼承登記的各種辦理方式等，分別提列出來，先以相關的法律關係為前導，讓讀者明瞭問題的癥結所在及適用的時機，進而說明有關的注意事項，避免發生不必要的錯誤，再將各項辦理程序予以詳述並附上應備證件及各項書表範例。讀者只要依照各項步驟，按部就班，一步一步的處理，相信很容易就可以處理好遺產繼承的相關事務。

　　本書的內容僅以一般性的遺產繼承案件作說明，若遇有特殊情形，承辦案件的相關機關要求另須檢附其他資料時，仍須以各

機關為準。

在此感謝松山地政事務所登記課課長殷偉敏老師、理得法律事務所王永森律師、台北市國稅局審查二科胡麗淑小姐及徵收科楊淑合小姐，提供寶貴資料及見解並協助校閱本書內容，使本書得以順利付梓，特此致謝。

本書完成，不外野人獻曝，舖陳區區之心得，惟筆者才疏學淺，疏漏之處難免，尚盼各界先進不吝賜教，無任感激。

陳坤涵

謹識於興中地政士事務所

CONTENTS

1 遺產繼承

■ 遺產繼承怎麼辦理？

> 芳芳的老公張三到陽明山洗溫泉中風，還沒來得及送到醫院就過世了，這麼突然的噩耗，頓時讓芳芳慌了手腳，芳芳除了忙於處理張三的喪事外，另一件因張三過世的大事，「遺產繼承」也同時出現，有關遺產繼承繁瑣的種種問題，陸陸續續的接踵而來，使原本悲傷的心情，冥冥中更增添許多壓力存在，芳芳對於辦理遺產繼承是一點經驗也沒有，不知該如何是好？

辦理遺產繼承的流程

其實遺產繼承並不是件困難的事，只是一般人平常很少接觸，處理起來難免感到棘手。但是沒關係，只要依照下列各項步驟，按部就班，一步一步的處理，相信很容易就可以處理好遺產繼承的相關事務。

● 遺產繼承流程圖

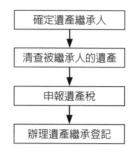

遺產繼承人流程說明

1. 確定遺產繼承人

　　遺產繼承的首要步驟是先確定繼承人是誰。依據民法規定，遺產繼承人除了被繼承人張三的配偶芳芳外，還有直系血親卑親屬、父母、兄弟姊妹及祖父母等四個順序的法定繼承人①、②，芳芳須先確定誰是遺產繼承人後，再開始著手進行張三的遺產清查工作。

2. 清查被繼承人的財產

　　依民法規定，繼承人自繼承開始時（被繼承人張三死亡時），即承受被繼承人財產上的一切權利、義務③。所以，芳芳將被繼承人張三的遺產繼承人確定後，應儘快清查被繼承人張三的財產狀況，遺產有多少？債務有多少？以免影響到遺產繼承人的權益。

3. 申報遺產稅

(1) 依遺產及贈與稅法規定，當被繼承人死亡遺有財產時，納稅義務人④應於被繼承人死亡之日起六個月內，向被繼承人死亡時戶籍所在地的主管稽徵機關辦理遺產稅申報⑤。所以，當芳芳將被繼承人張三的遺產清點完成後，必須向主管機關申報遺產稅。

(2) 遺產及贈與稅法同時規定，在遺產稅未繳清前，不可以分割遺產、交付遺贈或辦理移轉登記[⑥]，否則可能會被處以一年以下的有期徒刑[⑦]。

(3) 芳芳如果沒有在被繼承人張三死亡後的六個月內，辦理遺產稅申報，會被稽徵機關按核定應納稅額加處二倍以下的罰鍰[⑧]。

4. 辦理遺產繼承

(1) 依土地法規定，不動產繼承登記必須在繼承開始之日起，六個月內辦理[⑨]。所以，繼承人芳芳在申報遺產稅並完納遺產稅後，取得遺產稅繳清證明書或免稅證明書，即可據以向各地政機關辦理不動產繼承登記或其他股票、現金等繼承手續。

(2) 繼承人芳芳如果未在規定的期限內辦理不動產的繼承登記，每超過一個月會被處以應納登記費額一倍的罰鍰，最高可罰到二十倍[⑨]。

(3) 另依土地登記規則規定，對於辦理繼承登記因不能歸責於申請人的期間，可以扣除[⑩]，所以繼承人芳芳在辦理遺產稅因稽徵機關所延誤的期間，可以扣除，不計算在規定的六個月之內。

相關法令

① 民法第1138條

遺產繼承人，除配偶外，依下列順序定之：

一、直系血親卑親屬。

二、父母。

三、兄弟姊妹。

四、祖父母。

② 民法第1144條第1項前段

配偶有相互繼承遺產之權。

③民法第1148條

繼承人自繼承開始時，除本法另有規定外，承受被繼承人財產上之一切權利、義務。但權利、義務專屬於被繼承人本身者，不在此限。

繼承人對於被繼承人之債務，以因繼承所得遺產爲限，負清償責任。

④遺產及贈與稅法第6條

遺產稅之納稅義務人如下：

一、有遺囑執行人者，爲遺囑執行人。

二、無遺囑執行人者，爲繼承人及受遺贈人。

三、無遺囑執行人及繼承人者，爲依法選定遺產管理人。

其應選定遺產管理人，於死亡發生之日起六個月內未經選定呈報法院者，或因特定原因不能選定者，稽徵機關得依非訟事件法之規定，申請法院指定遺產管理人。

⑤遺產及贈與稅法第23條第1項

被繼承人死亡遺有財產者，納稅義務人應於被繼承人死亡之日起六個月內，向戶籍所在地主管稽徵機關依本法規定辦理遺產稅申報。但依第六條第二項規定由稽徵機關申請法院指定遺產管理人者，自法院指定遺產管理人之日起算。

⑥遺產及贈與稅法第8條第1項前段

遺產稅未繳清前，不得分割遺產、交付遺贈或辦理移轉登記。

⑦遺產及贈與稅法第50條

納稅義務人違反第八條之規定，於遺產稅未繳清前，分割遺產、交付遺贈或辦理移轉登記，或贈與稅未繳清前，辦理贈與移轉登記者，處一年以下有期徒刑。

⑧遺產及贈與稅法第44條

納稅義務人違反第二十三條或第二十四條規定，未依限辦理遺產

稅或贈與稅申報者，按核定應納稅額加處二倍以下之罰鍰。

⑨土地法第73條

土地權利變更登記，應由權利人及義務人會同聲請之。其無義務人者，由權利人聲請之。其係繼承登記者，得由任何繼承人為全體繼承人聲請之。但其聲請，不影響他繼承人拋棄繼承或限定繼承之權利。

前項聲請，應於土地權利變更後一個月內為之。其係繼承登記者，得自繼承開始之日起，六個月內為之。聲請逾期者，每逾一個月得處應納登記費額一倍之罰鍰。但最高不得超過二十倍。

⑩土地登記規則第50條第2項

土地權利變更登記逾期申請，於計算登記費罰鍰時，對於不能歸責於申請人之期間，應予扣除。

■ 你有沒有遺產繼承權？

案例

　　張三因車禍不幸身亡，除了留下龐大的遺產，另遺有三個兒子、一個女兒、一個養女及一名同居人。

　　張三的配偶陳芳芳早在十年前已過世。

　　長子張大中未婚。

　　次子張大明在三年前因病過世，遺有配偶郭芳華及張大寶、張二寶等二個兒子，張三的媳婦郭芳華、孫子張大寶及張二寶可以繼承遺產嗎？

　　三子張大昌大學畢業後即出家當和尚，可以繼承父親的遺產嗎？

　　長女張曉梅已出嫁到日本，可以繼承財產嗎？

　　養女張玉林可以繼承養父的財產嗎？

　　同居人陳美華可以繼承財產嗎？

　　張三的父母仍健在，可以繼承兒子的財產嗎？

　　張三突然意外身亡，全家人除了一片哀悽外，有關繼承權的爭議，立刻搬上檯面，到底誰才是張三合法的繼承人呢？

　　繼承，因被繼承人死亡而開始[1]。依照民法規定，繼承人就開始承受被繼承人所有財產上的權利和義務（如被繼承人的債務）[2]。但如果被繼承人死亡後，一直找不到繼承人來繼承遺產，恐怕遺產要歸給國庫[3]。

　　依照民法規定，配偶是當然的遺產繼承人[4]，另外還規定四個順序的繼承人，分別說明如下[5]：

● 依民法規定的法定繼承人

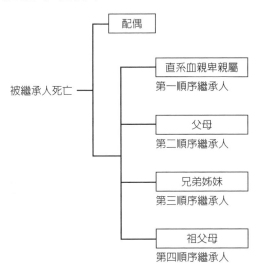

一、配偶

(一)依照民法規定，配偶有相互繼承遺產的權利。這裡所謂的「配偶」，是指有合法婚姻關係存續中的夫或妻。只要被繼承人死亡，配偶尚生存，不論配偶跟哪一順序繼承人共同繼承遺產，配偶都享有繼承權；若被繼承人的配偶在被繼承人死亡前已先過世，配偶的應繼分就歸屬於其他繼承人。

(二)張三死亡前，其配偶陳芳芳已先行過世，所以並無繼承權。

(三)另外，張三的同居人陳美華雖與被繼承人張三有共同生活的事實，但並無合法的婚姻關係，所以並無遺產繼承權。

二、直系血親卑親屬

(一)直系血親卑親屬是被繼承人第一順序的法定繼承人，如子女、養子女、孫子女等。被繼承人有子女存在時，親等較遠的直系血親卑親屬（如孫子女）就沒有繼承權[6]，除非被繼承人的

子女中有人在被繼承人死亡前已先過世或喪失繼承權⑦，或被繼承人的子女全部都拋棄繼承時⑧，孫子女才有繼承遺產的權利。

(二)被繼承人張三之長子張大中是第一順序繼承人，當然有繼承權。

(三)次子張大明已先於被繼承人張三死亡，依民法規定，第一順序的繼承人，有於繼承開始前死亡或喪失繼承權⑨者，由其直系血親卑親屬代位繼承其應繼分⑦。所以，張大明的二個兒子，張大寶及張二寶可以代位張大明的應繼分，繼承張三的遺產，但張大明的配偶郭芳華則沒有繼承權。

(四)三子張大昌雖出家當和尚，仍然具有繼承人的身分，並不因其為神職人員而受影響。（32年永上字第199號判例參照）

(五)被繼承人張三的長女張曉梅雖遠嫁日本，但也不因此而影響其繼承權。（41年台上字第518號判例參照）

(六)養子女與養父母的關係，是出於法律所擬制的血親，就是所謂的「法定血親」，並不是由於出生而自然存在的血親關係。養子女既然是養父母的法定血親，自然是養父母的直系血親卑親屬。依民法規定，養子女在身分上與婚生子女相同⑩，是一親等的直系血親卑親屬，被繼承人張三的養女張玉林當然是第一順序的法定繼承人。

三、父母

(一)被繼承人的父母是第二順序的法定繼承人，在被繼承人有直系血親卑親屬繼承時，父母是沒有繼承權的，除非被繼承人死亡前未生有直系血親卑親屬，或雖有直系血親卑親屬，但均全部先於被繼承人死亡，或喪失繼承權，或均全部拋棄繼承權，此時被繼承人的父母才享有繼承權。

(二)此外，父母對於出嫁的女兒及入贅他家的兒子都具有相同的遺產繼承權，縱使父母再婚也不影響父母對子女的繼承權。（36年司法院院解字第3334號解釋參照）

(三)再者，在收養關係尚未終止以前，養子女與親生父母的權利義務關係被停止[11]，養父母可以繼承養子女的財產，親生父母對出養子女的財產並沒有繼承權。（32年司法院字第2560號解釋參照）

(四)繼母或繼父是父親所娶的後妻或母親再嫁的後夫，在法律上，繼父母是直系姻親關係，並不發生父母與子女之間的血親關係，相互之間並沒有遺產繼承的權利。（26年渝上字第608號判例參照）

(五)不論是父死亡而母再婚或是母死亡而父再婚，如果子女死亡，父母皆不因再婚而影響其對子女的繼承權。（32年上字第1067號判例參照）

(六)在上例中，被繼承人張三的父母雖仍健在，但已有第一順序繼承人繼承，所以張三的父母並無遺產繼承權。

四、兄弟姊妹

(一)被繼承人的兄弟姊妹是第三順序的繼承人，包括同父異母、同母異父的兄弟姊妹（21年院字第735號解釋參照）及未終止收養關係的養兄弟姊妹（32年院字第2560號解釋參照），都是同一順序的繼承人，其繼承權必須是被繼承人沒有第一順序直系血親卑親屬及第二順序父母繼承人時，才輪到第三順序兄弟姊妹繼承被繼承人的財產。

(二)被繼承人張三縱使有兄弟姊妹，但此時因有第一順序直系血親卑親屬繼承人繼承，所以張三的兄弟姊妹並沒有繼承權。

五、祖父母

被繼承人的祖父母是第四順序的繼承人，此之祖父母包括外祖父母在內（22年司法院院字第898號解釋參照），其繼承權必須是被繼承人沒有第一順序直系血親卑親屬繼承人、第二順序父母繼承人及第三順序兄弟姊妹繼承人時，祖父母才有繼承權。

經過以上的分析，被繼承人張三的合法繼承人一一浮現出來，以下就是被繼承人張三的繼承系統表：

● 被繼承人張三的繼承系統表

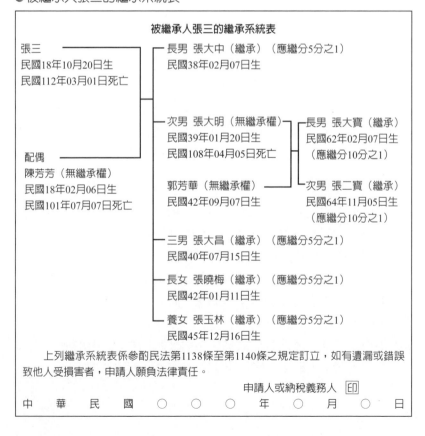

被繼承人張三的繼承系統表

張三
民國18年10月20日生
民國112年03月01日死亡

長男 張大中（繼承）（應繼分5分之1）
民國38年02月07日生

次男 張大明（無繼承權）
民國39年01月20日生
民國108年04月05日死亡

長男 張大寶（繼承）
民國62年02月07日生
（應繼分10分之1）

郭芳華（無繼承權）
民國42年09月07日生

次男 張二寶（繼承）
民國64年11月05日生
（應繼分10分之1）

配偶
陳芳芳（無繼承權）
民國18年02月06日生
民國101年07月07日死亡

三男 張大昌（繼承）（應繼分5分之1）
民國40年07月15日生

長女 張曉梅（繼承）（應繼分5分之1）
民國42年01月11日生

養女 張玉林（繼承）（應繼分5分之1）
民國45年12月16日生

上列繼承系統表係參酌民法第1138條至第1140條之規定訂立，如有遺漏或錯誤致他人受損害者，申請人願負法律責任。

申請人或納稅義務人 印

中　華　民　國　○　○　○　年　○　月　○　日

相關法令

①民法第1147條

繼承，因被繼承人死亡而開始。

②民法第1148條

繼承人自繼承開始時，除本法另有規定外，承受被繼承人財產上之一切權利、義務。但權利、義務專屬於被繼承人本身者，不在此限。

繼承人對於被繼承人之債務，以因繼承所得遺產為限，負清償責任。

③民法第1185條

第一千一百七十八條所定之期限屆滿，無繼承人承認繼承時，其遺產於清償債權，並交付遺贈物後，如有賸餘，歸屬國庫。

④民法第1144條第1項前段

配偶有相互繼承遺產之權。

⑤民法第1138條

遺產繼承人，除配偶外，依下列順序定之：

一、直系血親卑親屬。（第一順序繼承人如子女、孫子女）

二、父母。（第二順序繼承人）

三、兄弟姊妹。（第三順序繼承人）

四、祖父母。（第四順序繼承人）

⑥民法第1139條

前條所定第一順序之繼承人，以親等近者為先。

⑦民法第1140條

第一千一百三十八條所定第一順序之繼承人，有於繼承開始前死亡或喪失繼承權者，由其直系血親卑親屬代位繼承其應繼分。

⑧民法第1176條第5項

第一順序之繼承人，其親等近者均拋棄繼承權時，由次親等之直系血親卑親屬繼承。

⑨民法第1145條

有下列各款情事之一者，喪失其繼承權：

一、故意致被繼承人或應繼承人於死或雖未致死因而受刑之宣告者。

二、以詐欺或脅迫使被繼承人為關於繼承之遺囑，或使其撤回或變更之者。

三、以詐欺或脅迫妨害被繼承人為關於繼承之遺囑，或妨害其撤回或變更之者。

四、偽造、變造、隱匿或湮滅被繼承人關於繼承之遺囑者。

五、對被繼承人有重大之虐待或侮辱情事，經被繼承人表示其不得繼承者。

前項第二款至第四款之規定，如經被繼承人宥恕者，其繼承權不喪失。

⑩民法第1077條

養子女與養父母及其親屬間之關係，除法律另有規定外，與婚生子女同。

養子女與本生父母及其親屬間之權利義務，於收養關係存續中停止之。但夫妻之一方收養他方之子女時，他方與其子女之權利義務，不因收養而受影響。

收養者收養子女後，與養子女之本生父或母結婚時，養子女回復與本生父或母及其親屬間之權利義務。但第三人已取得之權利，不受影響。

養子女於收養認可時已有直系血親卑親屬者，收養之效力僅及於其未成年之直系血親卑親屬。但收養認可前，其已成年之直系血

親卑親屬表示同意者，不在此限。

前項同意，準用第一千零七十六條之一第二項及第三項之規定。

⑪民法第1083條

養子女及收養效力所及之直系血親卑親屬，自收養關係終止時起，回復其本姓，並回復其與本生父母及其親屬間之權利義務。但第三人已取得之權利，不受影響。

◣ 被繼承人的遺產怎麼清查？

> 張三因車禍突然死亡，被繼承人張三生前忙於工作，到底遺留多少財產和債務，繼承人沒有一個人了解，怎麼辦？

清點被繼承人的財產狀況，有時就像挖寶一樣，繼承人常常會不經意的找到許多寶藏，像是突然間多出數筆土地或是找到連被繼承人都忘記放在哪裡的現金等，但也有因清查被繼承人的財產，弄得繼承人間感情失和、兄弟大打出手互控官司的窘境。

依照民法規定，繼承人自繼承開始（被繼承人死亡）時，即承受被繼承人財產上的一切權利和義務（如被繼承人的債務）[①]。所以，當繼承人確定後，整理被繼承人的財產是遺產繼承另一項重要的工作，如果被繼承人財產不多且繼承人都相當了解，繼承人可整理後向稽徵機關申報遺產稅；但如果被繼承人財產狀況複雜，繼承人一下子無法全盤了解被繼承人生前的財產狀況，繼承人可參考以下的幾個作法：

一、申調被繼承人財產歸戶資料

繼承人可向被繼承人死亡時戶籍所在地之轄區稅捐機關申調被繼承人死亡前二年內的財產清冊及綜合所得稅申報資料，作為「參考」，再加上繼承人原本已知的遺產，逐項比對。

二、遺產中之不動產

被繼承人張三遺產中若有土地或建物等不動產時，繼承人須先向地政事務所（可跨區）申請被繼承人「死亡年度」的登記簿謄本。繼承人申請謄本時，可多申請一份或自行影印一份，以方

便日後填寫各項資料。繼承人有了土地登記簿謄本就可算出被繼承人死亡時遺產土地的價值,並同時可了解遺產中的土地或建物是否有其他債務(如抵押權設定或地上權設定等)存在。

三、遺產中之股票

被繼承人張三生前如有股票,繼承人可先將證券存摺向券商登錄,存摺經登錄後,繼承人就可大致了解被繼承人生前擁有多少股票。但繼承人仍要小心被繼承人生前是否有參加除權,已繳納股款之現金增資股票或無償配發之盈餘、公積轉增資股票,這些股票有的是在被繼承人死亡後才發放,但仍然屬於被繼承人的遺產,繼承人應將這些股權併同其他遺產辦理遺產稅申報以免漏報遺產稅。

四、遺產中的存款及現金

繼承人可參考被繼承人死亡前二年綜合所得稅申報資料中的利息所得,可以簡單的推算出被繼承人生前的本金大概有多少,再比對被繼承人死亡時,實際留存的銀行存款(繼承人須先將被繼承人的銀行存摺向該銀行登錄,以確定被繼承人死亡時之正確存款金額)及遺留現金的金額是否接近,若金額差距不大,被繼承人所遺留的現金應不會有問題;但若是金額差距很大時,除非被繼承人生前有大筆金錢移動,否則被繼承人應還有其他存款(如定期存款)或現金存在,繼承人不妨再仔細想想被繼承人可能存放的地方。

五、被繼承人的未償債務

除了被繼承人的財產(如土地、房屋、股票、現金)外,被繼承人的債務也是繼承人不可忽視的重點,如被繼承人生前是否有房屋貸款、信用貸款等尚未清償、生前是否曾向他人借款等,

繼承人都須一併查明。

六、被繼承人生前應納未納的各項稅金、罰鍰及罰金

被繼承人生前如有應納未納的各項稅金、罰鍰及罰金應儘可能找出來，如未繳納的地價稅、房屋稅或已開徵的工程受益費等，申報遺產稅時可一併扣除。

七、向被繼承人較親近的人士查詢

詢問被繼承人比較常往來的親朋好友或同事，多了解被繼承人與他人的債權及債務關係。

八、查詢被繼承人支票使用情況

被繼承人生前如有使用支票，應查對支票的使用情況，已開出多少張支票尚未兌現？金額有多少？何時到期？

九、申請金融遺產資料

繼承人如果不能完全掌握被繼承人的財產及債務資料，也可以向各地區國稅局（所屬分局、稽徵處、服務處）或六都地方稅稽徵機關所屬分局（處）申請被繼承人的金融遺產資料。

繼承人申請被繼承人財產歸戶資料時之應備證件

文件名稱	文件來源	備註及注意事項
繼承人戶籍謄本	向戶政事務所申請	
被繼承人除戶戶籍謄本	向戶政事務所申請	
繼承人印章	自行檢附	便章即可
繼承人身分證正本	自行檢附	
繼承人身分證影本一份	自行檢附	

單一窗口查詢金融遺產申請書

單一窗口查詢金融遺產申請書

申請書序號：

申請人姓名		被繼承人姓名		
申請人身分證字號		被繼承人更改姓名資訊		
申請人聯絡電話		被繼承人身分證字號		
申請人與被繼承人關係		被繼承人死亡日期		年　月　日
代理人姓名		被繼承人出生日期		年　月　日
代理人身分證字號		代理人聯絡電話		
查詢資料送達地址	_____(縣市)_____(鄉鎮市區)_____(村里)_____鄰 _____(街路)_____段_____巷_____弄_____號___樓			
申請人或代理人電子郵件信箱				

一、本人已受告知稽徵機關受理申請查詢金融遺產資料之案件，均由國稅稽徵機關擔任單一回復窗口，且已領取「查詢金融遺產內容及相關作業流程說明」(以下稱查詢說明)1份，有關查詢金融遺產種類、受理查詢機構、通報、調閱及回復作業、收費標準及繳費方式、進度查詢等，均已詳閱並知悉。

二、本人確無拋棄繼承情事且所提供資料影本均與正本相符，如有不實，願負法律責任。

三、本人已受告知稽徵機關及受理查詢機構蒐集、處理或利用本人個人資料之目的及用途，且已詳閱並接受個人資料使用書面同意書內容，並同意稽徵機關及受理查詢機構在蒐集之特定目的內蒐集、處理或利用本人之個人資料。

四、本人同意本次申請查得金融遺產資料由國稅稽徵機關統一回復，並將查得金融遺產資料匯入「遺產稅金融遺產參考清單」；選擇以下列所勾選方式(A或B擇一勾選)領取資料：

　　□ A.自行於遺產稅電子申辦軟體或「金融遺產電子資料申報服務」專區下載(詳參查詢說明五)

　　□ B.國稅稽徵機關以掛號方式郵寄

五、檢送證明文件：

　　□申請人(代理人)身分證明文件　　　　□死亡證明書或除戶戶籍資料

　　□申請人與被繼承人關係證明文件　　　□繼承系統表

　　□委任書或授權書(委託代理人申請者，應另附)　□其他：　　　　　共計　　紙

申請人(代理人)簽名或蓋章：

_____

申請日期：　　年　　月　　日

受理稽徵機關蓋章

個人資料使用書面同意書

　　稽徵機關及中華民國銀行商業同業公會全國聯合會、中華民國證券投資信託暨顧問商業同業公會、中華民國人壽保險商業同業公會、臺灣期貨交易所股份有限公司、臺灣集中保管結算所股份有限公司、財團法人金融聯合徵信中心、證券商業同業公會、信用合作社聯合社、農業金庫調閱及回復資料機構(下稱受理查詢機構)依據中華民國『個人資料保護法』與相關法令之規範，及稽徵機關、各受理查詢機構「個人資料保護政策」，蒐集、處理及利用您的個人資料（或簡稱個資）。

　　依據『個人資料保護法』第8條第1項及第9條第1項規定，於您申請本項服務前，向您告知下列事項，請詳閱：

一、蒐集之目的：稅務行政、資訊與資料庫管理、客戶管理、會計與相關服務、存款與匯款業務管理、訴願及行政救濟、輔助性與後勤支援管理其他中央政府機關暨所屬機關構內部單位管理、公共事務監督、行政協助及相關業務、其他司法行政、其他財政服務、其他諮詢與顧問服務。

二、蒐集之類別：稽徵機關因執行公務或各受理查詢機構受理查詢所需蒐集您的個人資料包含姓名、出生年月日、國民身分證統一編號、居留證或護照號碼、聯絡方式、特徵、婚姻、家庭、司法機關裁定等資訊，詳細請參考相關業務申請查詢內容。

三、個人資料利用之期間、地區、對象及方式：

　（一）期間：依個人資料蒐集之特定目的保存期間、相關法令法規或契約約定之保存期間（如：檔案法、檔案法施行細則），或稽徵機關因執行公務或各受理查詢機構因受理查詢所須之保存期間。

　（二）地區：中華民國境內（包含臺澎金馬地區）。

　（三）對象：稽徵機關及各受理查詢機構。

　（四）方式：以自動化機器或其他非自動化之利用方式。

四、依據『個人資料保護法』第3條規定，當事人就稽徵機關及各受理查詢機構保有之個人資料得行使下列權利：

　（一）得向稽徵機關或各受理查詢機構查詢、請求閱覽或請求製給複本，而稽徵機關或各受理查詢機構依法得酌收必要成本費用。

　（二）若您的個人資料有任何異動，得向稽徵機關或各受理查詢機構請求補充或更正，使其保持正確、最新及完整。

　（三）得向稽徵機關或各受理查詢機構請求停止蒐集、處理或利用及請求刪除，但因稽徵機關執行公務或各受理查詢機構因執行業務所必須者，得拒絕之。

五、當事人不提供個人資料所致權益之影響：您可自由選擇是否提供相關個人資料，惟您若拒絕提供相關個人資料，稽徵機關及受理查詢機構將無法進行必要之審核及處理作業，致無法提供相關服務。

六、法律規範：本同意書之解釋與適用，以及與本同意書有關的爭議，均依照中華民國法律處理。

單一窗口查詢金融遺產收執聯

申請書序號：

一、依遺產及贈與稅法規定，被繼承人死亡時遺有財產者，納稅義務人**應於被繼承人死亡之日起6個月內辦理遺產稅申報**。如有正當理由不能如期申報者，請於申報期限屆滿前，以書面申請延期，延長期限以3個月為限。**申請人不得以未接獲稽徵機關或受理查詢機構通知，而得免除申報義務或延長申報期限。**

二、本申請書所載個人資料之蒐集、處理、利用及保存，依個人資料保護法相關規定辦理，申請書暨相關資料依檔案法規定保存3年，逾保存年限將無法受理查詢、閱覽或提供相關申請資料之影本。

三、**本人同意本次申請查得金融遺產資料由國稅稽徵機關統一回復，並將查得金融遺產資料匯入「遺產稅金融遺產參考清單」。**

被繼承人姓名：_____　申請人（代理人）姓名：_____

```
┌─────────────┐
│             │
│  受理稽徵機關蓋章  │
│             │
└─────────────┘
```

檢送證明文件：

　□申請人（代理人）身分證明文件　　□死亡證明書或除戶戶籍資料　　□申請人與被繼承人關係證明文件

　□繼承系統表　　□委任書或授權書(委託代理人申請者，應另附)　　□其他：_____　　（共____紙）

※本次申請選擇以下所勾選方式(A或B擇一勾選)領取資料

　□A.自行於遺產稅電子申辦軟體或「金融遺產電子資料申報服務」專區下載(詳參查詢說明五)

　□B.國稅稽徵機關以掛號方式郵寄

※有關查詢申請進度等資訊請參閱查詢說明。

申請日期：　　　年　　　月　　　日

查詢金融遺產內容及相關作業流程說明

一、受理查詢機構、查詢金融遺產種類及調閱單位如下：

受理查詢機構	查詢金融遺產種類	調閱單位
中華民國銀行商業同業公會全國聯合會 電話：(02)8596-2345	1. 存款 2. 投資理財帳戶，如：銀行以信託方式投資之境內基金（含證券投資信託基金及期貨信託基金）及境外基金 3. 保管箱 4. 貸款 5. 電子支付帳戶 6. 記名式儲值卡	1. 銀行 2. 郵局 3. 專營電子支付機構
中華民國證券投資信託暨顧問商業同業公會 電話：(02)2581-7288	1. 經由總代理人或擔任基金銷售機構之投信、投顧投資境外基金 2. 透過投資人以自己名義為投資之證券投資信託基金	1. 總代理人 2. 擔任基金銷售機構之投信、投顧
中華民國人壽保險商業同業公會 電話：(02)2561-2144	壽險保單，相關資訊包含： 1. 保單名稱/保單號碼、2. 要保人姓名、3. 被保險人姓名、4. 保險金額、5. 死亡日之保單價值準備金(扣除保單借款及墊繳保費之本金及利息) （以上僅提供被繼承人於死亡日為要保人，且要保人與被保險人不同之投保情形，另提醒死亡日之保單價值有於死亡前2年變更要保人情形；可能涉及贈與稅或遺產稅，請民眾查明後洽詢該保險公司申報，詳細內容或契約相關問題請逕洽各該投保公司）	人壽保險公司
臺灣期貨交易所股份有限公司	1. 開戶資料	臺灣期貨交易所股份有限公司

查詢金融遺產內容及相關作業流程說明

受理查詢機構	查詢金融遺產種類	調閱單位
司 電話：(02)2369-5678 分機：3142、3371、3273	2. 部位餘額	司
臺灣集中保管結算所股份有限公司 電話：(02)2719-5805 分機：112、141、185、195、379、395	1. 上市（櫃）、興櫃有價證券（被繼承人遺留股票配發之股利，如除權基準日在繼承人死亡日前或當日，股利配發股票繼承人死亡日與配發當日皆在被繼承人死亡日後者，本公司提供之死亡日餘額資料，將不含配發之股票股利；前者，配發之股票股利需由申請人另洽發行公司取得持股證明及補報遺產稅；後者，因繼承人另洽發行公司取得持股證明及補報遺產稅；應歸類於繼承人所得，因所得之綜合所得稅） 2. 短期票券 3. 投資人以自己名義向投信公司買進之境內基金（含證券投資信託基金及期貨信託基金）	臺灣集中保管結算所股份有限公司
財團法人金融聯合徵信中心（簡稱：聯徵中心） 電話：(02)2316-3232	1. 為利民眾掌握被繼承人之債務資料，聯徵中心將另行郵寄死亡之故者之「當事人綜合信用報告」（銀行債務資訊一包含貸款及信用卡等）予申請人，俾利繼承人即時評估是否向法院辦理拋棄繼承事宜。 2. 上開「當事人綜合信用報告」非國稅稽徵機關提供之「遺產稅金融遺產參考清單」及「遺產稅申報稅額試算資料」。 3. 國稅稽徵機關提供之「遺產稅金融遺產參考清單」僅會	聯徵中心

查詢金融遺產內容及相關作業流程說明

受理查詢機構	查詢金融遺產種類	調閱單位
	列示聯徵中心寄發上開「當事人綜合信用報告」予申請人之郵寄日期。	
中華民國證券商業同業公會 電話:(02)2737-4721	提供申請人查詢金融遺產範圍包含證券商(含國際證券業務分公司)下列業務之被繼承人死亡日帳戶餘額: 1. 證券商辦理受託買賣外國有價證券業務 2. 證券商以信託方式辦理財富管理業務 3. 證券商交割專戶設置客戶分戶帳 4. 證券商營業處所經營衍生性金融商品業務 5. 證券商查詢基金範圍僅包含以信託方式辦理財富管理業務、受託買賣外國有價證券業務、擔任境內基金(含證券投資信託基金及期貨信託基金)銷售機構及擔任境外基金銷售機構,以證券商名義為投資人申購部分	辦理相關業務之證券商
中華民國信用合作社聯合社 電話:(02)2356-3300	1. 存款 2. 貸款 3. 保管箱 4. 社員股金 5. 投資理財	信用合作社
全國農業金庫股份有限公司 電話:(02)2380-5100 分機:5191、5180	1. 存款 2. 貸款 3. 投資理財 (如有查詢保管箱需求,請另洽業金庫索取申請書查詢)	農會 漁會

二、通報、調閱作業

查詢金融遺產內容及相關作業流程說明

財政部財政資訊中心（下稱財資中心）每月三彙整全國申請書資料檔置於「金融遺產電子資料申報服務」專區，提供受理查詢機構（含其會員）週四下載，金融遺產資料將於申請後30日內完成通報，調閱及匯入資料庫作業，請逕向該查詢機構洽詢。

三、金融遺產資料係由受理查詢機構（含其會員）提供，資料基準日為被繼承人死亡之日，倘申請人對資料內容有疑義，請向各受理查詢機構（含其會員）申請，並依其規定收費。

四、收費標準及繳費方式：本申請作業原則不收取費用。但申請人對回復結果需進一步開立證明或其他服務者，請向受理查詢機構（含其會員）申請。

五、受理查詢機構（含其會員）名冊詳如官網公布。
【網址 https://etax.nat.gov.tw/alltax.htm?id=31】

六、進度查詢及資料回復：
（一）進度查詢：申請人向稽徵機關申請經受理後，可至財政部電子報繳稅服務網站之「金融遺產電子資料申報服務」專區，以「申請書序號」及「被繼承人身分證統一編號」查詢。

（二）資料回復：

1.至財政部電子報繳稅服務網站之「金融遺產電子資料申報服務」專區，以內政部核發之自然人憑證、已申辦健保卡網路服務註冊之全民健康保險憑證、行動自然人憑證或其他經財政部審核通過之電子憑證為通行碼，下載回復之被繼承人金融遺產資料，資料下載期間為「申請後30日」起90日內。

2.至財政部電子申報繳稅服務網站下載「遺產稅電子申報軟體」，以國稅徵徵機關臨櫃核發「被繼承人財產參考資料查詢碼」，搭配「被繼承人之身分證統一編號」及「查詢碼申請人身分證統一編號」及行動自然人憑證、行動電話認證、金融憑證或其他自然人憑證或已辦健保卡網路服務註冊之全民健康保險憑證或已經財政部審核通過之電子憑證為通行碼回復，資料下載期間為「申請後30日」起至「被繼承人死亡之日起9個月」內。

3.由國稅稽徵機關以掛號郵寄回復申請人。

財政部電子申報繳稅服務網站之「金融遺產電子資料申報服務」專區

查詢金融遺產內容及相關作業流程說明

【網址 https://tax.nat.gov.tw/alltax.html?id=31】

財政部電子申報繳稅服務網站下載遺產稅電子申辦軟體

【網址 https://tax.nat.gov.tw/alltax.html?id=12】

相關法令

①民法第1148條

繼承人自繼承開始時，除本法另有規定外，承受被繼承人財產上之一切權利、義務。但權利、義務專屬於被繼承人本身者，不在此限。

繼承人對於被繼承人之債務，以因繼承所得遺產為限，負清償責任。

■ 遺產不多，但債務一大堆，怎麼辦？

案例

　　張三生前因生意失敗，留下一大堆債務，最近因積勞成疾，不治過世，繼承人面對日夜上門討債的債權人，不知該怎麼辦才好？

一、繼承財產，繼承人對被繼承人的債務要負連帶責任

　　被繼承人的財產經繼承人清點後，債務金額大於所遺留的財產價值時，繼承人如果繼承遺產，等於是繼承了被繼承人的所有債務，並無實益可言。依民法規定，繼承人自繼承開始（被繼承人死亡）時，即承受了被繼承人財產上的一切權利、義務[①]，這裡所指的義務包括被繼承人的債務在內。而且民法又規定，繼承人有數人（一人以上）時，在分割遺產前，各繼承人對於遺產全部為公同共有[②]。即然繼承人對遺產是公同共有狀態，自然對被繼承人所負的債務也要負連帶債務的責任，債權人可以對債務人（繼承人）中之一人或數人，或其全體，同時或先後請求全部或一部之給付。連帶債務未全部履行前，全體債務人仍須負連帶責任[③]。張三的繼承人在這種不利的情形下可選擇以「拋棄繼承」的方式處理，以免連累到自己的財產。

二、拋棄繼承必須在知悉後三個月內向法院聲請

　　依民法規定，繼承人可以拋棄其繼承權，但必須在「知悉」其得繼承之時起三個月內以「書面」形式向「法院」提出聲請，並須以「書面」通知因其拋棄而應為繼承之人[④]。

三、拋棄繼承的相關注意事項

(一)繼承人一旦向法院聲請拋棄繼承，經法院准予備查後，即溯及

到繼承開始時（被繼承人死亡時）發生效力⑤，也就是一開始就不是繼承人，跟遺產繼承不發生任何關係。

(二)繼承人必須在知悉他有繼承權之時起三個月內，向被繼承人死亡時戶籍所在地的管轄法院以「書面」表示拋棄繼承。此一書面因是向法院為之，所以必須用「司法狀紙」方式，按一定格式書寫才行。被繼承人死亡，繼承人往往忙於被繼承人的喪事，而忽略到拋棄繼承必須在短短的「三個月內」向法院聲請，為免損及繼承人自身的權益，這點要特別留意。

(三)繼承人一旦向法院聲請拋棄繼承後，就不可再反悔主張要繼承被繼承人的財產。所以，繼承人在拋棄繼承前要仔細考慮清楚。（44年台上字第1257號判例參照）

(四)拋棄繼承必須就遺產全部主張拋棄，不可一部分主張繼承，一部分主張拋棄。（65年台上字第1563號判例參照）

(五)被繼承人的部分子女拋棄繼承時，並非由拋棄繼承權人的子女（即被繼承人的孫子女）繼承遺產，而必須是被繼承人的所有直系血親卑親屬親等近者全部都拋棄繼承後（如被繼承人的子女全部拋棄繼承時），才可由親等較遠的孫子女繼承⑥。

(六)「有遺產可以繼承，先別高興」。若有先順序繼承人均聲請拋棄繼承，輪到次順序繼承人繼承，使本來沒有繼承權的其他人可以繼承被繼承人的財產時⑥，此時繼承人要特別小心，如果萬一被繼承人生前有鉅額的債務存在，可能會出現一些麻煩事。

(七)繼承權的拋棄必須在繼承開始（被繼承人死亡）後，繼承人才可以主張拋棄，如果在繼承開始前，預為繼承權的拋棄，並不發生繼承權拋棄的法律效力。（22年上字第3652號判例參照）

四、拋棄繼承是繼承人的權利

實務上，繼承人選擇拋棄繼承並不一定是基於被繼承人的財產狀況不好才出此決定，如果只是單純的不願意繼承財產或是希望被繼承人的財產由其他繼承人來繼承，當然也可以選擇拋棄繼承。

● 拋棄繼承流程圖

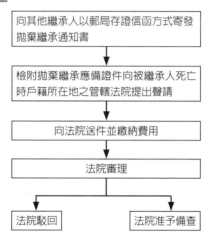

拋棄繼承流程說明

1. 拋棄繼承人必須依民法規定，以「書面」（通常為郵局的存證信函）通知因其拋棄而應為繼承之人，如同一順序仍有其他繼承人時，則通知同一順序之其他繼承人；若同一順序無其他繼承人時，則通知次順序的繼承人[⑥]，但若拋棄繼承權人確實不知道其他繼承人的聯絡地址或已經沒有其他繼承人時，則可不作此項通知的工作，但必須在拋棄聲請狀中加註「被繼承人雖有其他應為繼承之人，但因不知其住所而不能通知」或「被繼承

人無其他應為繼承之人」等說明。

2. 拋棄繼承人在通知其他繼承人後，應檢附拋棄繼承的相關資料及證件向被繼承人死亡時戶籍所在地的「管轄法院」提出拋棄繼承權的聲請。拋棄繼承人應注意被繼承人死亡時，戶籍所在地的管轄法院是哪一個法院（例如台北市北投區的管轄法院是士林地方法院，中正區的管轄法院是台北地方法院，台北縣永和市的管轄法院是板橋地方法院），拋棄繼承人應事先向法院詢問清楚，以免白跑一趟。

3. 向管轄法院送件，同時繳納聲請費新臺幣1,000元並領取收據。

4. 法院在接到拋棄繼承人的聲請狀後會加以審理，若一切符合拋棄繼承的規定，法院會給予拋棄繼承人准予拋棄繼承的備查文件；若拋棄繼承人不符合拋棄繼承的規定（如已超過三個月的期限）法院會予以駁回的裁定。

向法院主張拋棄繼承的應備證件

文件名稱	文件來源	備註及注意事項
聲請狀	自行檢附	1. 向法院購買 2. 書寫內容如範例
拋棄人印鑑證明書	向戶政事務所申請	
拋棄人及其他繼承人戶籍謄本	向戶政事務所申請	戶籍謄本的記事欄不可省略
被繼承人除戶戶籍謄本	向戶政事務所申請	戶籍謄本的記事欄不可省略
被繼承人死亡證明書	自行檢附	
拋棄繼承通知書	自行檢附	1. 郵局存證信函 2. 書寫內容如範例
繼承系統表	自行檢附	書寫內容如範例

向法院主張拋棄繼承的聲請狀填寫格式

民事聲請　拋棄繼承　狀		
案　　　號	年度　字第　　　　號	承辦股別
訴訟標的金額或價額	新台幣	元
稱　　　謂	姓名或名稱	依序填寫：國民身分證號碼或營利事業統一編號、性別、出生年月日、職業、住居所、就業處所、公務所、事務所或營業所、郵遞區號、電話、傳真、電子郵件位址、指定送達代收人及其送達處所。
聲請人即拋棄人	張大昌	身分證字號：A100234567 性別：男　生日：○○年○○月○○日 職業： 住址：台北市○○區○○路○段○○號○樓 郵遞區號：11000 電話：（02）23210000 傳真：（02）23950000 電子郵件位址：a2222@ms88.hinet.net 送達代收人： 送達處所：
被繼承人	張　三	身分證字號：A100000000 性別：男　生日：○○年○○月○○日 職業： 住址：台北市○○區○○路○段○○號○樓 郵遞區號：10000　電話：（02）23210000 傳真：（02）23950000 電子郵件位址：a2222@ms88.hinet.net 送達代收人： 送達處所：

為聲請拋棄繼承權，請准予備查事：

聲請人張大昌為被繼承人張三之三子，被繼承人張三於民國○○○年○○月○日因病過世，聲請人願拋棄繼承權，除分別通知其他繼承人外，爰依法檢呈被繼承人戶籍謄本及拋棄人戶籍謄本及印鑑證明書、拋棄繼承權通知書、繼承系統表及其他繼承人戶籍謄本各乙份，以為備查。為此狀請

鈞院鑒核，賜如所請，實感德便。

謹狀

台灣台北地方法院家事法庭　　公鑒

證物名稱及件數	被繼承人除戶戶籍謄本、拋棄人戶籍謄本、印鑑證明書、拋棄繼承權通知書、繼承系統表及其他繼承人戶籍謄本各乙份

中華民國○○○年○月○日

具狀人　張大昌 印　簽名蓋章

撰狀人　　　　　簽名蓋章

填寫拋棄繼承聲請狀注意事項

1. 須向被繼承人死亡時戶籍所在地之管轄法院主張拋棄繼承。
2. 拋棄繼承人如果是未成年人時，須另檢附法定代理人的戶籍謄本及印鑑證明，並於聲請狀內蓋印鑑章。
3. 若因拋棄繼承人拋棄繼承後，無其他繼承人時，拋棄繼承人應在聲請狀中加註「被繼承人無其他應為繼承之人」；若仍有其他繼承人，但不能通知時，應在聲請狀中記載「被繼承人雖有其他應為繼承之人，但因不知其住所而不能通知」等。
4. 拋棄繼承人須在拋棄繼承聲請狀親自簽名並蓋拋棄繼承人之印鑑章。

拋棄繼承通知書

郵 局 存 證 信 函 用 紙

<table>
<tr>
<td rowspan="2">副
正
本</td>
<td colspan="2">郵　　局

存證信函第　　　號</td>
<td>一、寄件人　姓名：張大昌 印
　　　　　　詳細地址：台北市○○區○○路○段○號○樓
二、收件人　姓名：張大中
　　　　　　詳細地址：台北市○○區○○路○段○號○樓
三、副　本　姓名：
　　收件人　詳細地址：
（本欄姓名、地址不敷填寫時，請另紙聯記）</td>
</tr>
</table>

格\行	1	2	3	4	5	6	7	8	9	10	11	12	13	14	15	16	17	18	19	20
一	敬	啟	者	：																
二	查	被	繼	承	人	張	三	不	幸	於	民	國	○	○	○	年	○	月	○	日
三	過	世	，	對	其	所	遺	留	之	遺	產	，	本	人	不	願	繼	承	，	自
四	願	拋	棄	繼	承	權	屬	實	；	除	依	民	法	第	一	千	一	百	七	十
五	四	條	規	定	以	書	面	向	法	院	表	示	拋	棄	外	，	亦	通	知	台
六	端	繼	承	人	知	悉	。													
七																				
八																				
九																				
十																				

本存證信函共　　　頁，正本　　　份，存證費　　　元，
　　　　　　　　　副本　　　份，存證費　　　元，
　　　　　　　　　附件　　　張，存證費　　　元，
　　　　　　加具副本　　　份，存證費　　　元，合計　　元。

經　　　郵局
年　月　日證明{正/副}本內容完全相同　郵戳　經辦員　　主管　印

	黏　　　貼
	郵　票　或 郵　資　券 處

備註
一、存證信函需送交郵局辦理證明手續後始有效，自交寄之日起由郵局保存之副本，於三年期滿後銷燬之。
二、在　　頁　　行第　　格下{塗改/刪增}　　字 印（如有修改應填註本欄並蓋用寄件人印章，但塗改增刪每頁至多不得逾二十字。）
三、每件一式三份，用不脫色筆或打字機複寫，或書寫後複印、影印，每格限書一字，色澤明顯、字跡端正。

騎縫郵戳　　　　騎縫郵戳

書寫拋棄繼承通知書注意事項

1. 拋棄繼承通知書，實務上都是以郵局的存證信函為主。
2. 存證信函用紙可向各地郵局依所需份數購買。
3. 存證信函用紙填寫時，每一格寫一個字，每個標點符號也須算一個字。
4. 書寫份數除了本身一份、其他繼承人各一份外，郵局也要保存一份。
5. 拋棄繼承人可用複寫紙複寫方式或書寫一份正本，其他份數用影印亦可，但每一份都必須在寄件人處蓋章。（正本及影印都必須蓋章）
6. 內容如有寫錯或增刪時，必須在每一份的錯誤或增刪處蓋章。
7. 如果每一份書寫的內容超過二張以上的存證信函用紙，或是有其他的副件時，都必須在頁與頁之間加蓋騎縫章。
8. 到郵局前須先書寫好每位收件人的信封，最好能帶印章前往郵局，郵局在收件時會再檢查一次交寄的內容，如果有遺漏時，可當場補蓋章，免得要再跑一趟。
9. 寄發時須以雙掛號交寄，並妥善保管好交寄的回執聯。

● 被繼承人張三繼承系統表

```
                       被繼承人張三繼承系統表

 張三
 民國24年10月20日生        ┌ 長男 張大中（繼承）
 民國112年03月01日死亡      │   民國54年02月07生
                          │
                          │  次男 張大明（無繼承權）──┐ 長男 張大寶（繼承）
                          │ ┌ 民國56年01月20日生      │   民國76年02月07日生
                          │ │  民國85年04月05日死亡    │
 配偶                      │ │                        │
 陳芳芳（無繼承權）          │ │  周小華（無繼承權）       └ 次男 張二寶（繼承）
 民國26年02月06日生        │ └ 民國56年09月07日生          民國78年11月05日生
 民國88年07月07日死亡      │
                          │  三男 張大昌（拋棄）
                          │    民國58年07月15日生
                          │
                          │  長女 張曉梅（繼承）
                          │    民國60年01月11日生
                          │
                          └  養女 張玉林（繼承）
                               民國62年12月16日生
```

上列繼承系統表係參酌民法第1138條至第1140條之規定訂立，如有遺漏或錯誤致他
人受損害者，申請人願負法律責任。

拋棄人：張大昌　[印鑑章]

中　　華　　民　　國　　○　　○　　○　　年　　○　　月　　○　　日

填寫繼承系統表注意事項

1. 拋棄繼承人依法主張拋棄繼承時，應檢附被繼承人之繼承系統
   表，此繼承系統表並沒有一定的格式，拋棄繼承人可按照繼承
   的實際情形，依民法的規定自行訂定。
2. 拋棄繼承人須在繼承系統表中親自簽名並加蓋印鑑章。
3. 有些法院有制式格式，可參考使用。

相關法令

①民法第1148條

繼承人自繼承開始時，除本法另有規定外，承受被繼承人財產上之一切權利、義務。但權利、義務專屬於被繼承人本身者，不在此限。

繼承人對於被繼承人之債務，以因繼承所得遺產為限，負清償責任。

②民法第1151條

繼承人有數人時，在分割遺產前，各繼承人對於遺產全部為公同共有。

③民法第273條

連帶債務之債權人，得對於債務人中之一人或數人，或其全體，同時或先後請求全部或一部之給付。

連帶債務未全部履行前，全體債務人仍負連帶責任。

④民法第1174條

繼承人得拋棄其繼承權。

前項拋棄，應於知悉其得繼承之時起三個月內，以書面向法院為之。

拋棄繼承後，應以書面通知因其拋棄而應為繼承之人。但不能通知者，不在此限。

⑤民法第1175條

繼承之拋棄，溯及於繼承開始時發生效力。

⑥民法第1176條

第一千一百三十八條所定第一順序之繼承人中有拋棄繼承權者，其應繼分歸屬於其他同為繼承之人。

第二順序至第四順序之繼承人中，有拋棄繼承權者，其應繼分歸

屬於其他同一順序之繼承人。

與配偶同為繼承之同一順序繼承人均拋棄繼承權，而無後順序之繼承人時，其應繼分歸屬於配偶。

配偶拋棄繼承權者，其應繼分歸屬於與其同為繼承之人。

第一順序之繼承人，其親等近者均拋棄繼承權時，由次親等之直系血親卑親屬繼承。

先順序繼承人均拋棄其繼承權時，由次順序之繼承人繼承。其次順序繼承人有無不明或第四順序之繼承人均拋棄其繼承權者，準用關於無人承認繼承之規定。

因他人拋棄繼承而應為繼承之人，為拋棄繼承時，應於知悉其得繼承之日起三個月內為之。

2 申報遺產稅

◤ 遺產稅怎麼申報？

張三於112年3月1日因病死亡，留下不少財產，其繼承人不知如何申報遺產稅？

張三的繼承人如下：

配偶　陳芳芳　民國16年2月6日生（繼承）

長子　張大中　民國35年8月1日生（繼承）

次子　張大明　民國37年1月2日生（繼承）

三子　張大昌　民國40年7月5日生（拋棄）

長女　張曉梅　民國42年1月9日生（繼承）

次女　張玉林　民國45年9月3日生（繼承）

張三死亡時母親林玉仍健在。

張三的遺產內容如下：

1. 土地部分

土地標示	地目	面積	公告現值每平方公尺	持分	遺產價額
台北市文山區××段一小段234地	田	309m^2	38000	1/2	5871000
台北市文山區××段一小段255地	建	279m^2	65000	1/2	9067500
台北市文山區××段一小段211地	田	155m^2	35000	全	5425000

2. 房屋部分

台北市文山區××路2段135號2樓，房屋現值為65萬元。

3. 銀行存款

(1)台北市木柵農會（帳號2457-1）活存，金額500萬元。

(2)富邦銀行文山分行（帳號704221100111）活存，金額57萬元。

4. 房屋貸款

向富邦銀行文山分行貸款500萬元，截至死亡日止已清償350萬元。

5. 現金3萬元。

一、遺產稅的申報期限

依遺產及贈與稅法規定，被繼承人死亡遺有財產時，納稅義務人應在被繼承人死亡之日起六個月內，向戶籍所在地主管稽徵機關辦理遺產稅申報[1]。如納稅義務人具有正當理由不能如期申報時，應於申報期限屆滿前，以書面向稽徵機關申請延長，但申請延長申報遺產稅的期限以三個月為限。如因有不可抗力或其他有特殊之事由時，稽徵機關會視實際情形核定延長的期限[2]。

二、逾期申報的處罰規定

納稅義務人如果未依限辦理遺產稅申報時，稽徵機關會按核定的應納稅額加處二倍以下的罰鍰[3]。納稅義務人千萬要留意不要超過申報的期限，如果因遺產複雜無法在期限內整理完成或因繼承人的因素，導致可能逾期的話，可向稽徵機關申請延長申報期限，否則遺產稅對逾期申報的罰則是以「倍」數計算，而且不以納稅義務人有「故意」為要件，此點納稅義務人不可不慎。

三、申報遺產稅的注意事項

(一)遺產價值的計算以「時價」並非「市價」

依照遺產及贈與稅法規定，被繼承人遺產價值的計算是以「時價」為準，並非「市價」，其計算的標準如下[4]：

1. 土地部分
   (1)土地以公告現值為準（可向地政事務所申請土地登記簿謄本作為參考）土地價值計算公式如下：

   公告現值×土地面積×權利範圍（持分）＝土地價值

   (2)出典土地的價值以扣除典價後的餘額為準[5]。
   (3)設定地上權的土地以扣除地上權的價值為準[6]。
   (4)設定永佃權的土地以扣除永佃權的價值為準[7]。

2. 房屋以評定標準價格為準（通常以房屋稅單上的課稅現值為參考依據）。

3. 公開上市或上櫃股票以收盤價為時價。但當日無買賣價格時，依繼承開始日前最後一日收盤價計算，其價格有劇烈變動時，則依其繼承開始日前一個月內各日收盤價格之平均價格計算[8]。

4. 有價證券初次上市或上櫃者，於其契約經證券主管機關核准後，至掛牌買賣前，應依繼承開始日該項證券的承銷價格或推薦證券商認購的價格計算。

5. 未上市、未上櫃且非興櫃之股份有限公司股票，除4.外，應以繼承開始日或贈與日該公司之資產淨值估定，並按下列情形調整估價：
   (1)公司資產中之土地或房屋，其帳面價值低於公告土地現值或房屋評定標準價格者，依公告土地現值或房屋評定標準價格估價。
   (2)公司持有之上市、上櫃有價證券或興櫃股票，依3.規定估價。

前項所定公司，已擅自停業、歇業、他遷不明或有其他具體事證，足資認定其股票價值已減少或已無價值者，應核實認定之⑨。

非股份有限公司組織之事業，其出資價值之估價，準用前二項規定。

6. 外幣以繼承開始日的匯率計算。

7. 黃金以繼承開始日的牌價計算。

8. 債權以實際債權額加應收的利息計算⑩。

9. 其他財產可參考遺產及贈與稅法施行細則的相關規定計算。

(二)申報遺產稅要注意夫先死亡或妻先死亡

1. 夫先妻死亡，妻在民國74年6月5日民法修正前登記取得的財產，除妻的原有或特有財產外，其餘屬夫所有的聯合財產，應合併夫的遺產申報遺產稅。但在民國62年2月8日遺產及贈與稅法公布施行前，以妻名義登記取得的財產，如經妻主張，該財產為其夫所贈與，應屬妻的特有財產，若稽徵機關查無反證，該財產免併入夫的遺產課稅。

   民國74年6月5日民法修正公布生效後，妻名義取得的財產為其原有財產，妻保有其所有權，免併入夫的遺產課稅⑪。

2. 妻先夫死亡，妻在民國74年6月5日民法修正前登記取得的財產，除妻的原有或特有財產外，其餘屬夫所有的聯合財產，應免併入妻的遺產申報遺產稅，但應變更財產的名義為夫所有。

   其中在民國62年2月8日遺產及贈與稅法公布施行前，以妻名義登記取得的財產，如經夫主張，該財產於取得時即贈與於妻，應屬妻的特有財產，若稽徵機關查無反證情形下，該財產應併入妻的遺產課稅。

   民國74年6月5日民法修正公布生效後，妻名義取得的財產為其原有財產，妻保有其所有權，應併入妻的遺產課稅。

3. 自民國86年9月27日以後，凡夫妻於74年7月4日以前，婚姻關係存續中以妻名義登記取得的「不動產」，適用74年6月5日民法修正後的規定，為妻的原有財產[12]。

(三)遺產價值在免稅額以下一樣要申報

被繼承人的遺產價值在免稅額以下，雖然不用繳納遺產稅額，但仍須申報遺產稅，取得稽徵機關核發的遺產稅免稅證明書，才能順利辦理繼承登記[13]。

(四)遺產中的農地及公設保留地要列入遺產總額再扣除

遺產中之農地及公共設施保留地仍須列入被繼承人的遺產總額中計算，再予以同額在扣除額中列報扣除。

(五)扣除未償債務要提出證明文件

申報被繼承人債務扣除時，繼承人應檢附債權人出具迄被繼承人死亡時尚未清償的證明文件（如銀行出具的貸款餘額證明）。

(六)扣除應納未納稅捐要檢附繳款書影本

納稅義務人主張扣除被繼承人應納未納的各項稅捐（如地價稅、房屋稅），應檢附相關稅捐的繳款書影本。

(七)短漏報遺產的處罰規定

繼承人已依規定申報遺產稅，如果有漏報或短報情形，除應補徵遺產稅款外，應按所漏稅額處以二倍以下的罰鍰[14]。

(八)被繼承人重病期間舉債、出售財產或提領存款如不能證明用途要列遺產申報

被繼承人死亡前如因重病無法處理事務期間舉債、出售財產或提領存款，而繼承人對被繼承人所借的款項、出售財產的價金或金融機構提領的存款不能證明其用途時，該項借款、價金或存款，仍應列入遺產課稅，否則會被稽徵機關認定是漏報遺產稅[15]。

(九)未依限繳納遺產稅的處罰規定

繼承人對於稽徵機關核定的遺產稅應納稅額，如果沒有依規

定期限繳納，每超過三天會加徵應納稅額1%的滯納金；超過三十天如果仍未繳納，主管稽徵機關即會移送強制執行⑯。

● 遺產稅申報流程圖

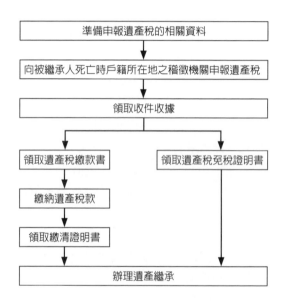

準備申報遺產稅的相關資料
　　↓
向被繼承人死亡時戶籍所在地之稽徵機關申報遺產稅
　　↓
領取收件收據
　　↓
領取遺產稅繳款書　　　　領取遺產稅免稅證明書
　　↓　　　　　　　　　　　　↓
繳納遺產稅款
　　↓
領取繳清證明書
　　↓　　　　　　　　　　　　↓
辦理遺產繼承

遺產稅申報流程說明

1. 準備申報遺產稅的相關資料

　　為了能正確且快速的填寫遺產稅申報書及申報時應附的證明文件，繼承人須先準備好所需要的各項有關資料。例如到戶政事務所申請被繼承人的除戶戶籍謄本及各繼承人的現戶戶籍謄本、遺產中如有不動產時，須到地政事務所（可跨區）申請土地及建物登記簿謄本、地籍圖謄本等。申請時要考慮申請的份數，以免不夠時要多跑一趟。

2. 向被繼承人死亡時戶籍所在地的稽徵機關申報

申報遺產稅必須在被繼承人死亡之日起六個月內,向被繼承人死亡時戶籍所在地的主管稽徵機關申報遺產稅。其相關規定如下:

(1)戶籍在臺北市、高雄市者,向當地國稅局總局或所屬分局、稽徵所申報。

(2)戶籍在臺北市、高雄市以外之其他縣市者,向當地國稅局所屬分局或稽徵所申報。

(3)戶籍在福建省金門縣者,向財政部北區國稅局金門服務處申報;戶籍在福建省連江縣者,向財政部北區國稅局馬祖服務處申報。

(4)自108年12月1日以後,繼承案件如果符合「遺產稅跨局臨櫃申辦作業要點」規定,繼承人亦可跨局申報遺產稅,其詳細規定如下:

遺產稅跨局臨櫃申辦作業要點

108年11月15日台財稅字第10800666150號令訂定
111年07月07日台財稅字第11100572730號令修正

壹、總則

一、為便利納稅義務人能就近至各地區國稅局所屬分局、稽徵所、服務處辦理遺產稅申報(以下簡稱跨局申辦),不受戶籍所在地限制,特訂定本要點。

二、有關納稅義務人跨局申辦遺產稅及稽徵機關相關作業程序,依本要點規定辦理。本要點未規定事項,悉依遺產及贈與稅法與相關法令規定辦理。

貳、適用對象及條件

三、被繼承人死亡時所遺財產及扣除額,符合下列規定並檢齊證明文件,繼承人得跨局申報:

(一)遺產總額新臺幣(下同)三千萬元以下且未列報不計入遺產總額之財產(汽、機車除外);納稅義務人補申報案件,加計歷次核定之遺產總額三千萬元以下。

(二)財產種類：

1. 土地及房屋：被繼承人單獨所有或持分所有，且非農業發展條例第三十八條之一視為農業用地，土地應檢附死亡當期土地登記謄本，房屋應檢附死亡當期房屋評定標準價格證明。但經納稅義務人依遺產稅納稅義務人查詢被繼承人財產參考清單作業要點規定，申請查詢並確認遺產稅課稅資料參考清單（以下簡稱課稅資料參考清單）所載資料與被繼承人死亡日之資料相符者，得免檢附；申報非屬課稅資料參考清單所載之土地及房屋，應一併檢附可資證明確屬被繼承人所有之文件。

2. 現金及存款：列報之金額與被繼承人死亡前二年度綜合所得稅核定平均利息所得，按郵政儲金一年期定期儲金固定利率換算存款短差五百萬元以下，應檢附死亡日存款餘額證明或存摺（含封面）、存單影本。但經納稅義務人依稽徵機關單一窗口受理查詢被繼承人金融遺產資料作業要點規定，申請查詢並確認遺產稅金融遺產參考清單（以下簡稱金融遺產參考清單）所載資料與被繼承人死亡日之資料相符者，得免檢附；其屬優惠存款按優惠存款利率換算短差金額，應一併檢附相關證明文件。

3. 投資理財帳戶、電子支付帳戶、記名式儲值卡、基金及信用合作社之社員股金：應檢附死亡日相關帳戶、卡片餘額證明、股金證明或相關證明文件。但經納稅義務人確認金融遺產參考清單所載資料與被繼承人死亡日之資料相符者，得免檢附。

4. 上市、上櫃及興櫃之有價證券、短期票券：應檢附死亡日之有價證券餘額證明、集保證券存摺影本、實體票券影本或相關證明文件。但經納稅義務人確認金融遺產參考清單所載資料與被繼承人死亡日之資料相符者，得免檢附。

5. 未上市、未上櫃且非興櫃之股份有限公司股份及有限公司出資額之個別投資面額不超過五百萬元：應檢附死亡日之持股餘額或出資額證明、每股面額資料及最近一期之公司損益表、資產負債表。

6. 保險：被繼承人為要保人，且要保人與被保險人為不同人之保險，應檢附保險公司出具死亡日該保單之保單價值準備金證明。但經納稅義務人確認金融遺產參考清單所載資料與被繼承人死亡日之資料相符者，得免檢附。

7. 汽（機）車：應檢附汽（機）車行車執照影本或車籍資料等證明文件。

8. 死亡前二年內贈與之財產：已申報贈與稅並經稽徵機關核定，應檢附贈與稅核定通知書或相關證明文件。

(三)扣除額：

1. 配偶、直系血親卑親屬及父母之扣除額：應檢附現戶戶籍資料（如國民身分證、戶口名簿、護照或在臺居留證影本等）。

2. 身心障礙扣除額：應檢附社政主管機關核發之重度以上身心障礙手冊或身心障礙證明影本，或精神衛生法第十九條第一項規定之專科醫師診斷或鑑定為嚴重病人之證明書影本。

3. 農地農用扣除額：應檢附農業主管機關核發之農業用地作農業使用證明書。

4. 債權人為金融機構且未償債務合計七百萬元以下：應檢附被繼承人死亡時借款餘額證明（含原核准貸款日期、額度）。但經納稅義務人確認金融遺產參考清單所載資料與被繼承人死亡日之資料相符者，得免檢附。

5. 應納未納稅捐、罰鍰及罰金合計五百萬元以下：應檢附被繼承人死亡時尚未繳納之繳款書或繳納通知書等相關證明文件。

6. 喪葬費。

7. 土地使用分區載明為「公共設施保留地」，或載明為道路用地、河道用地、機關用地、上下水道用地、警所用地、防空用地等公共設施用地且每筆土地公告現值五百萬元以下：應檢附土地使用分區（或公共設施用地）證明書（須註明編定日期）。

四、前點遺產稅案件有下列情形之一，不適用跨局申報：

(一)逾期申報、代位申報、遺囑執行人申報及遺產管理人申報案件。

(二)被繼承人為經常居住中華民國境外之中華民國國民及非中華民國國民之申報案件。

(三)列報自遺產總額中扣除配偶剩餘財產差額分配請求權案件。

(四)列報配偶剩餘財產差額分配請求權為遺產或列報自遺產總額中扣除被繼承人死亡前六年至九年內繼承財產之再轉繼承案件。

(五)被繼承人遺產或繼承人身分涉及法院判決、調解或和解之案件。

(六)被繼承人為軍警公教人員因執行職務死亡加倍計算免稅額案件。

(七)被繼承人死亡前二年內出售不動產，其土地公告現值及房屋評定現值合計超過五百萬元。

(八)經代為收受國稅局審酌，需另行查核之案件。

五、依遺產稅申報稅額試算服務作業要點（以下簡稱稅額試算作業要點）規定，適用遺產稅申報稅額試算（以下簡稱稅額試算）服務之案件，經納稅義務人填妥國稅局提供之確認申報書，得於遺產稅申報期限屆滿前，跨局臨櫃遞送回復確認，其證明文件應依稅額試算作業要點規定辦理。

納稅義務人檢視國稅局提供之稅額試算通知書，因增列遺產或扣除額等，改採自行申報遺產稅者，應依第三點及第四點規定辦理。但其列報遺產及扣除額資料，與稅額試算通知書所載內容相符者，得免檢附相關證明文件，不受第三點規定限制。

參、作業程序

六、收件、核定及發證作業

(一)收件

1. 各地區國稅局代為收受（以下簡稱收件局）案件管轄國稅局（以下簡稱管轄局）之遺產稅申報書及應附文件（以下簡稱申報資料），應先確認被繼承人戶籍所在地，於遺產稅稅籍資料檔選取「跨局代收案件所屬國稅局」欄位，執行稅籍資料建檔作業。

2. 收件局依據納稅義務人申報資料執行課稅資料建檔及申報案件處理作業，並於遺產稅扣除額資料檔勾選「跨局案件自動給號」欄位，由系統自動給號（編列收件案號共十四碼，第一碼至第三碼為管轄局縣市英文代號及機關代號，第四碼及第五碼為被繼承人戶籍所在地鄉（鎮、市）代號，第六碼至第八碼為申報年度別代號，第九碼為申報案件代號1，第十碼為跨局申辦代號6，第十一碼至第十四碼為流水號代號）。

(二)核定及發證

1. 收件局核對申報與建檔資料正確無誤後，將檔案傳送至管轄局，並於遺產稅申報書審核意見及結果欄註明「資料核對無誤」後核章。

2. 管轄局系統完成核定作業後，收件局對於核定無應納稅額者，列印並核發遺產稅免稅證明書、不計入遺產總額證明書交納稅義務人簽收；對於核定有應納稅額者，列印並核發遺產稅核定通知書及繳款書，交納稅義務人簽收，並於完稅後核發遺產稅繳清證明書、不計入遺產總額證明書，交納稅義務人簽收。

七、稅額試算確認申報書之收件、核定及發證作業，依稅額試算作業要點規定辦理。

八、更正案件之處理

　　納稅義務人依稅捐稽徵法第十七條規定申請查對更正之作業如下：

(一)當月之核定案件：由收件局審查後就地建檔更正。

(二)非當月之核定案件：由管轄局受理查對更正，申報資料如尚未移回管轄局者，收件局應先行傳真或掃描電子檔方式傳輸資料。

九、行政救濟案件之處理

　　納稅義務人對於核定稅捐之處分如有不服，依稅捐稽徵法第三十五條申請復查，應由管轄局受理。如納稅義務人向收件局遞交復查申請書，收件局應於十日內將復查申請書移送管轄局，並通知納稅義務人。

十、申報資料移送保管之處理

　　收件局於次月五日前，將上月跨局申報資料連同遺產稅跨局申辦清冊移送管轄局，由管轄局複核申報資料，於遺產稅申報書審核意見及結果欄核章。

肆、附則

十一、績效列管

　　每月結束後五日內，收件局應執行上月跨局申辦案件統計，並列印遺產稅跨局申辦件數統計表送單位主管核閱；每季結束後五日內，填具「全國跨局申辦遺產稅件數統計表」函送財政部賦稅署。

3. 領取收件收據

　　繼承人申報時，稽徵機關會發給收件文號（收件單）。目前台北市、高雄市、北區、中區、南區等國稅局都有實施櫃台化作業，只要繼承人申報的繼承案件符合各國稅局的規定標準，可以當場核發稅單，節省民眾處理遺產繼承的時間。

4. 領取遺產稅繳款書或領取免稅證明書

　　遺產稅申報後，經稽徵機關審核，若為免稅案件，稽徵機關會核定發給免稅證明書；若為有稅案件，稽徵機關會發給遺產稅繳款書。

5. 領取遺產稅繳（免）納證明書

　　納稅義務人若因有稅案件而領取遺產稅繳款書，須向金融

機構繳納稅款後，再持收據向原申報國稅局領取遺產稅繳清證明書；遺產稅申報案件如為免稅案件而領取遺產稅免稅證明書、不計入遺產總額證明書、同意移轉證明書等文件[17]，以上文件如被繼承人遺有不動產，在向管轄地政事務所辦理繼承登記前須先向轄區稅捐稽徵處或地方稅務局辦理查欠（繼承標的是否有欠繳地價稅或房屋稅等）手續。

6. 辦理遺產繼承

繼承人領取遺產稅繳清證明書後，即可向各單位辦理繼承遺產[18]，但仍須注意辦理繼承遺產應檢附的其他各項資料及辦理的期限。

申報遺產稅應備證件

文件名稱	文件來源	備註及注意事項
遺產稅申報書	自行檢附	向國稅局或稽徵所索取
被繼承人除戶戶籍謄本	向戶政事務所申請	
各繼承人的戶籍謄本	向戶政事務所申請	同戶籍之繼承人檢附一份即可
法院核准備查文件	法院	繼承人拋棄繼承時檢附
繼承系統表	自行檢附	1. 繼承人可依民法規定自行訂定（可參考範例） 2. 須注意切結之內容
土地登記簿謄本	向地政事務所申請	有遺產土地時檢附
最近一期房屋稅單影本	自行檢附	遺產中有房屋時檢附
分區使用證明書	向市政府或鄉鎮市區公所申請	遺產有公共設施保留地時檢附
農業用地作農業使用證明書	鄉鎮市區公所	遺產有農地時檢附
存摺影本、定存單	自行檢附	遺產有金融機構存款檢附
資產負債表及損益表	被投資公司	遺產中有未上市或上櫃公司股票時檢附
貸款或借款餘額證明	向被繼承人之債權人索取（如銀行）	被繼承人有未償債務時檢附

遺產稅申報書

下載網址：https://www.etax.nat.gov.tw/etwmain/front/ETW118W/VIEW/441

收件案號	年　月　日
	第　　　　號
被繼承人死亡日期	112 年 3 月 1 日

※注意事項：

1.填寫申報書前，請詳閱申報書說明；申報應檢附之文件，請詳閱申報書第 11、12 頁。

2.本申報書欄項如不敷填寫時，得自行依格式附紙粘貼各該欄項下，並於粘貼處加蓋申報人印章。

3.本申報書各金額欄請以新臺幣填寫。

4.申報後發現有短、漏報遺產時，請速於申報期限內補報以免受罰。

5.納稅者如有依納稅者權利保護法第 7 條第 8 項但書規定，為重要事項陳述者，請另填報「遺產稅聲明事項表」(申報書第 9 頁)並檢附相關證明文件。

※請依申報性質分別於☐內打「√」：

1.本案件是否屬補報案件，☐是 ☑否。

2.繳款書及證明書採☑自領☐郵寄。

※本遺產稅申報案件有關之附件影本均與正本相符，如有不符願負法律責任。

申報人請確認並簽章　陳芳芳印

被繼承人	姓名	張三	國民身分證統一編號	A 1 0 0 0 0 0 0 0 0 0

被繼承人死亡時戶籍地址：

台北市 ○○縣市區 ○○鄉鎮市區 ○○村里 ○鄰 ○○路街 ○段 巷弄 ○號之 樓室

(一)納稅義務人 (請看說明第 3 項)

區別	姓名 / 國民身分證統一編號或統一編號	出生年月日	與被繼承人關係	繼承或拋棄 / 地址
遺囑執行人或遺產管理人				
繼承人及受遺贈人	詳如附表一			

合計 6 人

請將全部繼承人資料填入繼承人及受遺贈人欄，如有拋棄繼承者，請於「繼承或拋棄」欄內註明「拋棄」字樣，並附法院准予備查函影本。

下載申報書用　　　電子申辦用

(二)遺產總額（請看說明第8項）

財產種類	財　　　産　　　內　　　容										
	縣市　鄉鎮市區　段　小段　地號	農地	公共設施保留地	遺產使用	既成道路土地	375租約	其他	面積(m²)　持　分	(112)年度每平方公尺公告現值	遺產價額	稽徵機關審核意見
土地	台北市文山區○段一小段234地號							309　2分之1	38,000	5,871,000	
	台北市文山區○段一小段255地號							279　2分之1	65,000	9,067,500	
	台北市文山區○段一小段211地號							155　1分之1	35,000	5,425,000	
	土地小計									20,363,500	

	土　地　地　號	種　類	數量	直徑/年份	持　分	遺產價額	稽徵機關審核意見
地上物							
	地上物小計						

	門　牌　號　碼	稅籍編號	持　分	遺產價額	稽徵機關審核意見
建物	台北市文山區○路2段135號2樓	A02200399001	全	650,000	
	建物小計			650,000	

存款	金融機構名稱	存款種類	帳號	遺產價額	稽審	徵核	機意	關見
	台北市木柵農會	活儲	2457-1	5,000,000				
	台北富邦銀行文山分行	活儲	704221100111	570,000				
	存款小計			5,570,000				

投資	名稱類別及所在地	面額	單位時價	數量	遺產價額	稽審	徵核	機意	關見
	投資小計								

債權	債權標的或所在位置	債務人	權利憑證	遺產價額	稽審	徵核	機意	關見
	債權小計							

信託利益之權利	信 託 財 產 標 的	委託人	受託人	受益人	信 託 期 間	遺產價額	稽徵機關審核意見
	信託利益之權利小計						

動產及其他有財產價值的權利	名 稱	單位時價	數 量	遺產價額	稽徵機關審核意見
	現金			30,000	
	動產及其他有財產價值的權利小計			30,000	

死亡前2年內贈與財產	種 類 及 所 在 地	單位時價	數量	面積（㎡）持分	遺產價額	稽徵機關審核意見
	台北市文山區○段一小段255地號	65,000		279 / 2分之1	9,067,500	
	死亡前2年內贈與財產小計				9,067,500	

本次申報遺產總額共計（A）	35,681,000 元	
前次核定（申報）遺產總額共計（B）	0 元	
遺產總額共計（C）＝（A）＋（B）	35,681,000 元	

(三)免稅額	免稅額 13,330,000 元，如為軍、警、公教人員執行任務死亡者為　　　　元（請看說明第9項）	稽徵機關審核意見

扣　　除　　項　　目	扣　除　金　額	扣　除　內　容　說　明	稽徵機關審核意見
(四)扣除額（請看說明第10項）			
1.配偶扣除額	4,930,000	戶籍謄本	
2.直系血親卑親屬扣除額	2,000,000	戶籍謄本	
3.父母扣除額			
4.身心障礙扣除額			
5.扶養親屬扣除額			
6.繼續經營農業生產扣除土地及其地上農作物價值全數			
7.死亡前6至9年繼承之財產已納遺產稅扣除額			
8.死亡前應納未納之稅捐、罰鍰、罰金			
9.死亡前未償債務	1,500,000	貸款餘額證明	
10.喪葬費	1,230,000		
11.執行遺囑及管理遺產之直接必要費用			
12.公共設施保留地扣除額			
13.民法第1030條之1規定剩餘財產差額分配請求權			
14.			
本次申報扣除額共計（D）	9,660,000 元		
前次核定（申報）扣除額共計（E）	0 元		
扣除額共計（F）＝（D）＋（E）	9,660,000 元		
課稅遺產淨額計	12,691,000 元		

(五)不計入遺產總額財產（請看說明第11項）

財產種類	財　　　　產　　　　內　　　　容									
	縣市	鄉鎮市區	段	小段	地號	面積（m²）／持分	（　）年度每平方公尺公告現值	遺產價額	捐贈案件受贈單位統一編號及名稱	稽徵機關審核意見
土地部分										
不計入遺產總額之土地小計										

	門　　　牌　　　號　　　碼	稅　籍　號　碼	持分	遺產價額	捐贈案件受贈單位統一編號及名稱	稽徵機關審核意見
建物部分						
	不計入遺產總額之建物小計					

	名　稱　類　別　及　所　在　地（有價證券請註明號碼）	面積	單位時價	數量	遺產價額	捐贈案件受贈單位統一編號及名稱	稽徵機關審核意見
動產及其他有財產價值的權利							
	不計入遺產總額之動產及其他有財產價值的權利小計				0		

(六) 扣抵稅額（請看說明第12項）

扣抵項目	已納稅額及應加計之利息		併計遺產後增加之稅額	稽　徵　機　關審　核　意　見
	稅額	利息		
本次申報可扣抵稅額計（以併計遺產後增加之稅額為上限）（G）			元	
前次核定（申報）扣抵稅額計（H）			元	
本案扣抵稅額共計（I）＝（G）＋（H）			元	

附件	受託代辦時附委任書	戶籍資料	張	財產資料證明文件	張	扣除額證明文件	張	不計入遺產總額證明文件	張	扣抵稅額證明文件	張	其他	張

納稅義務人或代表人：陳芳芳　[印]　　簽章

通訊地址：台北市中正區紹興北街8號7樓

電　　話：02-23218010　　　　電子郵件信箱 natacia0213@yahoo.com.tw

茲收到被繼承人　　　　　的繼承人或代表人　　　　遺產稅申報書乙份，遺產稅申報資料共　　　　紙

☐ 財政部臺北國稅局　　　　　　分局／稽徵所
☐ 財政部北區國稅局　　　　　　分局／稽徵所／服務處
☐ 財政部中區國稅局　　　　　　分局／稽徵所／服務處
☐ 財政部南區國稅局　　　　　　分局／稽徵所／服務處
☐ 財政部高雄國稅局　　　　　　分局／稽徵所

(稽徵機關收件戳記、日期)

收件日期　　年　月　日

98 年 1 月 23 日至 106 年 5 月 11 日(含)發生之繼承案件		
課稅遺產淨額（元）		稅率
1 以上		10%

106 年 5 月 12 日以後發生之繼承案件		
課稅遺產淨額（元）	稅率	累進差額（元）
50,000,000 以下	10%	0
50,000,001-100,000,000	15%	2,500,000
100,000,001 以上	20%	7,500,000

申報人填寫

遺產總額	減	免稅額	減	扣除額	等於	課稅遺產淨額
35,681,000	－	13,330,000	－	9,660,000	＝	12,691,000

課稅遺產淨額	乘	稅率	減	累進差額	減	扣抵稅額及利息	等於	本次應納遺產稅額
12,691,000	×	10%	－	0	－	0	＝	1,269,100

稽徵機關填寫

遺產總額	減	免稅額	減	扣除額	等於	課稅遺產淨額
	－		－		＝	

課稅遺產淨額	乘	稅率	減	累進差額	減	扣抵稅額及利息	等於	本次應納遺產稅額
	×	%	－		－		＝	

審核意見

承辦人	課（股）長	稽（審）核	科長/主任/分局長

1式2份：稅捐稽徵機關收件後，交付1份予納稅者留存。

遺 產 稅 聲 明 事 項 表

納稅者	陳芳芳	身分證統一編號	A200000001

本人依納稅者權利保護法第7條第8項但書規定為重要事項陳述，特此聲明，並檢附相關證明文件。

聲明事項
無

說明：
1. 納稅者權利保護法第7條第3項規定：「納稅者基於獲得租稅利益，違背稅法之立法目的，濫用法律形式，以非常規交易規避租稅構成要件之該當，以達成與交易常規相當之經濟效果，為租稅規避。稅捐稽徵機關仍根據與實質上經濟利益相當之法律形式，成立租稅上請求權，並加徵滯納金及利息。」
2. 納稅者權利保護法第7條第8項規定：「第3項情形，主管機關不得另課予逃漏稅捐之處罰。但納稅者於申報或調查時，對重要事項隱匿或為虛偽不實陳述或提供不正確資料，致使稅捐稽徵機關短漏核定稅捐者，不在此限。」

（稽徵機關收件戳記、日期）

納稅者或代表人簽名或蓋章 ___陳芳芳 印___

申報代理人簽名或蓋章 _____ __年__月__日

遺產稅案件申報委任書

為被繼承人　張三 遺產稅事件，特委任受任人處理下列事務：

一、代為辦理遺產稅申報及審查程序之一切相關事宜。

二、代理受領遺產稅繳款書、核定通知書、繳清證明書及其他有關文件。

附帶聲明：

　　受任人領取繳款書後（含郵寄送達簽收），如逾期未繳，本稅、罰鍰及應加徵之滯納金與利息，仍由納稅義務人負責並願受強制執行。

委任關係	基	本 資 料			簽章
納稅義務人（委任人）	姓名 陳芳芳	身分證統一編號 A200000001	電話：		
	地址 台北市大安區光復南路○段○號				
	姓名	身分證統一編號	電話：		
	地址				
	姓名	身分證統一編號	電話：		
	地址				
	姓名	身分證統一編號	電話：		
	地址				
	姓名	身分證統一編號	電話：		
	地址				
受任人	事務所名稱	名稱	統一編號	電話：	簽章
		代理人姓名 請勾選：□會計師☑地政士□律師□記帳士（記帳及報稅代理人）□其他	身分證統一編號	電話：	
		地址			
	個人	姓名 陳坤涵	身分證統一編號 A121000000	電話： 23218010 0937199444	
		地址 台北市中正區紹興北街8號7樓			
送件人			□受任人員工　□快遞　□其他		

中華民國　　　　年　　　　月　　　　日

附表一：

繼承人及受遺贈人	身分證字號	出生年月日	住址	稱謂	繼承或拋棄
陳芳芳	A2 0 0 0 0 0 0 0 1	16.02.06	台北市大安區光復南路○段○號	配偶	繼承
張大中	A1 0 0 0 0 0 0 0 1	35.08.01	台北市大安區光復南路○段○號	長男	繼承
張大明	A1 0 0 0 0 0 0 0 2	37.01.02	台北市大安區光復南路○段○號	次男	繼承
張大昌	A1 0 0 0 0 0 0 0 3	40.07.05	台北市大安區光復南路○段○號	三男	繼承
張曉梅	A2 0 0 0 0 0 0 0 2	42.01.09	台北市大安區光復南路○段○號	長女	繼承
張玉林	A2 0 0 0 0 0 0 0 3	45.09.03	台北市大安區光復南路○段○號	次女	繼承

合計 6 人

請將全部繼承人資料填入繼承人及受遺贈人欄，如有拋棄繼承者，請於「繼承或拋棄」欄內註明「拋棄」字樣，並附法院准予備查函影本。

● 被繼承人張三繼承系統表

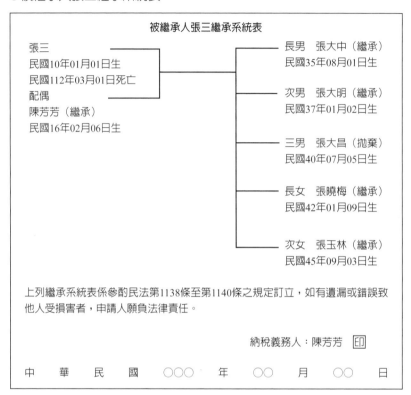

被繼承人張三繼承系統表

張三
民國10年01月01日生
民國112年03月01日死亡
配偶
陳芳芳（繼承）
民國16年02月06日生

長男　張大中（繼承）
民國35年08月01日生

次男　張大明（繼承）
民國37年01月02日生

三男　張大昌（拋棄）
民國40年07月05日生

長女　張曉梅（繼承）
民國42年01月09日生

次女　張玉林（繼承）
民國45年09月03日生

上列繼承系統表係參酌民法第1138條至第1140條之規定訂立，如有遺漏或錯誤致他人受損害者，申請人願負法律責任。

納稅義務人：陳芳芳　㊞

中　華　民　國　○○○　年　○○　月　○○　日

遺產稅申報書填寫說明

「被繼承人」

　　被繼承人的姓名、身分證字號及戶籍地址可依除戶戶籍謄本上所載的資料依序填寫。

第(一)欄：「納稅義務人」

(1) 遺產稅之納稅義務人為：

　A. 有遺囑執行人者，為遺囑執行人。

　B. 無遺囑執行人者，為繼承人及受遺贈人。

　C. 無遺囑執行人及繼承人者，為依法選定之遺產管理人。

(2) 申報書「繼承人及受遺贈人」欄，請將全部繼承人姓名填入，並請在「拋棄或繼承」欄內註明「繼承」或「拋棄」字樣。

(3) 申報書「與被繼承人之關係」欄，請填明納稅義務人之身分，如夫妻、父子、父女、兄弟、姊妹或受遺贈人等。

第(二)欄：遺產總額

(1) 被繼承人死亡時遺有的不動產（土地、房屋），動產及其他一切有財產價值的權利（如現金、黃金、車輛、股票、存款、公債、債權、信託權益、獨資合夥之出資、礦業權、漁業權等）。

(2) 被繼承人死亡前二年內贈與遺產及贈與稅法第15條規定之財產。

(3) 遺產價值之計算，以被繼承人死亡時之時價為準。

(4) 以上所稱時價：

　A. 土地以土地公告現值為準（訂有毛五租約的土地，按公告現值2/3計算）。

　B. 房屋以評定標準價格為準。

　C. 上市或上櫃公司之股票等有價證券，以證券市場死亡日收盤

價爲時價。

D. 興櫃股票以證券市場當日加權平均成交價爲準，若當日無買賣價格者（如假日等休市期間），依繼承開始日前最後一日該項上市或上櫃股票之收盤價或興櫃股票之加權平均成交價爲時價；初次核准上市或上櫃公司股票自主管機關核准日後至掛牌買賣前，或登錄爲興櫃股票自證券櫃檯買賣中心同意後至開始櫃檯買賣前，以承銷價或主辦輔導推薦證券商認購之價格爲時價。

E. 未上市、未上櫃且非興櫃公司股票或獨資合夥事業之出資額，以該公司或該事業資產淨值估定其時價。

(5) 申報「遺產總額」各欄填報：

A. 土地部分（包括公共設施保留地、農地）：

　　a. 縣市、鄉鎮區、段、地號：如台北市○○區○○段○小段○○地號。

　　b. 土地現況勾選：請勾選土地性質爲何，如農地勾選農地；公共設施保留地勾選公共設施保留地。

　　c. 面積（平方公尺）：請註明所填面積單位平方公尺，如1,234平方公尺。

　　d. 每平方公尺公告現值：請填明死亡時每平方公尺公告現值。

　　e. 持分：請填寫所有權之比例，如1/2、1/4等，如係單獨所有請填「全」字。

B. 建物部分：

　　a. 門牌號碼：如○○縣○○市○○里○○街○鄰○號○樓。

　　b. 持分：請填寫所有權之比例，如1/2、1/4等，如係單獨所有請填「全」字。

　　c. 遺產價額：請填寫被繼承人死亡日當期之房屋評定標準價格。

C. 存款部分：

依被繼承人所有的金融機構存摺或定存單填寫。繼承人最好先拿存摺向金融機構登錄確定金額後再填寫以免錯誤。

D. 投資部分：

a. 名稱類別及所在地：如○○公司股票、○○商號出資、○○銀行○○分行存款○○公債、○○牌○○型汽車等，並請填明公司、銀行等所在地。

b. 面額：填寫該項財產的面額，股票填寫每股票面額，有限公司及獨資合夥事業，請填寫出資額。

c. 單位時價：上市或上櫃公司之股票填寫死亡當日證券市場之收盤價，興櫃股票填寫證券市場當日加權平均成交價；若當日無買賣價格者（如假日等休市期間），依繼承開始日前最後一日該項上市或上櫃股票之收盤價或興櫃股票加權平均成交價；未上市或未上櫃公司股票或獨資合夥事業之出資額，填寫死亡當日依該公司或該事業資產淨值計算；汽車、黃金、珠寶填明市價（以上單位時價不明者可免填寫）。

d. 數量：股票填股數、汽車填輛、黃金填重量等。

E. 債權部分：

被繼承人如對他人享有債權時，繼承人可依債權的實際情形分別填報。

F. 信託利益之權利：

a. 信託財產標的：請填寫土地、建物、動產及其他有財產價值之權利。

b. 委託人、受託人、受益人、信託期間：請依信託契約書約定事項填寫。

c. 遺產價額：

i. 享有孳息以外信託利益者：請以信託財產之時價，按受

益人死亡時起至受益時止之期間，依受益人死亡時郵政
儲金一年期定期儲金固定利率複利折算現值後填寫遺產
價額。

　　ii. 享有孳息部分信託利益者：請以信託財產之時價，減除
　　　　依前款規定折算之現值後之餘額填寫遺產價額。

G.動產及其他有財產價值的權利：

　　被繼承人如遺有現金、珠寶、黃金或如地上權、農育權
　　（永佃權）等權利，應分別填列於此。

H.死亡前二年內贈與財產[19]：

　　被繼承人死亡前二年內贈與配偶、直系血親卑親屬（如子
　　女、養子女或其代位繼承人等）、父母、兄弟姊妹、祖父母及
　　上述親屬之配偶的財產，惟87年6月25日（含）以前發生之繼
　　承案件，仍適用行為時之法令規定，為被繼承人死亡前三年內
　　贈與同上述情形財產。但被繼承人與受贈人間之親屬或配偶關
　　係，在被繼承人死亡前已消滅者，該項贈與之財產，免合併申
　　報課徵遺產稅。

第(三)欄：「免稅額」[20]

　　被繼承人如為經常居住中華民國境內之中華民國國民，自遺
產總額中減除免稅額1,333萬元；其為軍警公教人員因執行職務死
亡者，加倍計算。被繼承人如為經常居住中華民國境外之中華民
國國民，或非中華民國國民，其減除免稅額比照前項規定辦理[21]。

第(四)欄：扣除額[22]

　　被繼承人的遺產稅扣除額非常多，分別說明如下：

(1) 被繼承人遺有配偶者，自遺產總額中扣除新臺幣493萬元，應檢
　　附戶籍資料。如夫妻雙方同時死亡時，僅能選擇一方加扣配偶
　　扣除額新臺幣493萬元。

(2) 繼承人為直系血親卑親屬者，每人得自遺產總額中扣除新臺幣

50萬元。其中有未成年者，並得按其年齡距成年之年數，每年加扣新臺幣50萬元，但親等近者拋棄繼承由次親等卑親屬繼承者，扣除之數額以拋棄繼承前原得扣除之數額爲限。請檢附戶籍資料[23]。

(3) 被繼承人遺有父母者，每人得自遺產總額中扣除新臺幣123萬元，請檢附戶籍資料；但父母爲繼承人且拋棄繼承者，不得扣除。

(4) 前三項所定之人如爲身心障礙者權益保障法規定之重度以上身心障礙者，或精神衛生法規定之嚴重病人，每人得再加扣618萬元[24]。

(5) 被繼承人遺有受其扶養之兄弟姊妹、祖父母者，每人得自遺產總額中扣除新臺幣50萬元，其兄弟姊妹中有未成年者，並得按其年齡距成年之年數，每年加扣新臺幣50萬元。請檢附戶籍資料及扶養之證明文件[25]。

(6) 遺產中作農業使用之農業用地及其地上農作物，由繼承人或受遺贈人承受者，扣除其土地及地上農作物價值之全數。承受人自承受之日起五年內，未將該土地繼續作農業使用且未在有關機關所令期限內恢復作農業使用，或雖在有關機關所定期限內已恢復農業使用而再有未作農業使用情事者，應追繳應納稅賦。申報時，請檢附死亡時經農業主管機關核發之農業用地作農業使用證明書，土地登記簿謄本等。

(7) 被繼承人死亡前六年至九年內，繼承之財產已納遺產稅者，按年遞減扣除80%（前六年），60%（前七年），40%（前八年），及20%（前九年）。請檢附前次繼承已繳納遺產稅的證明書影本。

(8) 被繼承人死亡前，依法應納之各項稅捐、罰鍰及罰金，請檢附繳款書影本。

(9) 被繼承人死亡前未償之債務，請檢附債務證明文件，如係被繼承人重病期間之舉債，應敘明債務發生之原因，並證明其用途。

(10)被繼承人之喪葬費用，以新臺幣123萬元計算，免附證明文件。

(11)執行遺囑及管理遺產之直接必要費用。請檢附有關費用證明文件。

(12)被繼承人如為經常居住中華民國境外之中華民國國民，或非中華民國國民者，不適用前七項之規定，第8項至第11項規定之扣除，以在中華民國境內發生者為限，繼承人中拋棄繼承權者，不適用前五項規定之扣除，大陸地區人民依臺灣地區與大陸地區人民關係條例規定繼承臺灣地區人民之遺產，辦理遺產稅申報時，其扣除額仍有上開規定之適用。

(13)主張依民法第1030條之1規定之剩餘財產差額分配請求權價值自遺產總額中扣除者，請檢附生存配偶行使剩餘財產差額分配請求權計算表。（應檢附載有結婚日期之戶籍資料、土地、房屋之登記簿謄本，上市、上櫃、興櫃或未上市公司股票之持股餘額及取得日期證明文件、非股份有限公司之出資額及出資日期證明文件、其他財產之取得日期及取得原因證明。債權發生原因、日期及相關之證明文件。）

(14)遺產土地屬都市計畫內尚未被徵收之公共設施保留地者，依都市計畫法第50條之1規定免徵遺產稅，請檢附土地使用分區證明書（需註明編定日期及是否為公共設施保留地）。

(15)主張具華僑身分之被繼承人所遺依華僑回國投資條例核准投資額半數免稅者，請檢附經投審會審定之證明文件。

第(五)欄：「不計入遺產總額財產」㉖

(1) 遺贈人、受遺贈人或繼承人捐贈各級政府及公立教育、文化、

公益、慈善機關之財產（請檢附同意受贈證明文件）。

(2) 遺贈人、受遺贈人或繼承人捐贈公有事業機構或全部公股之公營事業之財產（請檢附同意受贈證明文件）。

(3) 遺贈人、受遺贈人或繼承人捐贈於被繼承人死亡時，已依法登記設立為財團法人組織且符合行政院規定標準之教育、文化、公益、慈善、宗教團體及祭祀公業之財產（請檢附同意受贈證明文件及財團法人捐助章程與法人設立登記證書影本）。

(4) 遺產中有關文化、歷史、美術之圖書、物品，經繼承人向主管稽徵機關聲明登記者。但繼承人將此項圖書、物品轉讓時，仍須自動申報補稅。

(5) 被繼承人自己創作之著作權、發明專利權及藝術品（請檢附名稱清單）。

(6) 被繼承人日常生活必需之器具及用品，其總價值在新臺幣89萬元以下部分。

(7) 被繼承人職業上之工具，其總價值在新臺幣50萬元以下部分。

(8) 依法禁止或限制採伐之森林。但解禁後仍須自動申報補稅（請檢附農林機關核發的禁止採伐證明文件）。

(9) 約定於被繼承人死亡時，給付其所指定受益人之人壽保險金額，軍、公教人員、勞工或農民保險之保險金額及互助金。但為避免被繼承人購買之保單，經查核係屬應課徵遺產稅之財產（例如：被繼承人死亡前短期內或帶重病投保人壽保險等），因未申報或漏報致受處罰鍰之情形，請於本欄填報相關資料並檢附有關證明文件。

(10) 被繼承人死亡前五年內，繼承之財產已納遺產稅者（請檢附前次繼承已繳納遺產稅的證明書影本）。

(11) 被繼承人配偶及子女之原有財產或特有財產，經辦理登記或確有證明者。

(12)被繼承人遺產中經政府闢為公眾通行之道路土地或其他無償供公眾通行之道路土地，經主管機關證明者。但其屬建造房屋應保留之法定空地部分，仍應計入遺產總額（請檢附主管機關核發之證明文件）。

(13)被繼承人之債權或其他請求權不能收取或行使確有證明者（請檢附具體證明文件）。

(14)遺贈人、受遺贈人或繼承人提供財產，捐贈或加入於被繼承人死亡時已成立之公益信託並符合下列規定者：

A. 受託人為信託業法所稱之信託業。

B. 各該公益信託除為其設立目的舉辦事業而必須支付之費用外，不以任何方式對特定或可得特定之人給予特殊利益。

C. 信託行為明定信託關係解除、終止或消滅時，信託財產移轉於各級政府、有類似目的之公益法人或公益信託（請檢附公司執照、營利事業登記證、組織章程及同意受贈或加入該公益信託之證明文件）。

第(六)欄：「扣抵稅額」㉗

(1)被繼承人死亡前二年內贈與其配偶、直系血親卑親屬、父母、兄弟、姊妹、祖父母或上述親屬之配偶的財產、已併入遺產課稅者，其以前已納的贈與稅與土地增值稅，憑繳納收據並按郵政儲金一年期定期儲金固定利率計算之利息一併扣抵應納遺產稅，但以不超過贈與財產併計遺產總額後增加的應納稅額為限。

(2)經常居住我國境內的我國國民死亡時，其在國外的遺產依遺產所在地國法律已納的遺產稅，可憑我國使領館簽證之所在地國稅務機關發給的納稅憑證（無我國使領館者，應經當地公定會計師或公證人簽證）扣抵應納稅額，但以不超過因加計其國外遺產，而依國內適用稅率計算增加的應納稅額為限㉘。

(3) 若係補報遺產案件，於核計補徵稅額時，應減除以前各次核定繳納之遺產稅（請檢附遺產稅繳清證明書或免稅證明書影本）。

應納遺產稅額如何計算？

(1)106年5月12日以後發生之繼承案件：

　A.遺產稅應納稅額，係按被繼承人之遺產總額，減除免稅額及各項扣除額後之課稅遺產淨額，再乘以規定稅率並減去累進差額及可扣抵稅額後，計算應納稅額。遺產稅的計算公式如下：

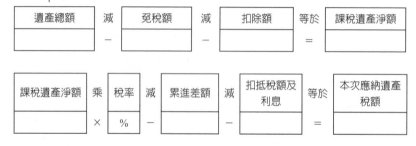

　B.稅率表如下：

課稅遺產淨額（元）	稅率	累進差額（元）
50,000,000以下	10%	0
50,000,001-100,000,000	15%	2,500,000
100,000,001以上	20%	7,500,000

(2) 98年1月23日至106年5月11日發生之繼承案件：

　遺產稅的應納稅額，係按被繼承人之遺產總額，減除免稅額及各項扣除額後之課稅遺產淨額，再乘以10%稅率並減去可扣抵的稅額後，計算得應納稅額。

(3) 繼承事實發生於98年1月22日以前之案件，適用行為時之法律規定。

相關法令

①遺產及贈與稅法第23條

被繼承人死亡遺有財產者，納稅義務人應於被繼承人死亡之日起六個月內，向戶籍所在地主管稽徵機關依本法規定辦理遺產稅申報。但依第六條第二項規定由稽徵機關申請法院指定遺產管理人者，自法院指定遺產管理人之日起算。

被繼承人爲經常居住中華民國境外之中華民國國民及非中華民國國民死亡時，在中華民國境內遺有財產者，應向中華民國中央政府所在地之主管稽徵機關辦理遺產稅申報。

②遺產及贈與稅法第26條

遺產稅或贈與稅納稅義務人具有正當理由不能如期申報者，應於前三條規定限期屆滿前，以書面申請延長之。

前項申請延長期限以三個月爲限。但因不可抗力或其他有特殊之事由者，得由稽徵機關視實際情形核定之。

③遺產及贈與稅法第44條

納稅義務人違反第二十三條或第二十四條規定，未依限辦理遺產稅或贈與稅申報者，按核定應納稅額加處二倍以下之罰鍰。

④遺產及贈與稅法第10條（估價原則）

遺產及贈與財產價值之計算，以被繼承人死亡時或贈與人贈與時之時價爲準；被繼承人如係受死亡之宣告者，以法院宣告死亡判決內所確定死亡日之時價爲準。

本條修正前發生死亡事實或贈與行爲之案件，於本條修正公布生效日尙未核課或尙未核課確定者，其估價適用前項規定辦理。

第一項所稱時價，土地以公告土地現值或評定標準價格爲準；房屋以評定標準價格爲準。

⑤**遺產及贈與稅法施行細則第33條**

典權以典價為價額。

⑥**遺產及贈與稅法施行細則第31條**

地上權之設定有期限及年租者，其賸餘期間依下列標準估定其價額：

一、賸餘期間在五年以下者，以一年地租額為其價額。

二、賸餘期間超過五年至十年以下者，以一年地租額之二倍為其價額。

三、賸餘期間超過十年至三十年以下者，以一年地租額之三倍為其價額。

四、賸餘期間超過三十年至五十年以下者，以一年地租額之五倍為其價額。

五、賸餘期間超過五十年至一百年以下者，以一年地租額之七倍為其價額。

六、賸餘期間超過一百年者，以一年地租額之十倍為其價額。

地上權之設定，未定有年限者，均以一年地租額之七倍為其價額。但當地另有習慣者，得依其習慣決定其賸餘年限。

地上權之設定，未定有年租者，其年租按申報地價年息百分之四估定之。

地上權之設定一次付租、按年加租或以一定之利益代租金者，應按其設定之期間規定其平均年租後，依第一項規定估定其價額。

⑦**遺產及贈與稅法施行細則第32條**

永佃權價值之計算，均依一年應納佃租額之五倍為標準。

⑧**遺產及贈與稅法施行細則第28條**

凡已在證券交易所上市（以下簡稱上市）或證券商營業處所買賣（以下簡稱上櫃或興櫃）之有價證券，依繼承開始日或贈與日該項上市或上櫃有價證券之收盤價或興櫃股票之當日加權平均成交

價估定之。但當日無買賣價格者，依繼承開始日或贈與日前最後一日該項上市或上櫃有價證券之收盤價或興櫃股票之加權平均成交價估定之，其價格有劇烈變動者，則依其繼承開始日或贈與日前一個月內該項上市或上櫃有價證券各日收盤價或興櫃股票各日加權平均成交價之平均價格估定之。

有價證券初次上市或上櫃者，於其契約經證券主管機關核准後至掛牌買賣前，或登錄為興櫃股票者，於其契約經證券櫃檯買賣中心同意後至開始櫃檯買賣前，應依該項證券之承銷價格或主辦輔導推薦證券商認購之價格估定之。

⑨ **遺產及贈與稅法施行細則第29條**

未上市、未上櫃且非興櫃之股份有限公司股票，除第二十八條第二項規定情形外，應以繼承開始日或贈與日該公司之資產淨值估定，並按下列情形調整估價：

一、公司資產中之土地或房屋，其帳面價值低於公告土地現值或房屋評定標準價格者，依公告土地現值或房屋評定標準價格估價。

二、公司持有之上市、上櫃有價證券或興櫃股票，依第二十八條規定估價。

前項所定公司，已擅自停業、歇業、他遷不明或有其他具體事證，足資認定其股票價值已減少或已無價值者，應核實認定之。

非股份有限公司組織之事業，其出資價值之估價，準用前二項規定。

⑩ **遺產及贈與稅法施行細則第27條**

債權之估價，以其債權額為其價額。其有約定利息者，應加計至被繼承人死亡日或贈與行為發生日止，已經過期間之利息額。

⑪ **民法第1017條**

夫或妻之財產分為婚前財產與婚後財產，由夫妻各自所有。不能

證明爲婚前或婚後財產者，推定爲婚後財產；不能證明爲夫或妻所有之財產，推定爲夫妻共有。

夫或妻婚前財產，於婚姻關係存續中所生之孳息，視爲婚後財產。

夫妻以契約訂立夫妻財產制後，於婚姻關係存續中改用法定財產制者，其改用前之財產視爲婚前財產。

⑫民法親屬編施行法第6條之1

中華民國七十四年六月四日以前結婚，並適用聯合財產制之夫妻，於婚姻關係存續中以妻之名義在同日以前取得不動產，而有左列情形之一者，於本施行法中華民國八十五年九月六日修正生效一年後，適用中華民國七十四年民法親屬編修正後之第一千零十七條規定：

一、婚姻關係尙存續中且該不動產仍以妻之名義登記者。

二、夫妻已離婚而該不動產仍以妻之名義登記者。

⑬遺產及贈與稅法施行細則第20條第1項

被繼承人死亡時遺有財產者，不論有無應納稅額，納稅義務人均應填具遺產稅申報書向主管稽徵機關據實申報。其有依本法規定之減免扣除或不計入遺產總額者，應檢同有關證明文件一併報明。

⑭遺產及贈與稅法第45條

納稅義務人對依本法規定，應申報之遺產或贈與財產，已依本法規定申報而有漏報或短報情事者，應按所漏稅額處以二倍以下之罰鍰。

⑮遺產及贈與稅法施行細則第13條

被繼承人死亡前因重病無法處理事務期間舉債、出售財產或提領存款，而其繼承人對該項借款、價金或存款不能證明其用途者，該項借款、價金或存款，仍應列入遺產課稅。

⑯**稅捐稽徵法第20條**

依稅法規定逾期繳納稅捐應加徵滯納金者,每逾三日按滯納數額加徵百分之一滯納金;逾三十日仍未繳納者,移送強制執行。但因不可抗力或不可歸責於納稅義務人之事由,致不能依第二十六條、第二十六條之一規定期間申請延期或分期繳納稅捐者,得於其原因消滅後十日內,提出具體證明,向稅捐稽徵機關申請回復原狀並同時補行申請延期或分期繳納,經核准者,免予加徵滯納金。

中華民國一百十年十一月三十日修正之本條文施行時,欠繳應納稅捐且尚未逾計徵滯納金期間者,適用修正後之規定。

⑰**遺產及贈與稅法第41條**

遺產稅或贈與稅納稅義務人繳清應納稅款、罰鍰及加徵之滯納金、利息後,主管稽徵機關應發給稅款繳清證明書;其經核定無應納稅款者,應發給核定免稅證明書;其有特殊原因必須於繳清稅款前辦理產權移轉者,得提出確切納稅保證,申請該管主管稽徵機關核發同意移轉證明書。

依第十六條規定,不計入遺產總額之財產,或依第二十條規定不計入贈與總額之財產,經納稅義務人之申請,稽徵機關應發給不計入遺產總額證明書,或不計入贈與總額證明書。

⑱**遺產及贈與稅法第42條**

地政機關及其他政府機關,或公私事業辦理遺產或贈與財產之產權移轉登記時,應通知當事人檢附稽徵機關核發之稅款繳清證明書,或核定免稅證明書,或不計入遺產總額證明書,或不計入贈與總額證明書,或同意移轉證明書之副本;其不能繳付者,不得逕為移轉登記。

⑲**遺產及贈與稅法第15條(視為遺產之贈與)**

被繼承人死亡前二年內贈與下列個人之財產,應於被繼承人死亡

時，視爲被繼承人之遺產，併入其遺產總額，依本法規定徵稅：

一、被繼承人之配偶。

二、被繼承人依民法第一千一百三十八條及第一千一百四十條規定之各順序繼承人。

三、前款各順序繼承人之配偶。

八十七年六月二十六日以後至前項修正公布生效前發生之繼承案件，適用前項之規定。

⑳**遺產及贈與稅法第18條**

被繼承人如爲經常居住中華民國境內之中華民國國民，自遺產總額中減除免稅額一千二百萬元；其爲軍警公教人員因執行職務死亡者，加倍計算。

被繼承人如爲經常居住中華民國境外之中華民國國民，或非中華民國國民，其減除免稅額比照前項規定辦理。

㉑**遺產及贈與稅法施行細則第15條**

被繼承人爲軍、警、公、教人員，因執行任務死亡，而依本法第十八條第一項後段加倍減除其免稅額者，繼承人應提出被繼承人死亡時，服務機關出具之執行任務死亡證明書。

㉒**遺產及贈與稅法第17條（扣除額）**（物價指數調整金額，請見附錄14）

下列各款，應自遺產總額中扣除，免徵遺產稅：

一、被繼承人遺有配偶者，自遺產總額中扣除四百萬元。

二、繼承人爲直系血親卑親屬者，每人得自遺產總額中扣除四十萬元。其有未成年者，並得按其年齡距屆滿成年之年數，每年加扣四十萬元。但親等近者拋棄繼承由次親等卑親屬繼承者，扣除之數額以拋棄繼承前原得扣除之數額爲限。

三、被繼承人遺有父母者，每人得自遺產總額中扣除一百萬元。

四、前三款所定之人如爲身心障礙者權益保障法規定之重度以上

身心障礙者，或精神衛生法規定之嚴重病人，每人得再加扣五百萬元。

五、被繼承人遺有受其扶養之兄弟姊妹、祖父母者，每人得自遺產總額中扣除四十萬元；其兄弟姊妹中有未成年者，並得按其年齡距屆滿成年之年數，每年加扣四十萬元。

六、遺產中作農業使用之農業用地及其地上農作物，由繼承人或受遺贈人承受者，扣除其土地及地上農作物價值之全數。承受人自承受之日起五年內，未將該土地繼續作農業使用且未在有關機關所令期限內恢復作農業使用，或雖在有關機關所令期限內已恢復作農業使用而再有未作農業使用情事者，應追繳應納稅賦。但如因該承受人死亡、該承受土地被徵收或依法變更為非農業用地者，不在此限。

七、被繼承人死亡前六年至九年內，繼承之財產已納遺產稅者，按年遞減扣除百分之八十、百分之六十、百分之四十及百分之二十。

八、被繼承人死亡前，依法應納之各項稅捐、罰鍰及罰金。

九、被繼承人死亡前，未償之債務，具有確實之證明者。

十、被繼承人之喪葬費用，以一百萬元計算。

十一、執行遺囑及管理遺產之直接必要費用。

被繼承人如為經常居住中華民國境外之中華民國國民，或非中華民國國民者，不適用前項第一款至第七款之規定；前項第八款至第十一款規定之扣除，以在中華民國境內發生者為限；繼承人中拋棄繼承權者，不適用前項第一款至第五款之扣除。

㉓**遺產及贈與稅法施行細則第10條之1**

本法第十七條第一項第二款及第五款所稱距屆滿成年之年數，不滿一年或餘數不滿一年者，以一年計算。

㉔**遺產及贈與稅法施行細則第10條之2**

依本法第十七條第一項第四款規定申報身心障礙特別扣除額者，應檢附社政主管機關核發之重度以上身心障礙手冊或身心障礙證明影本，或精神衛生法第十九條第一項規定之專科醫師診斷證明書影本。

㉕**遺產及贈與稅法施行細則第10條之3**

本法第十七條第一項第五款所稱受扶養之兄弟姊妹、祖父母係指：

一、被繼承人之兄弟姊妹未成年，或已成年而因在校就學，或因身心障礙，或因無謀生能力，受被繼承人扶養者。

二、被繼承人之祖父母年滿六十歲，或未滿六十歲而無謀生能力，受被繼承人扶養者。

㉖**遺產及贈與稅法第16條（不計入遺產總額項目）（物價指數調整金額，請見附錄14）**

下列各款不計入遺產總額：

一、遺贈人、受遺贈人或繼承人捐贈各級政府及公立教育、文化、公益、慈善機關之財產。

二、遺贈人、受遺贈人或繼承人捐贈公有事業機構或全部公股之公營事業之財產。

三、遺贈人、受遺贈人或繼承人捐贈於被繼承人死亡時，已依法登記設立為財團法人組織且符合行政院規定標準之教育、文化、公益、慈善、宗教團體及祭祀公業之財產。

四、遺產中有關文化、歷史、美術之圖書、物品，經繼承人向主管稽徵機關聲明登記者。但繼承人將此項圖書、物品轉讓時，仍須自動申報補稅。

五、被繼承人自己創作之著作權、發明專利權及藝術品。

六、被繼承人日常生活必需之器具及用品，其總價值在七十二萬

元以下部分。

七、被繼承人職業上之工具，其總價值在四十萬元以下部分。

八、依法禁止或限制採伐之森林。但解禁後仍須自動申報補稅。

九、約定於被繼承人死亡時，給付其所指定受益人之人壽保險金額、軍、公教人員、勞工或農民保險之保險金額及互助金。

十、被繼承人死亡前五年內，繼承之財產已納遺產稅者。

十一、被繼承人配偶及子女之原有財產或特有財產，經辦理登記或確有證明者。

十二、被繼承人遺產中經政府闢為公眾通行道路之土地或其他無償供公眾通行之道路土地，經主管機關證明者。但其屬建造房屋應保留之法定空地部分，仍應計入遺產總額。

十三、被繼承人之債權及其他請求權不能收取或行使確有證明者。

⑰**遺產及贈與稅法第11條（扣抵額）**

國外財產依所在地國法律已納之遺產稅或贈與稅，得由納稅義務人提出所在地國稅務機關發給之納稅憑證，併應取得所在地中華民國使領館之簽證；其無使領館者，應取得當地公定會計師或公證人之簽證，自其應納遺產稅或贈與稅額中扣除。但扣抵額不得超過因加計其國外遺產而依國內適用稅率計算增加之應納稅額。

被繼承人死亡前二年內贈與之財產，依第十五條之規定併入遺產課徵遺產稅者，應將已納之贈與稅與土地增值稅連同按郵政儲金匯業局一年期定期存款利率計算之利息，自應納遺產稅額內扣抵。但扣抵額不得超過贈與財產併計遺產總額後增加之應納稅額。

⑱**遺產及贈與稅法第4條**

本法稱財產，指動產、不動產及其他一切有財產價值之權利。

本法稱贈與，指財產所有人以自己之財產無償給予他人，經他人

允受而生效力之行為。

本法稱經常居住中華民國境內，係指被繼承人或贈與人有下列情形之一：

一、死亡事實或贈與行為發生前二年內，在中華民國境內有住所者。

二、在中華民國境內無住所而有居所，且在死亡事實或贈與行為發生前二年內，在中華民國境內居留時間合計逾三百六十五天者。但受中華民國政府聘請從事工作，在中華民國境內有特定居留期限者，不在此限。

本法稱經常居住中華民國境外，係指不合經常居住中華民國境內規定者而言。

本法稱農業用地，適用農業發展條例之規定。

■ 農業用地或公共設施保留地在申報遺產稅時，你怎麼主張扣除？

　　張三於112年3月1日因病死亡，遺產中有農地及公共設施保留地，繼承人張大明在申報遺產稅時，不知如何主張扣除？

一、農業用地扣除

　　依遺產及贈與稅法規定，遺產中的農業用地及地上的農作物，如果由繼承人或受遺贈人承受，繼續經營農業生產時，可以扣除該農地及地上農作物的全部價值，等於不課徵遺產稅。但是如果繼承人繼承農地後，在五年內未將農地繼續作農業使用且未在有關機關規定期限內恢復作農業使用，或雖在有關機關規定之期限內已恢復作農業使用，而再有未作農業使用的情形時，所扣除的遺產稅額會被稽徵機關追繳回去[①]。

(一)農業用地[②]申報遺產稅的相關注意事項

1. 繼承人繼承農業用地後，如在五年內死亡、被徵收或依法變更為非農業用地時，已扣除的遺產稅額則不必追繳。

2. 訂三七五租約之耕地，所有權人於89年1月28日以後死亡者，繼承人如已取具農業主管機關核發之作農業使用證明，依89年1月26日修正公布之遺產及贈與稅法第17條第1項第6款及同日修正公布之農業發展條例第38條第1項規定，免課徵遺產稅。（財政部89年11月24日台財稅第0890458227號函）

3. 農業用地依農業發展條例規定，是指非都市土地或都市土地農業區、保護區範圍內，依法供下列使用之土地：

　　(1) 供農作、森林、養殖、畜牧及保育使用者。

(2) 供與農業經營不可分離之農舍、畜禽舍、倉儲設備、曬場、集貨場、農路、灌溉、排水及其他農用之土地。

(3) 農民團體與合作農場所有直接供農業使用之倉庫、冷凍（藏）庫、農機中心、蠶種製造（繁殖）場、集貨場、檢驗場等用地。

4. 依遺產及贈與稅法規定，被繼承人如果是經常居住我國境外的國民③或外國人時，不適用農業用地扣除額。

5. 申報遺產稅時，農地仍屬於遺產，必須列入被繼承人的遺產總額中計算遺產價值後，再予以同額扣除。

(二)申報扣除須檢附相關證明文件

　　納稅義務人申報被繼承人遺產中農地價值自遺產總額中扣除時，應備證件請參考第48頁「申報遺產稅應備證件」表。

(三)依農業發展條例規定的農業用地

　　依遺產及贈與稅法第10條第5項規定，本法稱農業用地，適用農業發展條例②之規定。

二、公共設施保留地扣除

　　公共設施保留地依都市計畫法規定，因繼承而移轉時，可以免徵遺產稅④。

(一)公共設施保留地申報遺產稅的注意事項

1. 公共設施保留地僅限於都市計畫中或依都市計畫法指定之公共設施保留地才有遺產稅扣除的規定，對於非都市土地依土地使用管制規則編定之公共設施用地，則沒有遺產稅扣除的規定。

2. 被繼承人遺產中經政府闢為公眾通行道路的土地或其他無償供公眾通行的道路土地，經主管機關證明時，可以列入不計入遺產總額中免徵遺產稅。這類土地實際上為公共設施用地，但並不是遺產稅的課徵標的物。

3. 公共設施保留地若一旦被政府徵收，土地變成補償費（現金），就沒有免稅的規定，必須併入被繼承人遺產總額計徵遺產稅，否則會被稽徵機關依漏報遺產稅處以罰鍰。

4. 申報遺產稅時，公共設施保留地仍屬於被繼承人的遺產，須列入遺產總額中計算遺產價值後，再予以同額扣除。

(二)申報扣除須檢附相關證明文件

納稅義務人申請被繼承人遺產中之公共設施保留地價值自遺產總額中扣除時，應備證件請參考第48頁「申報遺產稅應備證件」表。

(三)依都市計畫法規定的公共設施保留地[⑤]

1. 道路、公園、綠地、廣場、兒童遊樂場、民用航空站、停車場所、河道及港埠用地。

2. 學校、社教機關、體育場所、市場、醫療衛生機構及機關用地。

3. 上下水道、郵政、電信、變電所及其他公用事業用地。

4. 加油站、鐵公路用地、警所、消防、防空用地、屠宰場、垃圾處理場、殯儀館、火葬場、公墓、污水處理場、煤氣廠用地。

● 申請土地或建物登記簿謄本流程圖

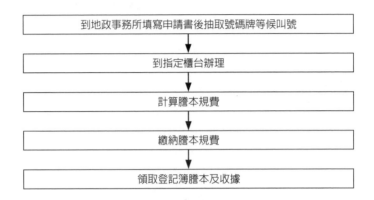

到地政事務所填寫申請書後抽取號碼牌等候叫號

↓

到指定櫃台辦理

↓

計算謄本規費

↓

繳納謄本規費

↓

領取登記簿謄本及收據

申請土地或建物登記簿謄本流程說明

1. 在向地政事務所申請謄本前要記好土地及建物的標示，例如萬華區青年段一小段×××地號、×××建物，以免到了地政事務所忘了不動產的標示，白跑一趟。目前全國的各地政事務所都已經連線，只要到任何一個地政事務所都可跨區申請謄本。

2. 到地政事務所根據不動產標示先填寫地籍謄本及相關資料申請書（申請項目勾選「土地登記及地價資料謄本」及「第一類」），抽取號碼牌等候叫號。

3. 計算規費，謄本列印人員根據所申請的謄本張數計算規費（謄本每張20元）。

4. 申請人繳納謄本規費後，即可立即向櫃台承辦人員領取謄本並領取繳費收據。

5. 申請人申請時要記得帶身分證明文件（如身分證或駕照）以備查驗。

● 農地申報遺產稅流程圖

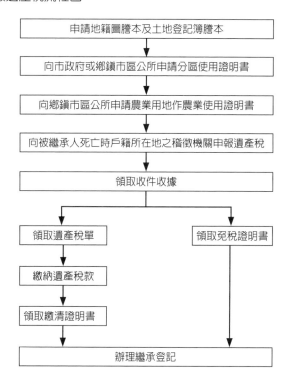

農地申報遺產稅流程說明

1. 申請地籍圖謄本及土地登記簿謄本

　　請參考第82頁之說明。

2. 向市政府或鄉鎮市區公所申請分區使用證明書

　　都市土地中有關農業區或保護區之土地仍作農業使用者，須先向市政府或鄉鎮市區公所申請分區使用證明書，至於非都市土地之農業用地則不必申請分區使用證明書。

3. 向鄉鎮市區公所申請農業用地作農業使用證明書

依「農業用地作農業使用認定及核發證明辦法」[6]規定，申請人應檢附申請書、最近一個月內之土地登記簿謄本、地籍圖謄本、分區使用證明書、身分證明文件及相關資料等向各鄉鎮市區公所提出申請，公所收件後會與申請人擇期辦理農地現場會勘。

4. 向被繼承人死亡時戶籍所在地之稽徵機關申報遺產稅

申報遺產稅必須於被繼承人死亡後六個月內檢附第48頁所列證明文件向被繼承人死亡時戶籍所在地之稽徵機關申報，其相關規定如下：

(1) 戶籍在臺北市、高雄市者，向當地國稅局總局或所屬分局、稽徵所申報。

(2) 戶籍在臺北市、高雄市以外之其他縣市者，向當地國稅局所屬分局或稽徵所申報。

(3) 戶籍在福建省金門縣者，向財政部北區國稅局金門服務處申報；戶籍在福建省連江縣者，向財政部北區國稅局馬祖服務處申報。

(4) 自108年12月1日以後，繼承案件如符合「遺產稅跨局臨櫃申辦作業要點」規定，亦可跨局申報遺產稅，詳細規定請參閱本書第44頁至第47頁說明。

5. 領取收件收據

繼承人申報時，稽徵機關會發給收件文號（收件單）。目前台北市、高雄市、北區、中區、南區等國稅局都有實施櫃台化作業，只要繼承人申報之繼承案件符合各國稅局的規定標準，可以當場核發稅單，節省民眾處理遺產的時限。

6. 領取遺產稅繳款書或領取免稅證明書請參考第47頁。

7. 領取遺產稅繳清證明書請參考第47頁。

8. 辦理繼承登記請參考第48頁。

● 公共設施保留地申報遺產稅流程圖

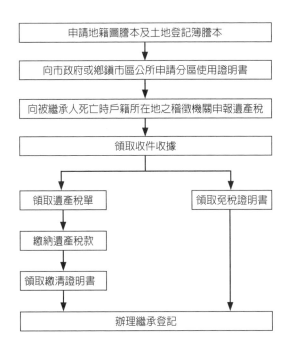

公共設施保留地申報遺產稅流程說明

1. **申請地籍圖謄本及土地登記簿謄本**

向土地所在地轄區地政事務所申請遺產土地之地籍圖謄本及土地登記簿謄本。納稅義務人如要自行保留一份時,可多申請一份或自行影印亦可。

2. **向市政府或鄉鎮市區公所申請分區使用證明書**

公共設施保留地在申報遺產稅時的其他流程與農地大致相同,只是不須向鄉鎮市區公所申請農業用地作農業使用證明書的步驟。

正面

地籍謄本及相關資料申請書

收件日期：
受文機關：　　　市（縣）
收件號碼：
地政事務所
收件者章：

裝　　　訂　　　線

☑一、土地登記及地價謄本 ☑第一類 □第二類 □第三類【□第二類、□第三類由□登記名義人、□利害關係人，依核發土地登記及地價資料謄本主意事項第

申請項目（請就申請事項打✓）

(一)土地登記及建物登記謄本 □全部 □所有權個人全部 □標示部 □所有權狀及他項權利部 □無需列印主建物及所屬建物表 □需寄列印主建物表）□他項權利部 □地項權利部及他項權利個人全部（地項權利人統編）

(二)地價謄本 □土地標示及所有權狀及他項權利部 □土地標示及所有權狀 □建物標示及他項權利部

(三)人工登記謄本 □土地地價現值 □年公告土地現值

(四)專簿 □標示部 □全部 □所有權部 □他項權利部）□重造前舊簿 □電子處理前舊簿 □前次移轉現值 □申報地價（□全部 □節本 □所有權部 □他項權利部）

(五)其他 □地籍異動索引 □土地使用管理專簿 □土地建物異動清冊 □　　　　 □土地使用收益限制約定事專 □收件號）

二、地籍圖謄本 □電腦列印 　　　　　　 或影印地籍圖 □手繪地籍圖 □數值區列印界址點及坐標表

三、建物測量成果圖 □建物平面圖或建物測量成果 □以門牌查詢地政機關（本所轄區）□土地/建物參考資訊

四、閱覽、抄錄或複印 □地籍圖之藍曬圖或複製圖

五、□閱覽 □抄錄 □複印（□土地登記申請案 □土地登記申報書 □　 年 　 字第 　 號申請案

（不動產實際交易資訊申報資料 □台帳 □謄戶資料 □土地登記申請案參考資訊）

六、其他　　　　　　　　　謄戶資料（本所轄區）　　　　　　　　　　 代理人送件明細表 藍曬地籍圖

鄉鎮市區	段（小段）	地號	建號	所有權人、地項權利人或管理者姓名	統一編號	申請份數	建物門牌
信義	永春段一小段	179	2000	張三	A100000001	1	

申請標示

背面

申請人（含利害關係人）	姓名	被繼承人：張三	統一編號	A100000001	聯絡電話	23218010	住址	
		繼承人：張大明		A100000002		23563670		台北市○○區○○路○○段○號○樓

代理人

複代理人

委任關係：
□本申請案，係受申請人之委託，如有虛偽不實，本代理人願負法律責任。
□本申請案，係經複代理人之委託，如有虛偽不實，本複代理人願負法律責任。

利害關係切結事項：

申請用途（名稱：　　）：□購屋、貸款、自行參考 ☑自行參考（查詢）□政府機關□處理訴訟案件 ）申請案或資款案款使用

領件簽章：張大明

右列欄位免填：
張（筆）數　　規費　　收　　元
核定人員　　列印（影印）人員（時間）
申請人或其繼承人、管理者為限。

填寫說明

一、「申請項目」及「申請標示」欄位，應依格式填寫明確，字跡請勿潦草；如申請書有不敷使用，請另填寫申請書。

二、第一類土地登記及地價謄本（以下簡稱謄本）登記名義人全部登記及地價資料均得依法令規定申請，至其他共有人、他項權利人及管理者之出生日期、部分統一編號、部分住址不予顯示，並得由登記名義人或其他依法令規定得申請者提出申請；第二類、第三類謄本，部分姓名、部分統一編號、出生日期之資料，隱匿其資料，並得由任何人申請，保由公務機關提供申請。

三、申請各類謄本者，應依個人資料保護法規定蒐集、處理及利用個人資料。

四、申請「門牌戶資料」之閱覽（查詢）或「登記案件字號」查詢及所需書件名稱，以所有權人、他項權利人或其繼承人、管理者為限。

五、本項利害關係切結，申請人或其繼承人，應填寫不動產應收件年號及管理者。

六、本申請案如由申請人代為申請，應請代理人填明申請人及其姓名及統一編號，並於本申請案代理人欄簽章；如係複代理人代為申請，應請複代理人同時填明申請人及代理人姓名、統一編號，並經複代理人之委託，本代理人願負法律責任；及「本申請案」，應填寫申請書內切結事由或並於本申請案第三類謄本，應檢附影本件本件於正本，如無法檢附證明文件之正本，應向政府機關申請填寫切結。

七、利害關係人申請第三類謄本，應於申請書敘明利害關係事由，如無法律依據。確實填寫，如有虛偽不實，本複代理人願負法律責任；如係偽造本申請案或資款案使用者，應填寫機關填寫名稱。

八、為配合行政院推動地籍謄本減量，請於申請用途欄確實填明，如向政府機關申請案件者，應填寫機關名稱。

● 申請地籍圖謄本及分區使用證明流程圖

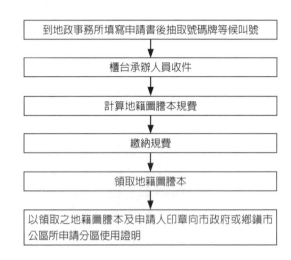

到地政事務所填寫申請書後抽取號碼牌等候叫號

↓

櫃台承辦人員收件

↓

計算地籍圖謄本規費

↓

繳納規費

↓

領取地籍圖謄本

↓

以領取之地籍圖謄本及申請人印章向市政府或鄉鎮市公區所申請分區使用證明

申請地籍圖謄本及分區使用證明流程說明

1. 在向地政事務所申請謄本前要記好土地的標示，例如萬華區青年段一小段×××地號，以免到了地政事務所忘了土地標示，白跑一趟。目前全國的各地政事務所都已經連線，台北市的土地只要到台北市的任何一個地政事務所都可跨區申請地籍謄本。

2. 到地政事務所根據土地標示先填寫地籍謄本及相關資料申請書（申請項目勾選「地籍圖謄本」），抽取號碼牌等候叫號。

3. 承辦人員根據所申請的地籍圖謄本張數計算規費。

4. 申請人繳納地籍圖謄本規費後，即可立即領取地籍圖謄本及繳費收據。

5. 申請人以領取之地籍圖謄本及申請人印章向市政府或鄉鎮市區

公所填寫分區使用證明申請書提出申請書。台北市已實施電腦化，可馬上領取並且不須檢附地籍圖謄本，但其他鄉鎮市區公所則無法立即領取，申請人必須向承辦人員詢問何時可領取申請之分區使用證明書。

6. 申請人申請時要記得帶身分證明文件（如身分證或駕照）以備查驗。

● 申請農業用地作農業使用證明書流程

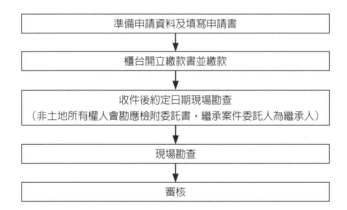

```
┌─────────────────────────────────────────┐
│         準備申請資料及填寫申請書              │
└─────────────────────────────────────────┘
                    ↓
┌─────────────────────────────────────────┐
│         櫃台開立繳款書並繳款                 │
└─────────────────────────────────────────┘
                    ↓
┌─────────────────────────────────────────┐
│         收件後約定日期現場勘查               │
│ （非土地所有權人會勘應檢附委託書，繼承案件委託人為繼承人）│
└─────────────────────────────────────────┘
                    ↓
┌─────────────────────────────────────────┐
│              現場勘查                      │
└─────────────────────────────────────────┘
                    ↓
┌─────────────────────────────────────────┐
│              審核                         │
└─────────────────────────────────────────┘
```

申請農業用地作農業使用證明書流程說明

1. 準備申請資料及填寫申請書

申請人申辦農業用地作農業使用證明書除須填具附件之申請書外尚須同時檢附下列文件，向土地所在地直轄市、縣（市）政府或其委任（辦）之鄉（鎮市區）公所申請：

(1) 最近一個月內核發之土地登記謄本及地籍圖謄本（申請用地如有興建農舍或農業設施，應於地籍圖上明確標示，並簽名或蓋章）。

(2)申請人身分證影本或戶口名簿影本。

(3)申請土地屬都市計畫農業區、保護區者，請填寫於「使用分區」欄，並應檢附都市計畫土地使用分區證明。

(4)申請土地位於國家公園範圍內者，應另檢附國家公園管理機關出具之符合農業發展條例施行細則第2條第5款之證明文件。

(5)目的事業主管機關許可文件及其他相關文件。

2. 櫃台開立繳款書並繳款

申請農業用地作農業使用證明書每一案件以申請書上所列每一土地所有權人為一筆計費，第一筆新臺幣500元，第二筆起每筆新臺幣300元。同筆土地之不同所有權人皆另計一筆；不同筆土地之相同所有權人亦另計一筆。農用證明案件，經審核合格核發一份證明書。申請加發證明書，每加發一份（第2份起）每份加收新臺幣100元。

3. 收件後約定日期現場勘查（非土地所有權人會勘應檢附委託書，繼承案件委託人為繼承人）

公所收件後，即會與申請人約定期日與時間至農地現場勘查。

4. 審核

經公所勘查及審核合格後即核發農業用地作農業使用證明書，不合格者即予駁回。

正面

收件日期：
受文機關：　　　市（縣）

收件號碼：
地政事務所

收件者章：

地籍謄本及相關資料申請書

申請項目（請於 □ 打 ∨）

□ 一、土地登記及地價謄本 □第一類 □第二類 □第三類【□登記名義人 □利害關係人 □公務用 依核發土地登記及地價資料謄本注意事項 第4點第　　　款規定申請】

（一）土地建物登記謄本 □全部 □所有權個人全部（他項權利人統編） □無需列印主登記建號 □他項權利個人全部（他項權利人統編）

（二）地價謄本 □全部 □土地標示部 □土地標示及所有權部 □他項權利部 □建物標示及他項權利部

（三）人工登記簿謄本 □重造前舊簿 □電子處理前舊簿 □申報地價 □年公告土地現值 □前次移轉現值 □年

（四）專簿 □信託專簿 □共有物使用管理專薄 □土地使用收益限制約定專簿：收件號

（五）其他 □地籍異動索引 □土地建物異動清冊

□ 二、地籍圖謄本 □電腦列印 □手繪地籍圖 □數值區列印界址點坐標及坐標表

□ 三、建物測量成果圖或建物標示圖

□ 四、閱覽（查詢） □電子處理地籍資料 □地籍圖之藍曬圖或複製圖 □歸戶資料（本所轄區） □以門牌查詢地建號 □土地、建物參考資訊

□ 五、攝影（抄寫）複印

□ 六、其他

（□ 不動產交易實價查詢資料 □台帳 □歸戶冊（本所轄區） □土地登記申請案 □建物測量申請案 □申報書送件資料明細表 □藍曬地籍圖）

申請標示	鄉鎮市區	段（小段）	地號	建號	所有權利人或管理者姓名	統一編號	土地、他項權建物登記參考資訊	申請份數	建物門牌
	信義	永春段一小段	179		張三	A100000001		1	

背面

申請人 (含利害關係人)	姓名：張三	統一編號	A100000001	聯絡電話	23218010	住址	台北市○○區○○○路○段○號○樓
	被繼承人：張三		A100000002	傳真	23563670		
代理人	繼承人：張大明						
複代理人							

委任關係：
- □本申請案，係受申請人之委託，如有虛偽不實，本代理人願負法律責任。
- □本申請案，確經代理人之委託，如有虛偽不實，本複代理人願負法律責任。

利害關係切結事項

申請用途：□購屋 □資款使用 □處理訴訟案件 □自行參考 □政府機關（查詢）□其他
（名稱：＿＿＿＿）

申請案或資款案或收件字號：＿＿＿＿字第＿＿＿＿號

右列欄位申請人免填：
- 核定人員
- 收據
- 規費　　　元
- 張（筆）數
- 列印人員（影印時間）
- 申報者序號

領件簽章：張大明

填寫說明：

一、「申請項目」及「申請標示」欄位，應依格式填寫明確，字跡務必工整。

二、第一類謄本及地號、建物門牌（以下防稱謄本）登記名義人均為全部登記名義人顯示；登記名義人之出生日期、部分統一編號、部分統一編號、部分統一編號，出生日期之資料，並得由任何人申請提出申請。謄本、隱匿登記名義人或登記名義人之資料，並得由登記名義人或利害關係人申請之。

三、申請各類謄本者，應依個人資料保護法規定蒐集、處理及利用資料。

四、申請「戶戶資料（本所轄管）」者，請填「登記申請案」之關聯（查詢）或列印或所需書件字號，以所有權人為限。

五、「登記申請案」者，請填寫登記案件年字號及所有權書件字號。

六、申請案如由代理人或複代理人代為申請人填寫申請人及其姓名、統一編號，並應簽章，後簽章「後簽章」。如有虛偽不實，本代理人願負法律責任。如於本申請案，係受申請人之委託，如有虛偽不實，本複代理人願負法律責任，後簽章。

七、利害關係人如有虛偽不實，本複代理人願負法律責任。應於本申請案載明利害關係或其關係謄本。

八、為配合行政院推動地籍謄本減量，請於申請案內勾選依據，如無法檢附影本併於申請書內結事宋。

地籍圖謄本

土地坐落台北市信義區永春段一小段179地號等　共一筆

本謄本與地籍圖所載相符（實地界址以複丈鑑界結果為準）。

原圖比例尺：伍佰分之一

　　　　資料管轄機關：松山地政事務所

　　　　本謄本核發機關：建成地政事務所　　　　　　主任　張麗美

中華民國　○○○　年　○　月　○○　日

比例尺 1/500

台北市政府都市計畫公共設施用地及土地使用分區證明申請書

收據抬頭	張大明	電話號碼	23218010
通訊地址	台北市中正區紹興北街8號7樓	郵遞區號	100

土地座落	信義　區　永春　段　—　小段
	地號　179
	共計　　1　　筆
	註：地號請逐筆填寫。

請惠予核發　　　　　　　　　　　　　　　　　　　　2份

　　此　致
台北市政府都市發展局

☑自取。
□郵寄（郵資請自付）。　　　　規費　　　　　　元
　　　　　　　　　　　　　　　　申請人：張大明

　　中　華　民　國　○○○　年　○　月　○○　日

※注意事項：
1. 申請證明項目應明確擇項勾選，並填具申請份數。
2. 申請證明如勾選郵寄，為免遺失一律採掛號寄件，地址請詳細填寫。
3. 臨櫃辦理、隨到隨辦、立即取件；網路申請者均採用郵寄處理，並於收到所繳費用後，於作業完成寄送。
4. 申請加註劃設日期之地號未超過20筆，作業時間以2天為原則；20筆以上每超過10筆，增加作業時間1天。
5. 土地使用分區證明之收費如表所示：

收費基準	應繳規費
申請土地筆數在5筆（含）以內者	每份收費新台幣100元
申請土地筆數超過5筆者	除依前項收費外，每增加1筆加收新台幣20元

№052757　台北市政府都市發展局
土地使用分區及公共設施用地證明書

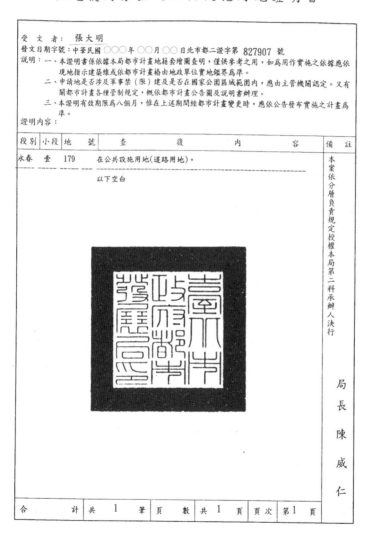

受文者：張大明
發文日期字號：中華民國○○○年○○月○○日北市都二證字第 827907 號
說明：一、本證明書係依據本局都市計畫地籍套繪圖查明，僅供參考之用，如為用作實施之依據應依
　　　　　現地指示建築線或依都市計畫樁由地政單位實地鑑界為準。
　　　二、申請地是否涉及軍事禁（限）建及是否在國家公園區域範圍內，應由主管機關認定。又有
　　　　　關都市計畫各種管制規定，概依都市計畫公告圖及說明書辦理。
　　　三、本證明有效期限為八個月，惟在上述期間經都市計畫變更時，應依公告發布實施之計畫為
　　　　　準。
證明內容：

段別	小段	地　號	查　　復　　內　　容	備　註
永春	畫	179	在公共設施用地(道路用地)。	本案依分層負責規定授權本局第二科承辦人決行
			以下空白	

局長　陳威仁

合　　　計	共 1 筆	頁　數	共 1 頁	頁次	第 1 頁

正面

地籍謄本及相關資料申請書

收件日期：
收文機關：

收件號碼：
地政事務所

表
市（縣）

收件者章：

申請項目	□一、土地登記及地價謄本 □第一類 □第二類 □第三類【□登記名義人 □利害關係人，依格發土地登記及地價資料注意事項第4點第___款規定申請】 □公務用
	（一）土地建物登記謄本 □全部 □所有權人全部 □標示部及他項權利部 □無需列印上建物建號 □需列印主建物附表 □他項權利個人全部（他項權利人統編）___□土地標示及所有權部 □建物標示及他項權利部 □他項權利個別
	（二）地價謄本 □土地標示及地價 □土地現值 □前次移轉現值
	（三）人工登記簿謄本 □重造前舊簿 □電子處理前舊簿【□全部 □標示部 □所有權部 □他項權利部 ___】 □前土申報地價：收件號___
	（四）專簿 □信託專簿 □共有物使用管理專簿 □土地使用收益限制約定專簿 ___
	（五）其他 □地籍圖謄本 □地籍異動索引 □土地建物異動清冊

申請事項	☑二、地籍圖謄本 □電腦列印 ___ 或彩色影印地籍圖 □數值區列印界址點號及坐標表
	□三、建物測量成果圖 □地籍圖之藍曬圖或複製圖 □門牌查詢地建號（本所轄區）□以門牌查詢地建號 □土地/建物參考資訊
	□四、閱覽（查詢）□電子處理地籍資料 □土地登記申請案 ___ 年 ___ 字第 ___ 號申請書 ___ 年 ___ 字第 ___ 號
	□五、攝影 □影印 □抄寫 □土地複丈申報案 □土地登記申請案 ___ □代理人送件明細申請圖
	□六、其他 □歸戶資料（本所轄區）□台帳 □歸戶查詢資訊 □土地/建物複查資訊 ___ □申請份數 2 □藍曬地籍圖 □建物門牌

申請標示	鄉鎮市區	段（小段）	地號	建號	所有權人、他項權利人或管理者姓名	統一編號
	信義	光表段一小段	537		張三	A100000001

背面

申請人（含利害關係人）	姓 名	被繼承人：張三	統一編號	A100000001	住	台北市○○區○○○路○段○號○樓
		繼承人：張大明		A100000002		元
代理人					址	
複代理人						
委任關係	□本申請案，係受申請人之委託，如有虛偽不實，本代理人願負法律責任。 □本申請案，確經複代理人之委託，如有虛偽不實，本複代理人願負法律責任。			聯絡電話	23218010 23563670	簽章
利害關係符合事項						
申請用途	□購屋　□資款使用　□處理訴訟案件　□政府機關（查詢）　□自行考　（名稱：　）　申請案或登記案件收件字號」或列印「不動產登記簿」、「地籍異動索引」之關聯資料及收件字號。			右列欄位申請人免填（影印）		領件簽章 張大明

右列欄位申請人免填	張（筆）數	規 費	樣	收 件 人 員	核 定 人 員	列印（影印）人員	收費字第　　　　號

地籍圖謄本

土地坐落台北市文山區老泉段一小段 537 地號等 共一筆

本謄本與地籍圖所載相符（實地界址以複丈鑑界結果為準）。

原圖比例尺：壹仟分之一

資料管轄機關：古亭地政事務所

本謄本核發機關：建成地政事務所　　　主任　張麗美

中華民國 ○○○ 年 　 ○ 月 　 ○○ 日

比例尺 1/1000

台北市政府都市計畫公共設施用地及土地使用分區證明申請書

收據抬頭	張大明		電話號碼	23218010	
通訊地址	台北市中正區紹興北街8號7樓		郵遞區號		100

土地座落	文山　　區　　老泉　　段　　—　　小段
	地號　537
	共計　　1　　筆
	註：地號請逐筆填寫。

請惠予核發　　　　　　　　　　　　　　　　　　　　　2份

　此　致

台北市政府都市發展局

☑自取。

☐郵寄（郵資請自付）。　　　　規費　　　　　　　元

　　　　　　　　　　　　　　　　　申請人：張大明

　　中　華　民　國　○○○　年　○　月　○○　日

※注意事項：

1.申請證明項目應明確擇項勾選，並填具申請份數。

2.申請證明如勾選郵寄，為免遺失一律採掛號寄件，地址請詳細填寫。

3.臨櫃辦理、隨到隨辦、立即取件；網路申請者均採用郵寄處理，並於收到所繳費用後，於作業完成寄送。

4.申請加文劃設日期之地號未超過20筆，作業時間以2天為原則；20筆以上每超過10筆，增加作業時間1天。

5.土地使用分區證明之收費如表所示：

收費基準	應繳規費
申請土地筆數在5筆（含）以內者	每份收費新台幣100元
申請土地筆數超過5筆者	除依前項收費外，每增加1筆加收新臺幣20元

№052601　台北市政府都市發展局
土地使用分區及公共設施用地證明書

受文者： 張大明

發文日期字號：中華民國○○○年○○月○○日北市都二證字第 827906 號

說明：一、本證明書係依據本局都市計畫地籍套繪圖查明，僅供參考之用，如為用作實施之依據應依
　　　　現地指示建築線或依都市計畫稿由地政單位實地鑑界為準。

　　　二、申請地是否涉及軍事禁（限）建及是否在國家公園區域範圍內，應由主管機關認定。又有
　　　　關都市計畫各種管制規定，概依都市計畫公告圖及說明書辦理。

　　　三、本證明有效期限為八個月，惟在上述期間經都市計畫變更時，應依公告發布實施之計畫為
　　　　準。

證明內容：

段別	小段	地 號	查　　　　復　　　　內　　　　容	備 註
老泉	壹	527	在農業區。	本案依分層負責規定授權本局第二科承辦人決行
			以下空白	

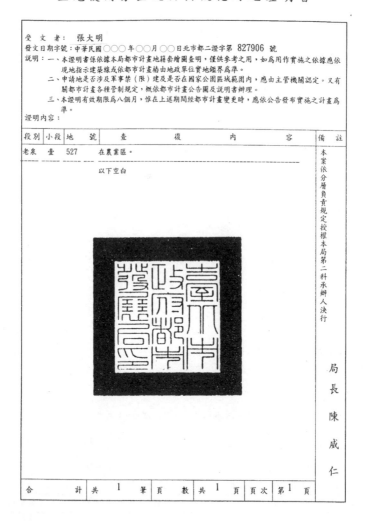

局長 陳威仁

合　計	共 1 筆	頁 數 共 1 頁	頁次 第 1 頁

遺產稅申報書

下載網址：https://www.etax.nat.gov.tw/etwmain/front/ETW118W/VIEW/441

收件案號	年　月　日
	第　　　　號
被繼承人 死亡日期	112 年 3 月 1 日

※注意事項：
1.填寫申報書前，請詳閱申報書說明；申報應檢附之文件，請詳閱申報書第 11、12 頁。
2.本申報書欄項如不敷填寫時，得自行依格式附紙粘貼於該欄項下，並於粘貼處加蓋申報人印章。
3.本申報書各金額欄請以新臺幣填寫。
4.申報後發現有短、漏報遺產時，請速於申報期限內補報以免受罰。
5.納稅者如有依納稅者權利保護法第 7 條第 8 項但書規定，為重要事項陳述者，請另填報「遺產稅聲明事項表」（申報書第 9 頁）並檢附相關證明文件。

※請依申報性質分別於☐內打「√」：
1.本案是否屬補報案件，☐是☑否。
2.繳款書及證明書採☑自領☐郵寄。

※本遺產稅申報案件有關之附件影本均與正本相符，如有不符願負法律責任。

申報人請確認並簽章　張大明㊞

被繼承人	姓名	張三	國民身分證統一編號	A 1 0 0 0 0 0 0 0 0 0

被繼承人死亡時戶籍地址：
　　　縣　　　鄉鎮　　　村　　　○鄰　　　○○路　　　○段　　　巷　　　○號之　　　樓
台北市　○○市區　○○里　　　　　　　　街　　　　　　　　　弄　　　　　　　　　室

(一)納稅義務人（請看說明第 3 項）

區別	姓　　　名 國民身分證統一編號或統一編號	出 生 年 月 日 地	與被繼承人關係 址	繼 承 或 拋 棄
遺囑執行人 或遺產管理人				
繼承人及 受遺贈人	張大明	52.07.01	長男	繼承
	A 1 0 0 0 0 0 0 0 0 1	台北市大安區光復南路○段○號		
	張大昌	54.03.02	次男	繼承
	A 1 0 0 0 0 0 0 0 0 2	台北市大安區光復南路○段○號		

合計　2　人
請將全部繼承人資料填入繼承人及受遺贈人欄，如有拋棄繼承者，請於「繼承或拋棄」欄內註明「拋棄」字樣，並附法院准予備查函影本。

下載申報書用　　　　　電子申辦用

(二)遺產總額（請看說明第8項）

財產種類	財　　產　　內　　容												
	縣市	鄉鎮市區	段	小段	地號	土地現況勾選					面積(㎡) 持　分	(112)年度每平方公尺公告現值	遺產價額	稽徵機關審核意見
						農地	公設及緣隔離地	道章借用	國地上權	375租約 其他				
土地	台北市信義區永春段一小段179地號										2300 2分之1	8,500	9,775,000	
	台北市文山區老泉段一小段537地號										1650 2分之1	6,000	4,950,000	
	台													
	土地小計												14,725,000	

財產種類	土　　地　　地　　號	種類	數量	直徑/年份	持　分	遺產價額	稽徵機關審核意見
地上物							
	地上物小計						

財產種類	門　牌　號　碼	稅籍編號	持　分	遺產價額	稽徵機關審核意見
建物					
	建物小計				

金 融 機 構 名 稱	存 款 種 類	帳　號	遺產價額	稽審	徵核	機意	關見
台北市木柵農會	活儲	2457-1	3,000,000				
台北富邦銀行文山分行	活儲	704221100111	372,455				
存款小計			3,372,455				

存款

名 稱 類 別 及 所 在 地	面　額	單位時價	數　量	遺產價額	稽審	徵核	機意	關見
投資小計								

投資

債 權 標 的 或 所 在 位 置	債務人	權 利 憑 證	遺產價額	稽審	徵核	機意	關見
債權小計							

債權

信託利益之權利	信 託 財 產 標 的	委託人	受託人	受益人	信 託 期 間	遺產價額	稽徵機關審核意見
	信託利益之權利小計						

動產及其他有財產價值的權利	名　　　稱	單位時價	數　　　量	遺產價額	稽徵機關審核意見
	現金			12,000	
	動產及其他有財產價值的權利小計			12,000	

死亡前2年內贈與財產	種 類 及 所 在 地	單位時價	數　量	面積（㎡）持分	遺產價額	稽徵機關審核意見
	死亡前2年內贈與財產小計					

本次申報遺產總額共計（A）	18,109,455 元
前次核定（申報）遺產總額共計（B）	0 元
遺產總額共計（C）＝（A）＋（B）	18,109,455 元

（三）免稅額	免稅額 13,330,000 元，如為軍、警、公教人員執行任務死亡者為　　　　元（請看說明第9項）	稽徵機關審核意見

(四)扣除額（請看說明第10項）			稽審核	徵核意見	機關
扣　除　項　目	扣　除　金　額	扣　除　內　容　說　明			
1.配偶扣除額					
2.直系血親卑親屬扣除額	1,000,000	戶籍謄本			
3.父母扣除額					
4.身心障礙扣除額					
5.扶養親屬扣除額					
6.繼續經營農業生產扣除土地及其地上農作物價值全數	4,950,000	農業用地作農業使用證明書			
7.死亡前6至9年繼承之財產已納遺產稅扣除額					
8.死亡前應納未納之稅捐、罰鍰、罰金					
9.死亡前未償債務					
10.喪葬費	1,230,000				
11.執行遺囑及管理遺產之直接必要費用					
12.公共設施保留地扣除額	9,775,000	分區使用證明書			
13.民法第1030條之1規定剩餘財產差額分配請求權					
14.					
本次申報扣除額共計（D）	16,955,000 元				
前次核定（申報）扣除額共計（E）	0 元				
扣除額共計（F）＝（D）＋（E）	16,955,000 元				
課稅遺產淨額計	0 元				

(五)不計入遺產總額財產（請看說明第11項）									
財產種類	財　産　内　容							稽審核意見	機關
	縣市 鄉鎮市區 段 小段 地號				面積（㎡）持分	(　)年度每平方公尺公告現值	遺產價額	捐贈案件受贈單位統一編號及名稱	徵核
土地部分									
不計入遺產總額之土地小計									

建物部分	門　牌　號　碼	稅　籍　號　碼	持分	遺產價額	捐贈案件受贈單位統一編號及名稱	稽徵機關審核意見
	不計入遺產總額之建物小計					

動產及其他有財產價值的權利	名稱類別及所在地（有價證券請註明號碼）	面額	單位時價	數量	遺產價額	捐贈案件受贈單位統一編號及名稱	稽徵機關審核意見
	不計入遺產總額之動產及其他有財產價值的權利小計				0		

(六)扣抵稅額（請看說明第12項）

扣抵項目	已納稅額及應加計之利息		併計遺產後增加之稅額	稽徵機關審核意見
	稅額	利息		
本次申報可扣抵稅額計（以併計遺產後增加之稅額為上限）（G）			元	
前次核定（申報）扣抵稅額計（H）			元	
本案扣抵稅額共計（I）＝（G）＋（H）			元	

附件	受託代辦時附委任書	戶籍資料 張	財產資料證明文件 張	扣除額證明文件 張	不計入遺產總額說明文件 張	扣抵稅額證明文件 張	其他 張

納稅義務人或代表人：張大明　印　　簽章

通訊地址：台北市中正區紹興北街 8 號 7 樓

電　話：02-23218010　　　　電子郵件信箱 natacia0213@yahoo.com.tw

茲收到被繼承人　　　　的繼承人或代表人　　　遺產稅申報書乙份，遺產稅申報資料共　　　紙

□財政部臺北國稅局	分局／稽徵所
□財政部北區國稅局	分局／稽徵所／服務處
□財政部中區國稅局	分局／稽徵所／服務處
□財政部南區國稅局	分局／稽徵所／服務處
□財政部高雄國稅局	分局／稽徵所

（稽徵機關收件戳記、日期）

收件日期　年　月　日

98 年 1 月 23 日至 106 年 5 月 11 日(含)發生之繼承案件		
課稅遺產淨額（元）		稅率
1 以上		10%
106 年 5 月 12 日以後發生之繼承案件		
課稅遺產淨額（元）	稅率	累進差額（元）
50,000,000 以下	10%	0
50,000,001-100,000,000	15%	2,500,000
100,000,001 以上	20%	7,500,000

申報人填寫

遺產總額	減	免稅額	減	扣除額	等於	課稅遺產淨額
18,109,455	−	13,330,000	−	16,955,000	=	0

課稅遺產淨額	乘	稅率	減	累進差額	減	扣抵稅額及利息	等於	本次應納遺產稅額
0	×	10%	−	0	−	0	=	0

稽徵機關填寫

遺產總額	減	免稅額	減	扣除額	等於	課稅遺產淨額
	−		−		=	

課稅遺產淨額	乘	稅率	減	累進差額	減	扣抵稅額及利息	等於	本次應納遺產稅額
	×	%	−		−		=	

審核意見

承辦人	課（股）長	稽（審）核	科長／主任／分局長

遺產稅聲明事項表

納稅者	張大明	身分證統一編號	A100000001

本人依納稅者權利保護法第7條第8項但書規定為重要事項陳述，特此聲明，並檢附相關證明文件。

聲明事項
無

說明：

1. 納稅者權利保護法第7條第3項規定：「納稅者基於獲得租稅利益，違背稅法之立法目的，濫用法律形式，以非常規交易規避租稅構成要件之該當，以達成與交易常規相當之經濟效果，為租稅規避。稅捐稽徵機關仍根據與實質上經濟利益相當之法律形式，成立租稅上請求權，並加徵滯納金及利息。」

2. 納稅者權利保護法第7條第8項規定：「第3項情形，主管機關不得另課予逃漏稅捐之處罰。但納稅者於申報或調查時，對重要事項隱匿或為虛偽不實陳述或提供不正確資料，致使稅捐稽徵機關短漏核定稅捐者，不在此限。」

(稽徵機關收件戳記、日期)

納稅者或代表人簽名或蓋章 ＿＿張大明[印]＿＿＿＿＿＿＿

申報代理人簽名或蓋章 ＿＿＿＿＿＿＿＿＿＿＿ ＿＿年＿＿月＿＿日

遺產稅案件申報委任書

為被繼承人　張三　遺產稅事件，特委任受任人處理下列事務：

一、代為辦理遺產稅申報及審查程序之一切相關事宜。

二、代理受領遺產稅繳款書、核定通知書、繳清證明書及其他有關文件。

附帶聲明：

　　受任人領取繳款書後（含郵寄送達簽收），如逾期未繳，本稅、罰鍰及應加徵之滯納金與利息，仍由納稅義務人負責並願受強制執行。

委任關係	基	本　　資　　料			簽章
	姓名	張大明	身分證統一編號 A100000001	電話：	
	地址	台北市大安區光復南路○段○號			
	姓名		身分證統一編號	電話：	
	地址				
納稅義務人（委任人）	姓名		身分證統一編號	電話：	
	地址				
	姓名		身分證統一編號	電話：	
	地址				
	姓名		身分證統一編號	電話：	
	地址				
受任人	事務所名稱	名稱	統一編號	電話：	簽章
		代理人姓名 請勾選：□會計師 ☑地政士 □律師 □記帳士（記帳及報稅代理人）□其他	身分證統一編號	電話：	
		地址			
	個人	姓名 陳坤涵	身分證統一編號 A121000000	電話： 23218010 0937199444	
		地址 台北市中正區紹興北街8號7樓			
送件人			□受任人員工 □快遞 □其他		

中 華 民 國　　　　　　　　　年　　　　　　　月　　　　　　　日

● 被繼承人張三繼承系統表

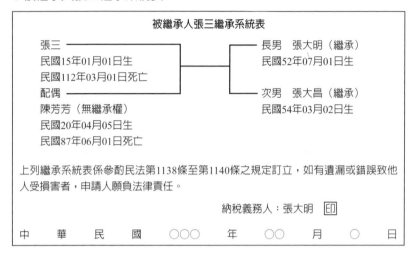

被繼承人張三繼承系統表

張三
民國15年01月01日生
民國112年03月01日死亡
配偶
陳芳芳（無繼承權）
民國20年04月05日生
民國87年06月01日死亡

長男　張大明（繼承）
民國52年07月01日生

次男　張大昌（繼承）
民國54年03月02日生

上列繼承系統表係參酌民法第1138條至第1140條之規定訂立，如有遺漏或錯誤致他人受損害者，申請人願負法律責任。

納稅義務人：張大明　㊞

中　華　民　國　○○○　年　○○　月　○　日

🎈 相關法令

①**遺產及贈與稅法第17條**（物價指數調整金額，請見附錄14）

下列各款，應自遺產總額中扣除，免徵遺產稅：

一、被繼承人遺有配偶者，自遺產總額中扣除四百萬元。

二、繼承人為直系血親卑親屬者，每人得自遺產總額中扣除四十
　　萬元。其有未成年者，並得按其年齡距屆滿成年之年數，每
　　年加扣四十萬元。但親等近者拋棄繼承由次親等卑親屬繼承
　　者，扣除之數額以拋棄繼承前原得扣除之數額為限。

三、被繼承人遺有父母者，每人得自遺產總額中扣除一百萬元。

四、前三款所定之人如為身心障礙者權益保障法規定之重度以上
　　身心障礙者，或精神衛生法規定之嚴重病人，每人得再加扣
　　五百萬元。

五、被繼承人遺有受其扶養之兄弟姊妹、祖父母者，每人得自遺
　　產總額中扣除四十萬元；其兄弟姊妹中有未成年者，並得按

其年齡距屆滿成年之年數，每年加扣四十萬元。

六、遺產中作農業使用之農業用地及其地上農作物，由繼承人或受遺贈人承受者，扣除其土地及地上農作物價值之全數。承受人自承受之日起五年內，未將該土地繼續作農業使用且未在有關機關所令期限內恢復作農業使用，或雖在有關機關所令期限內已恢復作農業使用而再有未作農業使用情事者，應追繳應納稅賦。但如因該承受人死亡、該承受土地被徵收或依法變更爲非農業用地者，不在此限。

七、被繼承人死亡前六年至九年內，繼承之財產已納遺產稅者，按年遞減扣除百分之八十、百分之六十、百分之四十及百分之二十。

八、被繼承人死亡前，依法應納之各項稅捐、罰鍰及罰金。

九、被繼承人死亡前，未償之債務，具有確實之證明者。

十、被繼承人之喪葬費用，以一百萬元計算。

十一、執行遺囑及管理遺產之直接必要費用。

被繼承人如爲經常居住中華民國境外之中華民國國民，或非中華民國國民者，不適用前項第一款至第七款之規定；前項第八款至第十一款規定之扣除，以在中華民國境內發生者爲限；繼承人中拋棄繼承權者，不適用前項第一款至第五款規定之扣除。

②農業發展條例第3條第10款

農業用地：指非都市土地或都市土地農業區、保護區範圍內，依法供下列使用之土地：

(一)供農作、森林、養殖、畜牧及保育使用者。

(二)供與農業經營不可分離之農舍、畜禽舍、倉儲設備、曬場、集貨場、農路、灌溉、排水及其他農用之土地。

(三)農民團體與合作農場所有直接供農業使用之倉庫、冷凍（藏）庫、農機中心、蠶種製造（繁殖）場、集貨場、檢驗場等用地。

農業發展條例第3條第11款

耕地：指依區域計畫法劃定為特定農業區、一般農業區、山坡地保育區及森林區之農牧用地。

農業發展條例施行細則第2條

本條例第三條第十款所稱依法供該款第一目至第三目使用之農業用地，其法律依據及範圍如下：

一、本條例第三條第十一款所稱之耕地。

二、依區域計畫法劃定為各種使用分區內所編定之林業用地、養殖用地、水利用地、生態保護用地、國土保安用地及供農路使用之土地，或上開分區內暫未依法編定用地別之土地。

三、依區域計畫法劃定為特定農業區、一般農業區、山坡地保育區、森林區以外之分區內所編定之農牧用地。

四、依都市計畫法劃定為農業區、保護區內之土地。

五、依國家公園法劃定為國家公園區內按各分區別及使用性質，經國家公園管理處會同有關機關認定合於前三款規定之土地。

③**遺產及贈與稅法第4條**

本法稱財產，指動產、不動產及其他一切有財產價值之權利。

本法稱贈與，指財產所有人以自己之財產無償給予他人，經他人允受而生效力之行為。

本法稱經常居住中華民國境內，係指被繼承人或贈與人有下列情形之一：

一、死亡事實或贈與行為發生前二年內，在中華民國境內有住所者。

二、在中華民國境內無住所而有居所，且在死亡事實或贈與行為發生前二年內，在中華民國境內居留時間合計逾三百六十五天者。但受中華民國政府聘請從事工作，在中華民國境內有

特定居留期限者，不在此限。

本法稱經常居住中華民國境外，係指不合經常居住中華民國境內規定者而言。

本法稱農業用地，適用農業發展條例之規定。

④都市計畫法第50條之1

公共設施保留地因本法第四十九條第一項徵收取得之加成補償，免徵所得稅；因繼承或因配偶、直系血親間之贈與而移轉者，免徵遺產稅或贈與稅。

⑤都市計畫法第42條第1項

都市計畫地區範圍內，應視實際情況，分別設置左列公共設施用地：

一、道路、公園、綠地、廣場、兒童遊樂場、民用航空站、停車場所、河道及港埠用地。

二、學校、社教機構、社會福利設施、體育場所、市場、醫療衛生機構及機關用地。

三、上下水道、郵政、電信、變電所及其他公用事業用地。

四、本章規定之其他公共設施用地。

⑥農業用地作農業使用認定及核發證明辦法（中華民國105年2月15日）

· 中華民國89年7月26日行政院農業委員會令、內政部令、財政部臺令會銜訂定發布全文21條；並自發布日起施行。

· 中華民國92年11月28日行政院農業委員會令修正發布全文18條；並自發布日施行。

· 中華民國96年3月20日行政院農業委員會令修正發布第1、3、9、12、14條條文；並刪除第4條條文。

· 中華民國96年11月21日行政院農業委員會令修正發布第5條條文。

‧中華民國102年7月23日行政院農業委員會令修正發布全文16
　條；並自發布日施行。
‧中華民國105年2月15日行政院農業委員會令修正發布第3條條
　文。

第1條

本辦法依農業發展條例（以下簡稱本條例）第三十九條第二項規
定訂定之。

第2條

本辦法所稱農業用地之範圍如下：

一、本條例第三條第十一款所稱之耕地。

二、依區域計畫法劃定為各種使用分區內所編定之林業用地、養
　　殖用地、水利用地、生態保護用地、國土保安用地及供農路
　　使用之土地，或上開分區內暫未依法編定用地別之土地。

三、依區域計畫法劃定為特定農業區、一般農業區、山坡地保育
　　區、森林區以外之分區內所編定之農牧用地。

四、依都市計畫法劃定為農業區、保護區內之土地。

五、依國家公園法劃定為國家公園區內按各分區別及使用性質，
　　經國家公園管理機關會同有關機關認定合於前三款規定之土
　　地。

第3條

有下列各款情形之一者，得申請核發農業用地作農業使用證明
書：

一、依本條例第三十七條第一項或第二項規定申請農業用地移轉
　　不課徵土地增值稅。

二、依本條例第三十八條規定申請農業用地及其地上農作物免徵
　　遺產稅、贈與稅或田賦。

第4條

農業用地符合下列情形，且無第五條所定情形者，認定為作農業使用：

一、農業用地實際作農作、森林、養殖、畜牧、保育使用者；其依規定辦理休耕、休養、停養或有不可抗力等事由而未使用者，亦得認定為作農業使用。

二、農業用地上施設有農業設施，並檢附下列各款文件之一：

(一)容許使用同意書及建築執照。但依法免申請建築執照者，免附建築執照。

(二)農業設施得為從來使用之證明文件。

三、農業用地上興建有農舍，並檢附農舍之建築執照。

第5條

農業用地有下列各款情形之一者，不得認定為作農業使用：

一、農業設施或農舍之興建面積，超過核准使用面積或未依核定用途使用。

二、本條例中華民國八十九年一月二十六日修正公布施行前，以多筆農業用地合併計算基地面積申請興建農舍，其原合併計算之農業用地部分或全部業已移轉他人，致農舍坐落之農業用地不符合原申請興建農舍之要件。

三、現場有阻斷排灌水系統等情事。

四、現場有與農業經營無關或妨礙耕作之障礙物、砂石、廢棄物、柏油、水泥等使用情形。

第6條

農業用地部分面積有下列情形之一，且不影響供農業使用者，得認定為作農業使用：

一、於非都市土地使用編定公告前已存在有墳墓，經檢具證明文件。

二、農業用地存在之土地公廟、有應公廟等，其面積在十平方公
　　尺以下。

三、農業用地存在私人無償提供政府施設供公眾使用之道路或屬
　　依法應徵收而未徵收性質之其他公共設施。

四、農業用地存在非都市土地使用編定公告前之合法房屋，經檢
　　具證明文件。

五、農業用地上存在由中央主管機關興建或補助供農村社區使用
　　之農村再生相關公共設施，且符合下列各目規定：

(一)位於已核定農村再生計畫範圍內。

(二)該筆農業用地為私人無償提供且具公眾使用之公共設施。

(三)經中央主管機關出具符合前二目之證明文件。

六、共有農業用地有違反使用管制規定之情形，其違規面積未大
　　於違規使用共有人之應有部分面積，其他未違規使用共有人
　　之應有部分，經檢具第八條之文件。

第7條

依本辦法申請核發農業用地作農業使用證明書時，應填具申請書
並檢具下列文件資料，向直轄市或縣（市）政府申請：

一、最近一個月內核發之土地登記謄本及地籍圖謄本。但直轄
　　市、縣（市）地政主管機關能提供網路查詢者，得免予檢
　　附。

二、申請人國民身分證影本或戶口名簿影本；其屬法人者，檢具
　　相關證明文件。

三、目的事業主管機關許可文件及其他相關文件。

前項農業用地如屬都市土地者，應另檢附都市計畫土地使用分區
證明。

第一項農業用地如位於國家公園範圍內，應另檢附國家公園管理
機關出具符合第二條第五款規定之證明文件。

第8條

符合第六條第六款之共有人申請核發其應有部分作農業使用證明書時，除依前條規定辦理外，並應檢附下列文件之一：

一、全體共有人簽署之分管契約書圖。

二、違規使用之共有人切結書；其切結書內容應包括違規使用面積未大於違規使用共有人之應有部分面積。

三、因他共有人無法尋覓、死亡或不願切結違規使用等情事，共有人得檢附民法第八百二十條所為之多數決分管證明，或其他由行政機關出具足資證明共有分管區位之相關書圖文件。

依前項第三款規定辦理者，受理機關應踐行行政程序法第一章第六節及第一百零四條至第一百零六條規定。

第9條

直轄市或縣（市）政府為辦理農業用地作農業使用之認定及證明書核發作業，得組成審查小組，其成員由農業、地政、建設（工務）、環境保護等有關機關（單位）派員組成之；依其業務性質分工如下：

一、農業：業務聯繫與執行及現場是否作農業用途之認定工作。

二、地政：非都市土地使用分區、用地編定類別及土地登記文件謄本之審查及協助第十條第三項之認定工作。

三、都市計畫或國家公園：是否符合都市土地分區使用管制規定或國家公園土地分區使用管制規定之認定工作。

四、建設（工務）：農舍、建物是否為合法使用之認定。

五、環境保護：農業用地是否遭受污染不適作農業使用之認定。

前項第二款至第五款有關機關（單位）得就其審認部分提供書面審查意見，有現場認定之必要者，應配合農業機關（單位）依第十條規定之實地勘查辦理。

第10條

直轄市或縣（市）政府受理申請案件後，應實地勘查，並以一次爲限。

前項勘查結果應塡具勘查紀錄表。

直轄市或縣（市）政府辦理第一項勘查時，應通知申請人到場指界及說明，如界址無法確定，應告知申請人向地政機關申請鑑界。

申請人非土地所有權人時，應通知土地所有權人到場。

第11條

申請案件經審查符合本條例第三條第十二款及本辦法第四條或第六條規定者，受理機關應核發農業用地作農業使用證明書。

第12條

申請案件不符合規定，其情形可補正者，應通知申請人限期補正；不能補正、屆期仍未補正或經補正仍未符合規定者，受理機關應敘明理由駁回之。

第13條

直轄市或縣（市）政府應依農業主管機關受理申請許可案件及核發證明文件收費標準規定，向申請人收取行政規費。

依第十一條規定核發之農業用地作農業使用證明書以一份爲原則，申請者爲同一申請案件要求核發多份證明書時，其超過部分應另收取證明書費，每一份以新臺幣一百元計算。

第14條

農業用地作農業使用證明書之有效期限爲六個月；逾期失其效力。

第15條

直轄市或縣（市）政府爲辦理第七條至第十三條規定事項，得將權限之一部分委任或委辦鄉（鎮、市、區）公所辦理，並依法公

告；其作業方式，由直轄市或縣（市）政府定之。

第16條

本辦法自發布日施行。

附件1　農業用地作農業使用證明書審查表

附件2　農業用地作農業使用證明申請書

附件3　農業用地作農業使用證明書

附件4　農業用地作農業使用勘查紀錄表

附件5　農業發展條例第38條之1土地作農業使用證明書申請作業
　　　　流程

附件6　農業發展條例第38條之1土地作農業使用證明書審查表

附件7　農業發展條例第38條之1土地作農業使用證明申請書

附件8　農業發展條例第38條之1土地作農業使用證明書

附件9　農業發展條例第38條之1土地作農業使用勘查紀錄表

附件 1　農業用地作農業使用證明書審查表

○○市
○○縣(市)　鄉（鎮、市、區）核發農業用地作農業使用證明書審查表

申請人			住址					
鄉鎮市區		地段	小段	地號	使用分區	編定類別		面積(平方公尺)

審查單位		審查(查證)項目	符合	不符合	審查人(簽章)	備註
農業	一	農業用地實際作農作、森林、養殖、畜牧、保育使用者或依規定辦理休耕、休養、停養(應檢附相關證明文件)或有不可抗力等事由。				
	二	農業用地上之農業設施已依法申請核准，且無擅自變更使用情事，經檢附相關證明文件。				
	三	現場未有阻斷灌溉、排水系統等情事，或未有與農業經營無關或妨礙耕作之障礙物、砂石、廢棄物、柏油、水泥等使用情形。				
	四	現場存在面積十平方公尺以下之土地公廟或有應公廟。				
	五	現場存在非都市土地使用編定公告前之墳墓或曾經原地修繕，經檢具證明文件。				
	六	現場存在農村再生相關設施，經檢具證明文件。				
	七	共有農業用地有違反使用管制規定情形，經檢具農業用地作農業使用認定及核發證明辦法(以下簡稱本辦法)第八條第一項所定文件之一。				
都市計畫	八	符合都市計畫分區使用管制規定者。				
建設(工務)	九	農業用地上有農舍或建物，並依法申請，且未有擅自改變使用情事者。				
	十	以多筆農業用地合併計算基地面積申請興建農舍，而其合併計算之農業用地有部分或全部移轉他人，未有致農舍坐落之農地不符合原申請興建農舍之要件者。				
	十一	現場存在私人無償提供政府施設供公眾使用之道路或屬依法應徵收而未徵收性質之其他公共設施。				
	十二	現場存在非都市土地使用編定公告前之合法房屋，經檢具證明文件。				

地政	十三	非都市土地使用分區、用地編定類別及土地登記文件謄本之審查。				
	十四	協助本辦法第十條第三項界址鑑界之認定工作。	（文字敘述）			
環境保護	十五	農業用地未有遭受污染而不適作農業使用之情事。				
綜合審查意見		一、（　　）符合作農業使用認定基準，同意核發農業用地作農業使用證明書。 二、（　　）審查有應補正事項，退還申請人補正。補正事項： 三、（　　）審查不符合審查項目第（　　）項規定，應予駁回。 　　　　現況說明：				
核定	承辦人		課(科)長		首長	

附註：

一、因公害污染或不可抗力致農業用地無法利用，不以閒置不用論。

二、供農業、畜牧、養殖用水等使用之設施，例如：水井、抽水設施（備）等，得核發農業用地作農業使用證明書，其抽水汲水涉及水權部分，另依水利法相關規定辦理。

三、前開審查表除農業機關（單位）外之有關機關（單位）得就審查項目第八項至第十五項部分，提供書面審查意見，有現場認定之必要者，應配合農業機關（單位）依本辦法第十條規定之實地勘查辦理。

四、非屬都市計畫土地，審查項目第八項免會都市計畫單位。

附件2　農業用地作農業使用證明申請書

農業用地作農業使用證明申請書　　　　　年　　　月　　　日

受文機關：

本人為辦理 □農業發展條例第三十七條申請農業用地不課徵土地增值稅

　　　　　□農業發展條例第三十八條申請農業用地免徵遺產稅、贈與稅

在下列土地上須申請農業用地作農業使用證明書，請惠予核發證明書　　份。

土地標示							土地所有權人		現有設施項目及面積		土地使用現況
鄉鎮市區	地段	小段	地號	面積(平方公尺)	使用分區	編定類別	姓名	權利範圍	現有設施名稱及核准文號	面積(平方公尺)	

申請人：　　　　　　　（簽章）　　　　代理人：　　　　　　　　　（簽章）

出生日期：　　　　　　　　　　　　　　住址：

國民身分證統一編號：　　　　　　　　　電話：

住址：

電話：

附註：

　　本申請書應填寫一份，並檢附下列文件，向土地所在地直轄市、縣（市）政府或其委任（辦）之鄉（鎮市區）公所申請：

一、最近一個月內核發之土地登記謄本及地籍圖謄本。但直轄市、縣（市）地政主管機關能提供網路查詢者，得免予檢附。

二、申請人身分證影本或戶口名簿影本。

三、目的事業主管機關許可文件及其他相關文件。

四、申請土地屬都市計畫農業區、保護區者，請填寫於「使用分區」欄，並應檢附都市計畫土地使用分區證明。

五、申請土地位於國家公園範圍內者，應另檢附國家公園管理機關出具之符合農業發展條例施行細則第二條第五款之證明文件。

附件 3　農業用地作農業使用證明書

○○市
○○縣（市）　　　鄉（鎮、市、區）農業用地作農業使用證明書

　　　　　　　　　　　　　　　發文日期：
本證明書之用途：　　　　　　　發文字號：
□興建農舍（農業發展條例第十八條申請興建自用農舍）
□減免稅賦（農業發展條例第三十七條及第三十八條農業用地申請不課徵土地增值稅、免徵遺
　　　　　產稅、贈與稅）

　兹證明　　　君所申請下列農業用地於本證明書核發之時點係作農業使用無誤。

鄉鎮市區	地段	小段	地號	面積（平方公尺）	使用分區	編定類別	所有權人	權利範圍

附註：
一、本證明書有效期間為六個月；逾六個月期限者，本證明書失其效力。
二、前開農業用地經查核專案列管檔案，□有□無農業發展條例第三十七條第三項或第四項之情
　　事。（本項係依直轄市、縣(市)主管機關所提供之列管資料註記）
三、本證明書作為所勾列申辦用途文件之一，前開農業用地辦理減免稅賦者，應符合土地稅法、遺
　　產及贈與稅法等相關規定；申請興建自用農舍者，其設置區位及資格條件，應符合農業用地興
　　建農舍辦法等相關規定。
四、其他：(倘非屬申請補辦農舍建築執照使用者，本項下列二點加註文字得於證明書核發時予以
　　刪除)
（一）本證明書僅供申請補辦農舍建築執照使用。
（二）該未經申請建築許可即先行動工興建之建築物，屬違反土地及建築物使用管制部分，另依區
　　域計畫法、建築法及各直轄市、縣(市)建築管理自治條例等相關規定予以裁處。

　　　　　　　　　　　　　　　　　　　　　　　　　（受理機關全銜）

中 華 民 國　　　　　年　　　　　月　　　　　日

附件4　農業用地作農業使用勘查紀錄表

○○市

○○縣（市）　　　鄉（鎮、市、區）公所　農業用地作農業使用勘查紀錄表

一、申請人：

二、土地坐落：

三、勘查時間：中華民國　　年　　月　　日

四、勘查單位、人員及勘查意見：

勘　查　單　位	勘　查　意　見	勘　查　人　員

五、申請人、土地所有權人或代理人：本人實際指界之土地確係申請核發農業用地
　　作農業使用證明申請書之土地無誤。嗣後經查證指界不實者，除願負法律責任
　　外，並同意由原核發單位撤銷農業用地作農業使用證明書，絕無異議。

　　　　　　　　　　　　　　　　　　　　（簽章　　　　　　　）

附件 5　農業發展條例第 38 條之 1 土地作農業使用證明書申請作業流程

農業發展條例第38條之1土地作農業使用證明書申請作業流程

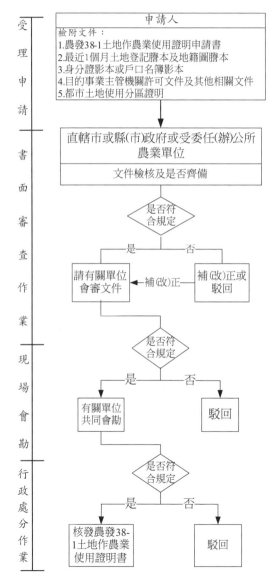

受
理
申
請

書
面
審
查
作
業

現
場
會
勘

行
政
處
分
作
業

申請人

檢附文件：
1.農發38-1土地作農業使用證明申請書
2.最近1個月土地登記謄本及地籍圖謄本
3.身分證影本或戶口名簿影本
4.目的事業主管機關許可文件及其他相關文件
5.都市土地使用分區證明

↓

直轄市或縣(市)政府或受委任(辦)公所農業單位

文件檢核及是否齊備

↓

是否符合規定

是　　　　否

請有關單位會審文件 ←補(改)正— 補(改)正或駁回

↓

是否符合規定

是　　　　否

有關單位共同會勘　　　駁回

↓

是否符合規定

是　　　　否

核發農發38-1土地作農業使用證明書　　　駁回

例外須檢附之文件：
1.第2項文件如地政單位可供網路查詢者，申請人得免附。
2.如土地上有農業設施者，應檢附容許使用同意書及建築執照，或得為從來使用之證明文件；如為農舍者，應檢附建築執照或原為農舍之證明文件。
3.共有分管或有部分違規使用之土地，應檢附分管契約書。
4.土地上有面積10平方公尺以下之土地公廟或有應公廟者，應檢附92年以前已既存之證明文件。

備註：本流程僅供參考，如已建立審核流程者，得依現行機制為之。

附件 6　農業發展條例第 38 條之 1 土地作農業使用證明書審查表

○○市
○○縣(市)核發農業發展條例第三十八條之一土地作農業使用證明書審查表

申請人		住址					
鄉鎮市區	地段	小段	地號	使用分區	用地	地目	面積(平方公尺)

審查單位 (註一)		審查(查證)項目	符合	不符合	審查人 (簽章)	備註
農業	一	屬農業用地變更為非農業用地。(註二)				
	二	土地實際作農作、森林、養殖、畜牧、保育使用者或有不可抗力等事由而未作農業使用。				
	三	現場未有阻斷灌溉、排水系統等情事,或與農業經營無關或妨礙耕作之障礙物、砂石、廢棄物、柏油、水泥等使用情形。				
	四	土地上之農業設施已依法申請核准且無擅自變更使用情事,經檢具證明文件。				
	五	共有土地有違反使用管制規定情形,經檢具農業用地作農業使用認定及核發證明辦法第八條第一項所定文件之一。				
	六	現場存在面積十平方公尺以下之土地公廟或有應公廟。				
	七	實施土地使用管制前存在之墳墓或曾經原地修繕,經檢具證明文件。(註三)				
建設 (工務)	八	現場存在私人無償提供政府施設供公眾使用之道路或屬依法應徵收而未徵收性質之其他公共設施。				
	九	土地上有農舍或建物,經依法申請且無擅自變更使用情事,經檢具證明文件。(註四)				
地政	十	界址無法確認時,協助辦理鑑界。	(文字敘述)			
環境保護	十一	土地遭受污染不適作農業使用。(註五)				

綜合審查意見	一、（　　）符合作農業使用認定基準，同意核發農業發展條例第三十八條之一土地作農業使用證明書。
	二、（　　）審查有應補正事項，退還申請人補正。補正事項：
	三、（　　）審查不符合審查項目第（　　）項規定，應予駁回。
	現況說明：

核定	承辦人	課(科)長	首長

註一：
(一) 本表審查項目之審查單位得依府內權責分工調整並於函送農委會備查後使用。

(二) 農業機關(單位)外之有關機關(單位)得就審查項目第八項至第十一項部分，提供書面審查意見，有現場認定之必要者，應配合農業機關(單位)依農業用地作農業使用認定及核發證明辦法第十條規定之實地勘查辦理。

(三) 申請土地屬都市計畫行水區、河川區或洪水平原一級管制區土地者，得請水利及都市計畫機關(單位)協助提供意見或實地勘查。

註二：是否屬農業用地變更，應依變更前之「用別地」審認之；倘土地於編定前即被劃入都市計畫而無用地別可稽者，得依其「地目」標示為田、旱、林、原、牧、養、池、水、溜、溝之一者，認屬原為農業用地。

註三：實施土地使用管制係指「非都市土地使用編定公告日」；倘土地於編定前即被劃入都市計畫者，則指「都市計畫發布實施日」。

註四：農舍應檢附農舍之建築執照或足資證明原為農舍之證明文件；建物為合法房屋者，應檢附其變更為都市計畫非農業用地前即已存在之證明文件。

註五：因公害污染或不可抗力致土地無法利用，不以閒置不用論。

註六：供農業、畜牧、養殖用水等使用之設施，例如：水井、抽水設施(備)等，得核發本證明書，其抽水汲水涉及水權部分，另依水利法相關規定辦理。

附件7　農業發展條例第38條之1土地作農業使用證明申請書

農業發展條例第三十八條之一土地作農業使用證明申請書

年　　月　　日

受文機關：

本人爲辦理　□適用農業發展條例第三十七條第一項「申請不課徵土地增值稅」
　　　　　　□適用農業發展條例第三十八條第一項或第二項「申請免徵遺產稅、贈與稅、田賦」

下列土地須申請農業發展條例第三十八條之一土地作農業使用證明書，請惠予核發證明書　　份。

土　地　標　示							土地所有權人		現有設施項目及面積		土地使用現　　況
鄉鎮市區	地段	小段	地號	地目	面積(平方公尺)	使用分區	用地	姓名	權利範圍	現有設施名稱及核准文號	面積(平方公尺)

申請人：　　　　　　（簽章）　　　代理人：　　　　　　（簽章）

出生日期：　　　　　　　　　　　住址：

國民身分證統一編號：　　　　　　電話：

住址：

電話：

附註：

　　本申請書應填寫一份，並檢附下列文件，向土地所在地直轄市、縣（市）政府申請：

一、最近一個月內核發之土地登記謄本及地籍圖謄本。但直轄市、縣（市）地政主管機關能提供網路查詢者，得免予檢附。

二、申請人身分證影本或戶口名簿影本。

三、目的事業主管機關許可文件及其他相關文件。

四、都市計畫使用分區證明。

附件 8　農業發展條例第38條之1土地作農業使用證明書

○○市
○○縣（市）農業發展條例第三十八條之一土地作農業使用證明書

發文日期：

發文字號：

茲證明　　　君所申請下列土地於本證明書核發之時點係作農業使用無誤。

鄉鎮市區	地段	小段	地號	地目	面積 （平方公尺）	使用分區	用地	所有權人	權利範圍

附註：

一、本證明書之有效期間為六個月。

二、前開土地是否符合農業發展條例第三十八條之一第一項第一款或第二款規定，由都市計畫主管機關審認。

三、前開土地申請不課徵土地增值稅或免徵遺產稅、贈與稅，應檢具本證明書及都市計畫主管機關出具之證明文件，向稅捐主管機關申請，並由其依法准駁。

（受理機關全銜）

中　華　民　國　　　　　年　　　　　月　　　　　日

附件 9 農業發展條例第 38 條之 1 土地作農業使用勘查紀錄表

○○市
○○縣（市）農業發展條例第三十八條之一土地作農業使用勘查紀錄表

一、申請人：
二、土地坐落：
三、勘查時間：中華民國　　年　　月　　日
四、勘查單位、人員及勘查意見：

勘　查　單　位	勘　查　意　見	勘　查　人　員

五、申請人、土地所有權人或代理人：本人實際指界之土地確係申請核發「農業發
　　展條例第三十八條之一土地作農業使用證明書」之土地無誤。嗣後如經他人提
　　出具體事證，檢舉本人指界不實並查明屬實，除願負法律責任外，並同意由原
　　核發單位撤銷「農業發展條例第三十八條之一土地作農業使用證明書」，絕無
　　異議。

（簽章：　　　　　　　　）

■怎麼利用夫妻剩餘財產差額分配請求權節省遺產稅?

張三與陳芳芳在民國50年7月1日結婚,有張大明及張大昌二個兒子,在婚姻關係存續中,不論是不動產或是股票、現金等財產,大部分都是用張三的名義取得,但張三不幸在民國112年3月1日因病過世,配偶陳芳芳如何利用夫妻剩餘財產差額分配請求權節省遺產稅?

張三死亡時名下財產如下:

1. 土地部分

土地標示	取得日期	面積	公告現值每平方公尺	持分	遺產價額
台北市文山區××段一小段555地號	75.05.21	1366m²	38000	1/2	25954000
台北市文山區××段三小段15地號	79.09.30	2279m²	70000	1/8	19941250
台北市文山區××段一小段379地號	82.11.03	454m²	35000	1/4	3972500

2. 房屋部分

台北市文山區○○路2段15號2樓,房屋現值為100萬元。

3. 銀行存款

(1)土地銀行文山分行定存,金額1,500萬元。

(2)世華銀行中正分行活存,金額70萬元。

4. 債務

向世華銀行中正分行貸款1,000萬元,截至死亡日止貸款餘額200萬元。

5. 現金20萬元。

張三死亡時,配偶陳芳芳名下財產如下:

1. 土地部分

土地標示	取得日期	面積	公告現值每平方公尺	持分	遺產價額
台北市萬華區××段一小段35地號	80.06.22	1361m^2	85000	1/50	2313700

2. 房屋部分

　　台北市萬華區○○路423巷18號，房屋現值為35萬。

3. 銀行存款

　(1)土地銀行文山分行定存，金額100萬元。

　(2)中國信託商業銀行城東分行活存，金額15萬元。

4. 債務：無。

5. 現金5萬元。

一、什麼是剩餘財產差額分配請求權

　　民法親屬編在民國74年6月3日增訂第1030條之1，規定夫妻法定財產關係消滅（如丈夫或妻子死亡）時，丈夫或妻子在婚姻關係存續中所取得而現存的原有財產，扣除婚姻關係存續中所負的債務後，如有剩餘，其雙方剩餘財產的差額，應平均分配，但因繼承或其他無償取得的財產不包括在內。當初增訂的理由是為了貫徹男女平等原則，例如丈夫在外經營事業或工作，妻子在家操持家務、教養子女，使丈夫無後顧之憂，專心發展事業，丈夫因此所增加的財產，不能不歸功於妻子的協助，所以丈夫過世後剩餘的財產，除丈夫生前因繼承或其他無償取得的財產外，妻子也應有平均分配的權利[1]。

二、必須死亡配偶的財產大於生存配偶的財產才有節稅利益

　　被繼承人死亡，生存的配偶在遺產稅申報時主張剩餘財產差

額分配請求權節省遺產稅的前提，必須是死亡的配偶所擁有的婚後財產大於生存配偶的婚後財產，才有節稅之利益存在，財產金額差距愈大，可節稅的利益也就愈明顯。

三、夫妻剩餘財產差額分配請求權運用在遺產稅節稅上必須注意下列二個要件

(一)夫妻必須採用法定財產制②，如果夫妻生前採用的財產制是共同財產制或分別財產制，生存的配偶在申報遺產稅時，不可行使夫妻剩餘財產差額分配請求權。

(二)必須法定財產制關係消滅，即是夫或妻有一方死亡。

四、必須婚後有償取得的財產才適用

民法第1030條之1是民國74年6月3日所增訂，法條中明文規定，法定財產制關係消滅時，夫或妻現存之婚後財產，扣除婚姻關係存續中所負債務後，如有剩餘，其雙方剩餘財產之差額，應平均分配。但下列財產不在此限：

(一)因繼承或其他無償取得之財產；(二)慰撫金，所以生存配偶在申報遺產稅時，主張剩餘財產差額分配請求權時必須排除婚前及婚後因繼承及無償受贈的財產。

五、夫妻剩餘財產差額分配請求權在遺產稅節稅運用的計算公式

夫的剩餘財產：

夫名下的財產－婚前取得的財產－婚後因受贈或繼承取得的財產－夫的債務＝夫的剩餘財產……(A)

妻的剩餘財產：

妻名下的財產－婚前取得的財產－婚後因受贈或繼承取得的財產－妻的債務＝妻的剩餘財產……(B)

$$\frac{(A)-(B)或(B)-(A)的差額}{2}=生存配偶的剩餘財產請求權金額$$

張三的剩餘財產為：

$25,954,000+19,941,250+3,972,500+1,000,000+15,000,000+$
$700,000-2,000,000+200,000=64,767,750$

張三配偶陳芳芳的剩餘財產為：

$2,313,700+350,000+1,000,000+150,000+50,000=3,863,700$

陳芳芳可以行使的請求權金額為：

$$\frac{64,767,750-3,863,700}{2}=30,452,025$$

因此陳芳芳可向張三的繼承人請求30,452,025元的剩餘財產差額分配請求權。

張三的遺產稅應納稅額比較：

(一)陳芳芳未主張夫妻剩餘財產差額分配請求權時，被繼承人張三的應納稅額為：

遺產總額－扣除額－免稅額＝遺產淨額

$66,767,750-9,160,000-13,330,000=44,277,750$

（扣除額9,160,000＝配偶扣除4,930,000＋直系血親卑親屬扣除1,000,000＋喪葬費扣除1,230,000＋債務扣除2,000,000）

遺產淨額×稅率－扣抵額＝應納稅額

$44,277,750×10\%=4,427,775$（應納稅額）

(二)陳芳芳主張夫妻剩餘財產差額分配請求權時，被繼承人張三的應納稅額為：

遺產總額－扣除額－免稅額＝遺產淨額

$66,767,750-39,612,025-13,330,000=13,825,725$

遺產淨額×稅率－扣抵額＝應納稅額

13,825,725×10%＝1,382,572.5（應納稅額）

(三)陳芳芳主張夫妻剩餘財產差額分配請求權所節省的遺產稅額為：

4,427,775－1,382,572.5＝3,045,202.5（元）

六、行使夫妻剩餘財產差額分配請求權的相關注意事項

(一)生存配偶主張剩餘財產差額分配請求權價值自遺產扣除的時效，依民法規定，以被繼承人死亡之日起算五年，但是如有具體證據證明請求權人（生存配偶）知有剩餘財產差額之日者，應自知悉之日起算二年。

(二)剩餘財產差額分配請求權是屬於債權請求權，並非物權請求權，所以如果生存配偶沒有向稽徵機關請求時，就表示生存配偶不行使這項請求權。但是在請求權時效內，配偶主張行使剩餘財產差額分配請求權時，仍然可以適用[3]。

(三)納稅義務人主張剩餘財產差額分配請求權自被繼承人遺產總額中扣除時，如有漏報生存配偶的財產或虛列債務時，經稽徵機關查明有故意以詐欺或其他不正當方法逃漏遺產稅時，可依遺產及贈與稅法第46條[4]處罰規定辦理。

(四)生存配偶拋棄繼承權時，如仍主張剩餘財產差額分配請求權之價值自被繼承人遺產總額中扣除，稽徵機關仍應受理[5]。

(五)納稅義務人未於稽徵機關核發稅款繳清證明書或免稅證明書之日起一年內，給付該請求權金額之財產予被繼承人之配偶者，稽徵機關應於前述期間屆滿之翌日起五年內，就未給付部分追繳應納稅賦。另依稅法規定經核准自遺產總額中扣除之配偶剩餘財產差額分配請求權，納稅義務人未於規定期間內給付該請求權金額之財產予被繼承人之配偶者，除有特殊原因，報經主

管稽徵機關核准延期者外，應依法補徵遺產稅，並按郵政儲金一年期定期儲金固定利率加計利息。

申報遺產稅的流程及說明可參考第42頁至第48頁。

申報遺產稅應備證件（包括生存配偶的財產資料）

文件名稱	文件來源	備註及注意事項
遺產稅申報書	自行檢附	向國稅局或稽徵所索取
被繼承人除戶戶籍謄本	向戶政事務所申請	
各繼承人之戶籍謄本	向戶政事務所申請	同戶籍之繼承人檢附一份即可
土地登記簿謄本	向地政事務所申請	財產中有土地時檢附
最近一期房屋稅單影本	自行檢附	財產中有房屋時檢附
農業用地作農業使用證明書	向鄉鎮市區公所申請	財產中有農地時檢附
分區使用證明	向市政府或鄉鎮市區公所申請	財產中有公共設施保留地時檢附
存摺影本、定存單	自行檢附	財產中有存款時檢附
繼承系統表	自行檢附	1.繼承人可依民法規定自行訂定 2.須切結
貸款餘額證明	向金融機構或其他債權人（私人）索取	1.含原核准貸款日期及額度 2.私人借款須檢附債務契約、借貸流程
營利事業登記影本	該公司	有獨資或合夥投資時
剩餘財產差額計算表	自行檢附	書表可向國稅局索取
出資額證明	該公司	有獨資或合夥投資時
法院核准備查文件	法院	繼承人拋棄繼承時檢附
資產負債表	被投資公司	財產中有未上市或上櫃公司股票時檢附

遺產稅申報書

下載網址：https://www.etax.nat.gov.tw/etwmain/front/ETW118W/VIEW/441

收 件 案 號		年　　月　　日
		第　　　　　號
被 繼 承 人 死 亡 日 期		112 年 3 月 1 日

※注意事項：

1.填寫申報書前，請詳閱申報書說明；申報應檢附之文件，請詳閱申報書第11、12頁。

2.本申報書欄項如不敷填寫時，得自行依格式附紙粘貼各該欄項下，並於黏貼處加蓋申報人印章。

3.本申報書各金額欄請以新臺幣填寫。

4.申報後發現有短、漏報遺產時，請速於申報期限內補報以免受罰。

5.納稅者如有依納稅者權利保護法第7條第8項但書規定，為重要事項陳述者，請另填報「遺產稅聲明事項表」(申報書第9頁)並檢附相關證明文件。

※請依申報性質分別於☐內打「√」：

1.本案件是否屬補報案件，☐是 ☑否。

2.繳款書及證明書採☑自領☐郵寄。

※本遺產稅申報案件有關之附件影本均與正本相符，如有不符願負法律責任。

申報人請確認並簽章　陳芳芳㊞

被繼承人	姓名	張三	國民身分證統一編號	A 1 0 0 0 0 0 0 0 0 0

被繼承人死亡時戶籍地址：

台北市	○○縣 市區	鄉鎮	○○村 里	○鄰	○○路 街	○段	巷 弄	○號之	樓 室

(一)納稅義務人（請看說明第3項）

區別	姓　　　　　　名 國民身分證統一編號或統一編號	出 生 年 月 日 地	與被繼承人關係 	繼 承 或 拋 棄 址
遺囑執行人 或遺產管理人				
繼承人及 受遺贈人	陳芳芳	20.04.05	配偶	繼承
	A 2 0 0 0 0 0 0 0 0 1	台北市大安區光復南路○段○號		
	張大明	52.07.01	長男	繼承
	A 1 0 0 0 0 0 0 0 0 1	台北市大安區光復南路○段○號		
	張大昌	54.03.02	次男	繼承
	A 1 0 0 0 0 0 0 0 0 2	台北市大安區光復南路○段○號		

合計　3　人

請將全部繼承人資料填入繼承人及受遺贈人欄，如有拋棄繼承者，請於「繼承或拋棄」欄內註明「拋棄」字樣，並附法院准予備查函影本。

下載申報書用　　　　　電子申辦用

(二)遺產總額（請看說明第8項）

財產種類	財　產　內　容										

財產種類	縣市 鄉鎮市區 段 小段 地號						面積(㎡) 持　分	(112)年度每平方公尺公告現值	遺產價額	稽徵機關審核意見

土地狀況勾選：農地／公設或農塘用地／遺產信用／現況地上建物／375租約／其他

財產種類	縣市 鄉鎮市區 段 小段 地號	面積(㎡) / 持分	(112)年度每平方公尺公告現值	遺產價額	稽徵機關審核意見
土地	台北市文山區○段一小段555地號	1366 / 2分之1	38,000	25,954,000	
	台北市文山區○段一小段15地號	2279 / 8分之1	70,000	19,941,250	
	台北市文山區○段一小段379地號	454 / 4分之1	35,000	3,972,500	
	土地小計			49,867,750	

財產種類	土　地　地　號	種　類	數　量	直徑/年份	持　分	遺產價額	稽徵機關審核意見
地上物							
	地上物小計						

財產種類	門　牌　號　碼	稅籍編號	持　分	遺產價額	稽徵機關審核意見
建物	台北市文山區○路2段15號2樓	A02200399001	全	1,000,000	
	建物小計			1,000,000	

存款	金融機構名稱	存款種類	帳號	遺產價額	稽徵機關審核意見
	土地銀行文山分行	定存	1000-1	15,000,000	
	世華銀行中正分行	活儲	2000-2	700,000	
	存款小計			15,700,000	

投資	名稱類別及所在地	面額	單位時價	數量	遺產價額	稽徵機關審核意見
	投資小計					

債權	債權標的或所在位置	債務人	權利憑證	遺產價額	稽徵機關審核意見
	債權小計				

信託利益之權利	信託財產標的			委託人	受託人	受益人	信託期間	遺產價額	稽徵機關審核意見
	信託利益之權利小計								

動產及其他有財產價值的權利	名稱	單位	時價	數量	遺產價額	稽徵機關審核意見
	現金				200,000	
	動產及其他有財產價值的權利小計				200,000	

死亡前2年內贈與財產	種類及所在地	單位時價	數量	面積（m²）持分	遺產價額	稽徵機關審核意見
	死亡前2年內贈與財產小計					

本次申報遺產總額共計（A）	66,767,750 元
前次核定（申報）遺產總額共計（B）	0 元
遺產總額共計（C）＝（A）＋（B）	66,767,750 元

（三）免稅額	免稅額 13,330,000 元，如為軍、警、公教人員執行任務死亡者為　　　　元（請看說明第 9 項）	稽徵機關審核意見

(四)扣除額（請看說明第10項）

扣　除　項　目	扣　除　金　額	扣　除　內　容　說　明	稽徵機關審核意見
1.配偶扣除額	4,930,000	戶籍謄本	
2.直系血親卑親屬扣除額	1,000,000	戶籍謄本	
3.父母扣除額			
4.身心障礙扣除額			
5.扶養親屬扣除額			
6.繼續經營農業生產扣除土地及其地上農作物價值全數			
7.死亡前6至9年繼承之財產已納遺產稅扣除額			
8.死亡前應納未納之稅捐、罰鍰、罰金			
9.死亡前未償債務	2,000,000	貸款餘額證明	
10.喪葬費	1,230,000		
11.執行遺囑及管理遺產之直接必要費用			
12.公共設施保留地扣除額			
13.民法第1030條之1規定剩餘財產差額分配請求權	30,452,025	被繼承人及生存配偶差額計算表	
14.			
本次申報扣除額共計（D）	39,612,025 元		
前次核定（申報）扣除額共計（E）	0 元		
扣除額共計（F）＝（D）＋（E）	39,612,025 元		
課稅遺產淨額計	13,825,725 元		

(五)不計入遺產總額財產（請看說明第11項）

財產種類	財　產　內　容									稽徵機關審核意見
	縣市	鄉鎮市區	段	小段	地號	面積（㎡）持分	（　）年度每平方公尺公告現值	遺產價額	捐贈案件受贈單位統一編號及名稱	
土地部分										
	不計入遺產總額之土地小計									

建物部分	門　牌　號　碼	稅　籍　號　碼	持分	遺產價額	捐贈案件受贈單位統一編號及名稱	稽徵機關審核意見
	不計入遺產總額之建物小計					

動產及其他有財產價值的權利	名　稱　類　別　及　所　在　地（有價證券請註明號碼）	面　額	單位時價	數　量	遺產價額	捐贈案件受贈單位統一編號及名稱	稽徵機關審核意見
	不計入遺產總額之動產及其他有財產價值的權利小計				0		

(六)扣抵稅額（請看說明第12項）

扣抵項目	已納稅額及應加計之利息		併計遺產後增加之稅額	稽徵機關審核意見
	稅額	利息		
本次申報可扣抵稅額計（以併計遺產後增加之稅額為上限）（G）			元	
前次核定（申報）扣抵稅額計（H）			元	
本案扣抵稅額共計（I）＝（G）＋（H）			元	

附件	受託代辦時附委任書	戶籍資料　張	財產資料證明文件　張	扣除額證明文件　張	不計入遺產總額證明文件　張	扣抵稅額證明文件　張	其他　張

納稅義務人或代表人：陳芳芳　印　　簽章

通訊地址：台北市中正區紹興北街 8 號 7 樓

電　　話：02-23218010　　　電子郵件信箱 natacia0213@yahoo.com.tw

茲收到被繼承人　　　的繼承人或代表人　　遺產稅申報書乙份，遺產稅申報資料共　　　紙

□財政部臺北國稅局　　　分局／稽徵所
□財政部北區國稅局　　　分局／稽徵所／服務處
□財政部中區國稅局　　　分局／稽徵所／服務處
□財政部南區國稅局　　　分局／稽徵所／服務處
□財政部高雄國稅局　　　分局／稽徵所

（稽徵機關收件戳記、日期）

收件日期　年　月　日

98 年 1 月 23 日至 106 年 5 月 11 日(含)發生之繼承案件		
課稅遺產淨額（元）		稅率
1 以上		10%
106 年 5 月 12 日以後發生之繼承案件		
課稅遺產淨額（元）	稅率	累進差額（元）
50,000,000 以下	10%	0
50,000,001-100,000,000	15%	2,500,000
100,000,001 以上	20%	7,500,000

申報人填寫

遺產總額	減	免稅額	減	扣除額	等於	課稅遺產淨額
66,767,750	－	13,330,000	－	39,612,025	＝	13,825,725

課稅遺產淨額	乘	稅率	減	累進差額	減	扣抵稅額及利息	等於	本次應納遺產稅額
13,825,725	×	10%	－	0	－	0	＝	1,382,572.5

稽徵機關填寫

遺產總額	減	免稅額	減	扣除額	等於	課稅遺產淨額
	－		－		＝	

課稅遺產淨額	乘	稅率	減	累進差額	減	扣抵稅額及利息	等於	本次應納遺產稅額
	×	%	－		－		＝	

審核意見

承辦人	課（股）長	稽（審）核	科長／主任／分局長

1式2份：稅捐稽徵機關收件後，交付1份予納稅者留存。

遺 產 稅 聲 明 事 項 表

納稅者	陳芳芳	身分證統一編號	A 2 0 0 0 0 0 0 0 1

本人依納稅者權利保護法第7條第8項但書規定為重要事項陳述，特此聲明，並檢附相關證明文件。

聲明事項
無

說明：
1. 納稅者權利保護法第7條第3項規定：「納稅者基於獲得租稅利益，違背稅法之立法目的，濫用法律形式，以非常規交易規避租稅構成要件之該當，以達成與交易常規相當之經濟效果，為租稅規避。稅捐稽徵機關仍根據與實質上經濟利益相當之法律形式，成立租稅上請求權，並加徵滯納金及利息。」
2. 納稅者權利保護法第7條第8項規定：「第3項情形，主管機關不得另課予逃漏稅捐之處罰。但納稅者於申報或調查時，對重要事項隱匿或為虛偽不實陳述或提供不正確資料，致使稅捐稽徵機關短漏核定稅捐者，不在此限。」

（稽徵機關收件戳記、日期）

納稅者或代表人簽名或蓋章 ___陳芳芳 [印]_____

申報代理人簽名或蓋章 _____ ___年__月__日

遺產稅案件申報委任書

為被繼承人　張三　遺產稅事件，特委任受任人處理下列事務：

一、代為辦理遺產稅申報及審查程序之一切相關事宜。

二、代理受領遺產稅繳款書、核定通知書、繳清證明書及其他有關文件。

附帶聲明：

　　受任人領取繳款書後（含郵寄送達簽收），如逾期未繳，本稅、罰鍰及應加徵之滯納金與利息，仍由納稅義務人負責並願受強制執行。

委任關係	基	本	資	料	簽章
納稅義務人（委任人）	姓名	陳芳芳	身分證統一編號 A200000001	電話：	
	地址	台北市大安區光復南路○段○號			
	姓名		身分證統一編號	電話：	
	地址				
	姓名		身分證統一編號	電話：	
	地址				
	姓名		身分證統一編號	電話：	
	地址				
	姓名		身分證統一編號	電話：	
	地址				
受任人	事務所名稱	名稱	統一編號	電話：	簽章
		代理人姓名 請勾選：□會計師□地政士□律師□記帳士（記帳及報稅代理人）□其他	身分證統一編號	電話：	
		地址			
	個人	姓名 陳坤涵	身分證統一編號 A121000000	電話：23218010 0937199444	
		地址 台北市中正區紹興北街8號7樓			
送件人			□受任人員工　□快遞　□其他		

中華民國　　　　年　　　　月　　　　日

● 被繼承人張三繼承系統表

被繼承人張三繼承系統表

張三 ─────────────┬─── 長男　張大明（繼承）
民國10年01月01日生　　　　　　　民國52年07月01日生
民國112年03月01日死亡
配偶 ─────────────┴─── 次男　張大昌（繼承）
陳芳芳（繼承）　　　　　　　　　　民國54年03月02日生
民國20年04月05日生

上列繼承系統表係參酌民法第1138條至第1140條之規定訂立，如有遺漏或錯誤致他人受損害者，申請人願負法律責任。

納稅義務人：陳芳芳　㊞

中　華　民　國　○○○　年　○　月　○　日

剩餘財產差額分配請求權計算表

一、被繼承人財產明細表

結婚日期：50年7月1日

繼承發生日：112年3月1日

序號	財產種類	財產標示內容	取得年月日	取得原因	數量	持分	單價	財產價值	※稽徵機關審核 核定價值	證明文件
1	土地	台北市文山區○○段一小段555地號	75.05.21	買賣	1,366	1/2	38,000	25,954,000		
2	土地	台北市文山區○○段三小段15地號	79.09.30	買賣	2,279	1/8	70,000	19,941,250		
3	土地	台北市文山區○○段一小段379地號	82.11.03	買賣	454	1/4	35,000	3,972,500		
4	房屋	台北市文山區○路2段15號	82.11.03	買賣		全部		1,000,000		
5	存款	定存						15,000,000		
6	存款	活存						700,000		
7	現金							200,000		
8										
9										
10										
11										
12										
13										
14										

申報合計	筆　數：　7　筆 財產金額：66,767,750元(A1)	※稽徵機關核定	筆　數： 財產金額：(C1)

二、被繼承人債務明細表

序號	債權人	債務內容摘要	發生年月日	現存債務金額	※稽徵機關審核	
					核定價值	證明文件
1	世華銀行中正分行	房屋貸款	82.11.03	2,000,000		
2						
3						
4						
5						
6						
7						
8						
9						
10						
申報合計	筆　數：　1　筆 債務金額：2,000,000 元(A2)			※稽徵機關核定	筆　數： 債務金額：(C2)	

三、生存配偶財產明細表

序號	財產種類	財產標示內容	取得年月日	取得原因	數量	持分	單價	財產價值	※稽徵機關審核	
									核定價值	證明文件
1	土地	台北市萬華區○○段一小段35地號	80.6.22	買賣	1,361	1/50	85,000	2,313,700		
2	房屋	台北市萬華區○○路 423 巷 18 號	80.6.22	買賣		全部		350,000		
3	存款	定存						1,000,000		
4	存款	活存						150,000		
5	現金							50,000		
6										
7										

申　報合　計	筆　數：　5　筆	※稽徵機關核定	筆　數：
	財產金額：3,863,700 元(B1)		財產金額：(C1)

四、生存配偶債務明細表

序號	債權人	債務內容摘要	發生年月日	現存債務金額	※稽徵機關審核	
					核定價值	證明文件
1	無					
2						
3						

申　報合　計	筆　數：　0　筆	※稽徵機關核定	筆　數：
	債務金額：0(B2)		債務金額：(C2)

五、剩餘財產差額分配請求權計算表

項　　　　目	繼承人申報		※稽徵機關審核	
	被繼承人	生存配偶	被繼承人	生存配偶
1 財產金額	66,767,750 元(A1)	3,863,700 元(B1)	（C1）	（D1）
2 債務金額	2,000,000 元(A2)	0 元(B)	（C2）	（D2）
3 剩餘財產（1 減 2）	A：64,767,750 元	B：3,863,700 元	C	D
4 剩餘財產差額分配請求權金額	E=（A－B）/2：30,452,025 元		E1=（C-D）/2：	
5 依法免徵及不計入遺產總額之財產金額	F：0		F1	
6 應減除重複扣除金額	G＝[(A－B)/2×(F/A1)]＝0		G1=[(C-D)/2×(F1/C1)]	
7 得扣除剩餘財產差額分配請求權金額	H＝E－G＝30,452,025 元		H1=E1-G1	

申　請　人　代　表（簽　章）：陳芳芳 印

中華民國 000 年 0 月 00 日

剩餘財產差額分配請求權計算表填寫說明

壹、 填寫注意事項：

一、被繼承人及配偶之財產應詳實填寫。

二、可列入本表配偶請求權計算之財產，限於婚後財產，並應排除因繼承 或其他無償得之財產。

三、有※註記欄申報人不須填寫。

四、本表僅適用於依民法第1030條之1規定，因繼承發生夫妻法定財產關 係消滅遺產稅申報案件。

貳、 應檢附資料：

一、申報財產應檢附之證明文件：

（1）土地：死亡日後之土地登記簿謄本，外縣市土地尚須附公告現值證明。

（2）房屋：死亡日後之房屋登記簿謄本，及當期之房屋稅單影本或稅捐處 核發之房屋現值證明。

（3）存款：金融機構出具之存款餘額證明或存摺影本。

（4）股票：應檢附公司出具之該股東投資情形變動表。

（5）獨資、合夥出資額：檢附營利事業登記證影本及出資額證明。

二、申報債務應檢附之證明文件：

（1）向金融機構貸款：檢附金融機構出具之借款餘額證明（含原核准貸款 日期、額度）。

（2）向私人借貸：檢附債務契約、借貸流程及債權人出具尚未清償之餘額 等證明。

三、主張依民法第1030條之2應再納入現存之婚後財產或債務，及第1030 條之 3 應追加計算視為現存之婚後財產者，應檢附法院判決文件等確 實證明之文件。

相關法令

①民法第1030條之1

法定財產制關係消滅時，夫或妻現存之婚後財產，扣除婚姻關係存續所負債務後，如有剩餘，其雙方剩餘財產之差額，應平均分配。但下列財產不在此限：

一、因繼承或其他無償取得之財產。

二、慰撫金。

夫妻之一方對於婚姻生活無貢獻或協力，或有其他情事，致平均分配有失公平者，法院得調整或免除其分配額。

法院為前項裁判時，應綜合衡酌夫妻婚姻存續期間之家事勞動、子女照顧養育、對家庭付出之整體協力狀況、共同生活及分居時間之久暫、婚後財產取得時間、雙方之經濟能力等因素。

第一項請求權，不得讓與或繼承。但已依契約承諾，或已起訴者，不在此限。

第一項剩餘財產差額之分配請求權，自請求權人知有剩餘財產之差額時起，二年間不行使而消滅。自法定財產制關係消滅時起，逾五年者，亦同。

②民法第1005條

夫妻未以契約訂立夫妻財產制者，除本法另有規定外，以法定財產制，為其夫妻財產制。

③**剩餘財產差額分配請求權於核課遺產稅時之適用事宜**（財政部86年2月15日台財稅第851924523號函）

主旨：

檢送研商「民法第1030條之1剩餘財產差額分配請求權於核課遺產稅時如何適用事宜」會議決議，請依決議事項辦理。

說明：

一、本案前經財政部於85年4月26日邀集法務部、內政部及各地區國稅局等研商,除決議第2、3、4項外,第1項及第5項另經本部洽據法務部85年6月29日法85律決15978號函意見,予以納入決議事項。

二、另為防杜納稅義務人藉主張剩餘財產差額分配請求權規避遺產稅負,該請求權價值經稽徵機關核准自遺產總額中扣除後,應如何追蹤管制,俾納稅義務人確實將相當於該請求權價值之財產移轉與生存之配偶,事涉稽徵實務,請台北市國稅局洽商其他各國稅局研議意見後報部憑辦。

討論事項:

一、被繼承人死亡,生存之配偶依民法第1030條之1規定,行使剩餘財產差額分配請求權應分得之財產,是否屬於被繼承人之「遺產」?

　　決議:依據法務部85年6月29日法85律決15978號函復「生存配偶之剩餘財產差額分配請求權,性質為債權請求權,……係為貫徹夫妻平等原則,並兼顧夫妻之一方對家務及育幼之貢獻,使剩餘財產較少之一方配偶,對剩餘財產較多之他方配偶得請求雙方剩餘財產差額二分之一,並非取回本應屬其所有之財產,故非物權請求權」,準此,該項請求權價值,於核課遺產稅時,准自遺產總額中扣除。

二、納稅義務人主張生存之配偶有剩餘財產差額分配請求權時,應否檢具法院確定判決?

　　決議:(一)檢具法院判決者,稽徵機關應予受理。

　　　　　(二)雖未檢具法院判決,惟經全體繼承人同意時,亦應受理。

三、納稅義務人如未主張生存之配偶有剩餘財產差額分配請求

權，稽徵機關應否仍予主動查明，計算該項請求權之價值，逕予核列爲遺產之加項或減項？

決議：行使該項剩餘財產差額分配請求權之權利人爲生存之配偶或血親繼承人，故稽徵機關尚不得主張查明計算該項請求權之價值，應經繼承人全體同意，始得計之。

四、剩餘財產差額分配請求權之價值應如何計算，在有法院確定判決之情形下，究應以確定判決爲準？或由稽徵機關依查得資料估算？

決議：原則上，法院之判決應予尊重，惟稽徵機關就納稅義務人主張之事實查有具體實證或依稅法規定核計之價值，與法院判決不一時，應依遺產及贈與稅法及其他相關法規辦理。

五、剩餘財產差額分配請求權，經稽徵機關核定免徵遺產稅後，稽徵機關爲追蹤管制，可否要求當事人列出請求分配財產明細，俾納稅義務人確實將相當於該請求權價值之財產移轉予生存之配偶。

決議：該項剩餘財產差額分配請求權因屬債權請求權，並非物權請求權，其經稽徵機關核定價值免徵遺產稅後，稽徵機關尚無法律依據要求當事人列出請求分配財產明細，以憑於遺產稅完稅（免稅）證明書註明何筆財產應登記或移轉予生存之配偶。

④遺產及贈與稅法第46條

納稅義務人有故意以詐欺或其他不正當方法，逃漏遺產稅或贈與稅者，除依繼承或贈與發生年度稅率重行核計補徵外，並應處以所漏稅額一倍至三倍之罰鍰。

⑤**核課剩餘財產分配請求權之遺產稅釋疑**（財政部87年1月22日台財稅第871925704號函）

主旨：

檢送「民法第1030條之1剩餘財產差額分配請求權之規定，於核課遺產稅時，相關作業如何配合事宜」會商結論（如附件）。

說明：

前開議題業經財政部於86年12月16日邀集法務部、內政部及財政部相關單位開會研商，獲致八項結論在案。

附件：

研商「民法第1030條之1剩餘財產差額分配請求權之規定，於核課遺產稅時，相關作業如何配合事宜」會商結論。

一、民法第1030條之1，係於民國74年6月3日增訂，而夫妻於民法親屬編修正前已結婚並取得之財產，是否有該規定之適用，法無明文，惟依照最高法院81年10月8日台上字第2315號判決要旨：「……74年6月3日修正公布施行民法親屬編施行法未特別規定修正後之民法第1030條之1規定，於修正前已結婚並取得之財產，亦有其適用，則夫妻於民法親屬編修正前已結婚並取得之財產，自無適用該修正規定之餘地。」並無上揭規定之適用，故聯合財產制夫或妻一方死亡時，有關剩餘財產差額分配請求權之適用，以民國74年6月5日（含當日）後取得之財產為限。

二、稽徵機關填發遺產稅申報通知書時，請併予通知納稅義務人，有主張民法第1030條之1規定之剩餘財產差額分配請求權者，應檢附相關文件申報，所應檢附文件如次：

(一)法院確定判決件或全體繼承人同意書。

(二)剩餘財產差額計算表。（應檢附土地、房屋之登記簿謄本，上市或上櫃有價證券及未上市或上櫃股份有限公司股票之持有股

權、取得日期證明，未上市或上櫃非股份有限公司出資價值之
出資額及出資日期證明，其他財產之取得日期、取得原因證
明，債務發生日期、內容證明。）

三、納稅義務人主張生存配偶之剩餘財產差額分配請求權價值自
被繼承人遺產總額中扣除時，其有漏報生存配偶之財產或虛
列負債情事者，尚不得依遺產及贈與稅法第45條規定論處，
惟如經查明其有故意以詐欺或其他不正當方法逃漏時（例
如：漏報財產、虛列負債），應可依同法第46條規定辦理。

四、當事人主張剩餘財產差額分配請求權價值自遺產扣除之時
效，參照民法規定以被繼承人死亡之日起算五年，惟如有具
體證據證明請求權人知有剩餘財差額之日者，應自其知悉之日
起算二年。是以，86年2月15日台財稅第851924523號函發布前
之案件，無論已否確定，悉依上開結論決定應否受理更正。

五、稽徵機關核算剩餘財產差額分配請求權之價值時，被繼承人
於74年6月5日以後取得，且為不計入遺產總額之捐贈財產、
政府開闢或無償提供公眾通行之道路土地、公共設施保留地
及農業用地等，應列入計算。嗣於核算遺產稅額時，上揭不
計入遺產總額或自遺產總額中扣除之財產，應扣除核屬配偶
請求分配為其所有部份之價值（即准自遺產總額中扣除之剩
餘財產差額分配請求權價值，所含上揭不計入遺產總額或自
遺產總額中扣除部分之財產價值），俾免被繼承人之不計入
遺產總額、自遺產總額中扣除之財產價值，重複計入配偶依
民法親屬編上開規定請求分配，並經核屬為其所有之財產。

六、配偶拋棄繼承權時，如仍主張剩餘財產差額分配請求權之價
值自被繼承人遺產總額中扣除，稽徵機關仍應予受理。

七、被繼承人配偶未行使剩餘財產差額分配請求權即告死亡，其
繼承人仍可繼承並行使該項請求權，惟該請求權價值應列入

被繼承人配偶之遺產課稅。

八、經核准扣除配偶剩餘財產差額分配請求權價值之案件如何追蹤管制乙節，請台北市國稅局依前開討論會商結論，會同其他國稅局修訂所擬管制要點。

其他有關夫妻剩餘財產差額分配請求權之相關法律規定如下：

內政部110年4月12日台內地字第1100112250號函

要旨：

民法第1030條之1規定配偶剩餘財產差額分配之登記申請事宜。

內容：

一、案經本部於96年10月19日及同年11月9日邀同財政部、法務部、各直轄市政府地政處、臺北縣政府地政局、部分縣（市）政府地政機關及中華民國地政士公會全國聯合會等會商獲致結論如次：

(一)登記原因標準用語「剩餘財產差額分配」之意義修正為「依民法第1030條之1規定，因法定財產制關係消滅所為夫妻剩餘財產差額分配之土地建物權利移轉登記」。

(二)申辦剩餘財產差額分配登記，應以夫妻或生存配偶與全體繼承人訂立協議給付文件之日期，或法院判決確定之日期為其原因發生日期。

(三)申請登記應依土地法第73條、第76條及土地登記規則第50條規定計收登記費及逾期申請登記之罰鍰。

(四)申請剩餘財產差額分配登記，應提出土地登記規則第34條第1款、第3款、第4款之文件及下列文件：

1. 法定財產制關係消滅之證明文件。

2. 法定財產制關係消滅原因為離婚者，應提出剩餘財產差額分配之協議書或法院確定判決書。

3. 配偶一方死亡者，生存配偶應提出主管稽徵機關核算差額分配

價值證明文件及與全體繼承人協議給付文件或法院確定判決書。但生存配偶申辦之剩餘財產差額分配登記與其遺產繼承登記連件申請登記，且該遺產繼承登記案件係由全體繼承人按法定應繼分會同申辦或分割繼承登記案件檢附之遺產分割協議書已併就該財產差額分配協議給付者，得免再提出生存配偶與全體繼承人協議給付之文件。上開法院確定判決書應以載有剩餘財產差額分配之不動產標的者為限。

4. 主管稽徵機關核發之土地增值稅繳（免）稅或不課徵之證明文件。

5. 立協議書人之印鑑證明。但依土地登記規則第40條規定辦理者，或符合第41條規定情形者免附。

(五)配偶一方死亡者，生存配偶申辦剩餘財產差額分配登記，應與其遺產繼承登記分件辦理。

(六)已辦竣抵繳稅款或各類繼承登記後，再經稽徵機關核准自遺產總額中扣除配偶剩餘財產差額者，應就原辦竣登記部分以「撤銷」為登記原因回復為原被繼承人所有，再連件辦理「剩餘財產差額分配」登記。

(七)申請剩餘財產差額分配登記，移轉給付之標的不限於稽徵機關核算價值之財產或74年6月5日（含當日）以後登記取得之婚後財產。

(八)重劃範圍內之土地，於公告禁止或限制期間，得申辦剩餘財產差額分配登記。

(九)配偶一方死亡，其繼承人有大陸人士者，生存配偶申請剩餘財產差額分配登記，得僅與他方配偶之全體台灣繼承人協議給付。

(十)被繼承人所立遺囑有發生遺贈情事者，生存配偶與全體繼承人仍得協議或經法院判決以遺贈之標的為給付，無須經受遺贈人

或遺囑執行人同意。

(十一)有關稅賦：

1. 非屬印花稅法第5條第5款規定之課徵範圍，免貼用印花稅票。

2. 非屬契稅條例第2條規定之課徵範圍，免報繳契稅，惟仍需查欠房屋稅。

3. 剩餘財產差額分配登記，非取回請求權人原有之財產，應依土地稅法第49條規定申報土地移轉現值。

二、本部88年6月22日台內地字第8889814號、89年6月8日台內中地字第8910280號、90年6月27日台內中地字第9007440號及95年6月29日內授中辦地字第0950725088號函等內容已經整合另行規定，爰將該函等停止適用。

（按：有關因配偶之一方死亡，生存配偶申請剩餘財產差額分配登記時應檢附之文件，即96年12月10日函說明一、(四)之3前段，業經內政部110年4月12日台內地字第1100112250號函修正為：「配偶一方死亡者，生存配偶應提出主管稽徵機關核發載有『本案為核准扣除配偶剩餘財產差額分配請求權價值之案件』字樣之遺產稅繳清證明書或免稅證明書及與全體繼承人協議給付文件或法院確定判決書。」）

內政部109年1月15日台內地字第1090260381號函

要旨：

有關剩餘財產差額分配之給付標的為公同共有不動產者，在該公同共有關係未終止前，不得辦理剩餘財產差額分配登記。

內容：

依法務部109年1月6日法律字第10803519060號函復略以：「……按民法第1030條之1第1項……剩餘財產分配請求權之性質為金錢數額之債權請求權，並非存在於具體財產標的上之權利，其內容及範圍須待夫妻雙方清算之後始得確定，倘夫妻一方死亡，他方

配偶則須與死亡配偶之其餘繼承人協議確定（本部108年5月21日
法律字第10803507630號函參照）。……生存配偶林君依民法第
1030條之1規定申請辦理剩餘財產差額分配登記……其如擬就剩餘
財產分配請求權於具體財產標的上行使權利者，其內容及範圍須
與死亡配偶之全體繼承人依協議確定。……林君申辦分配登記之
土地，為登記名義人許君於婚前89年間因繼承登記而與其他家族
成員公同共有，繼承人欲終止其間之公同共有關係，唯有以分割
遺產之方式為之……故林君申辦剩餘財產差額分配登記，須先與
其他許君之繼承人協議分割許君之遺產，惟許君所遺其與其他家
族成員間之遺產如仍為公同共有關係，該遺產之公同共有關係尚
未終止，自無從單獨就被繼承人許君之公同共有權利抽離而單獨
為許君遺產之協議分割，應仍由生存配偶林君與其他許君之全體
繼承人維持公同共有……」本部同意上開法務部之意見。是被繼
承人所遺其與其他家族成員繼承取得之公同共有關係未終止前，
被繼承人之全體繼承人與生存配偶不得單獨就被繼承人所遺公同
共有權利協議分割予生存配偶，並辦理夫妻剩餘財產差額分配登
記。本案請就個案事實查明本於權責依法處理。

法務部108年5月21日法律字第10803507630號

要旨：

民法第1030條之1規定參照，剩餘財產分配請求權性質為金錢數額
債權請求權，並非存在於具體財產標的上權利，內容及範圍須待
夫妻雙方清算後始得確定，倘夫妻一方死亡，他方配偶則須與死
亡配偶其餘繼承人協議確定。倘依協議結果，係由繼承人依協議
數額，以其固有財產清償生存配偶剩餘財產分配請求權債務者，則
死亡配偶於其協議數額範圍內所分配之剩餘財產，不得認作遺產。

主旨：

所詢依民法第1030條之1規定行使剩餘財產差額分配請求權，其他

繼承人以非屬遺產之自有財產支付生存配偶請求權價值，有關遺產範圍認定疑義乙案，復如說明二，請查照。

說明：

一、復貴部108年3月18日台財稅字第10700135350號函。

二、按法定財產制關係消滅時，夫或妻之剩餘財產分配請求權，乃立法者就夫或妻對家務、教養子女及婚姻共同生活貢獻所為之法律上評價，故法定財產制關係因配偶一方死亡而消滅，生存配偶依法行使其剩餘財產分配請求權時，該由生存配偶取得之財產，自非屬死亡配偶之遺產。又剩餘財產分配請求權之性質為金錢數額之債權請求權，並非存在於具體財產標的上之權利，其內容及範圍須待夫妻雙方清算之後始得確定，倘夫妻一方死亡，他方配偶則須與死亡配偶之其餘繼承人協議確定（最高法院106年度台上字第2747號判決及本部95年5月15日法律決字第0950016358號函參照）。倘依協議結果，由生存配偶取得死亡配偶之特定財產者，如現金、動產或不動產，該特定財產即非遺產（本部95年12月25日法律決字第0950040750號函參照）；倘依協議結果，係由繼承人依協議數額，以其固有財產清償生存配偶剩餘財產分配請求權債務者（民法第1153條第1項規定參照），則死亡配偶於其協議數額範圍內所分配之剩餘財產，不得認作遺產。

財政部107年7月4日台財稅字第10700509500號令

摘要：

法定財產制關係消滅依民法第1030條之1規定行使剩餘財產差額分配請求權准予不課徵土地增值稅及申報移轉現值、原地價之審核標準。

說明：

一、夫妻離婚或婚姻關係存續中將法定財產制變更為其他夫妻財

產制，夫或妻一方依民法第1030條之1規定行使剩餘財產差額分配請求權，於申報土地移轉現值時，應檢附離婚登記、夫妻財產制變更契約或法院登記等法定財產制關係消滅之證明文件，及夫妻訂定協議給付文件或法院確定判決書，並准依土地稅法第28條之2規定，申請不課徵土地增值稅。

二、申報移轉現值之審核，其於夫妻雙方訂定協議給付文件之日起三十日內申報者，以訂定協議給付文件日當期之公告土地現值為準；逾訂定協議給付文件之日起三十日始申報者，以受理申報機關收件日當期之公告土地現值為準；依法院判決移轉登記者，以申報人向法院起訴日當期之公告土地現值為準。至原地價之認定，以應給付差額配偶取得該土地時核計土地增值稅之現值為原地價，但法律另有規定者，依其規定。

三、廢止本部89年6月20日台財稅第0890450123號函及98年1月17日台財稅字第09704115110號函。

生存配偶行使剩餘財產差額分配請求權而以繼承辦理登記經國稅稽徵機關通報案件之處理釋疑（財政部101年10月16日台財稅字第10104038410號）

主旨：

生存配偶依民法第1030條之1規定行使剩餘財產差額分配請求權取得之土地，如以繼承辦理所有權登記，未改辦「剩餘財產差額分配」登記，經國稅稽徵機關通報案件，請依說明辦理。

說明：

一、按土地稅法第28條規定，已規定地價之土地，於土地所有權移轉時，應按其土地漲價總數額徵收土地增值稅。但因繼承而移轉之土地，免徵土地增值稅。旨揭土地依本部89年6月20日台財稅第0890450123號函規定，應依土地稅法第49條規

定，申報土地移轉現值課徵土地增值稅，並依同法第5條第1項第2款規定，以取得土地所有權之人為納稅義務人。

二、為維護當事人權益並輔導其依法申報土地移轉現值，地方稅稽徵機關接獲通報後，應通知生存配偶與繼承人限期申報土地移轉現值，並提示生存配偶得依本部96年12月26日台財稅字第09604560470號令規定，申請不課徵土地增值稅。如當事人屆期未申報者，應以生存配偶登記取得該土地之日當期公告現值為土地移轉現值，核課土地增值稅。

三、旨揭案件中如生存配偶已將所取得土地再行移轉者，地方稅稽徵機關免辦理輔導，應逕依法補徵土地增值稅。

死亡前二年內贈與配偶之財產應併入遺產總額課徵遺產稅惟不得列入剩餘財產差額分配請求權範圍（財政部民國97年1月14日台財稅字第09600410420號）

主旨：

被繼承人死亡前二年內贈與配偶之財產，依遺產及贈與稅法第15條規定應併入其遺產總額課徵遺產稅，惟依民法第1030條之1規定計算剩餘財產差額分配請求權時，不得列入剩餘財產差額分配請求權範圍。

說明：

二、檢附法務部96年9月17日法律決字第0960029739號函影本。

附件：

法務部96年9月17日法律決字第0960029739號函。

主旨：

所詢夫妻之一方將婚姻關係存續中取得之財產贈與他方，該財產如何適用民法第1030條之1第1項規定乙案，本部意見如說明二。

說明：

二、按民法第1030條之1規定：「法定財產制關係消滅時，夫或

妻現存之婚後財產，扣除婚姻關係存續所負債務後，如有剩餘，其雙方剩餘財產之差額，應平均分配。但下列財產不在此限：一、因繼承或其他無償取得之財產。二、慰撫金。」故計算夫妻雙方剩餘財產差額之範圍，係就法定財產制關係消滅（例如夫妻一方死亡、離婚、婚姻無效、婚姻撤銷或改用其他財產制）時，以夫或妻現存之婚後財產，扣除婚姻關係存續所負債務後，據以計算剩餘財產。又不動產物權，依法律行為而取得、設定、喪失及變更者，非經登記，不生效力。民法第758條定有明文。本件依來函所提被繼承人王君於91年11月19日將其名下土地1筆移轉登記予其配偶，其配偶自已取得該筆土地之所有權，並無疑義，從而，王君於93年4月死亡，其妻行使民法第1030條之1剩餘財產差額分配請求權時，該筆土地自不應再視為被繼承人王君之遺產（至於遺產及贈與稅法第15條有關遺產總額之認定，係基於租稅目的而為特別規定，與民法第1030條之1係就剩餘財產差額分配請求權而為規定者，尚有不同）。又該筆土地移轉登記之原因為何（買賣或贈與），係屬事實認定問題，如有符合上開民法第1030條之1第1款所稱「無償取得」之情形者，該筆土地即不得列入妻現存之婚後財產而計算其剩餘財產。

剩餘財產差額分配請求權價值中應減除重複扣除之金額計算公式
（財政部96年8月24日台財稅字第09604080290號函）

要旨：

二、按本部87年1月22日台財稅第871925704號函規定，稽徵機關核算剩餘財產差額分配請求權之價值時，被繼承人遺產中如有不計入遺產總額或應自遺產總額中扣除之財產，應列入計算。準此，旨揭應自遺產中扣除之剩餘財產差額分配請求權價值中，已包含部分免稅財產價值，致該部分會自遺產中重

複扣除，該重複扣除部分自應予減除。

三、上開應予減除數額之計算公式如下：

剩餘財產差額分配請求權價值中，應減除重複扣除之金額＝剩餘財產差額分配請求權價值×〔（不計入遺產總額之價值＋應自遺產總額中扣除之財產價值）÷被繼承人所遺列入差額分配請求權計算範圍之財產價值〕

司法院釋字第620號（95年12月6日）

解釋文：

憲法第19條規定，人民有依法律納稅之義務，係指國家課人民以繳納稅捐之義務或給予人民減免稅捐之優惠時，應就租稅主體、租稅客體、稅基、稅率等租稅構成要件，以法律或法律明確授權之命令定之，迭經本院闡釋在案。

中華民國74年6月3日增訂公布之民法第1030條之1（以下簡稱增訂民法第1030條之1）第1項規定：「聯合財產關係消滅時，夫或妻於婚姻關係存續中所取得而現存之原有財產，扣除婚姻關係存續中所負債務後，如有剩餘，其雙方剩餘財產之差額，應平均分配。但因繼承或其他無償取得之財產，不在此限。」該項明定聯合財產關係消滅時，夫或妻之剩餘財產差額分配請求權，乃立法者就夫或妻對家務、教養子女及婚姻共同生活貢獻所為之法律上評價。因此夫妻於婚姻關係存續中共同協力所形成之聯合財產中，除因繼承或其他無償取得者外，於配偶一方死亡而聯合財產關係消滅時，其尚存之原有財產，即不能認全係死亡一方之遺產，而皆屬遺產稅課徵之範圍。

夫妻於上開民法第1030條之1增訂前結婚，並適用聯合財產制，其聯合財產關係因配偶一方死亡而消滅者，如該聯合財產關係消滅之事實，發生於74年6月3日增訂民法1030條之1於同年月5日生效之後時，則適用消滅時有效之增訂民法第1030條之1規定之結果，

除因繼承或其他無償取得者外，凡夫妻於婚姻關係存續中取得，而於聯合財產關係消滅時現存之原有財產，並不區分此類財產取得於74年6月4日之前或同年月5日之後，均屬剩餘財產差額分配請求權之計算範圍。生存配偶依法行使剩餘財產差額分配請求權者，依遺產及贈與稅法之立法目的，以及實質課稅原則，該被請求之部分即非屬遺產稅之課徵範圍，故得自遺產總額中扣除，免徵遺產稅。

最高行政法院91年3月26日庭長法官聯席會議決議，乃以決議縮減法律所定得為遺產總額之扣除額，增加法律所未規定之租稅義務，核與上開解釋意旨及憲法第19條規定之租稅法律主義尚有未符，應不再援用。

■ 發現漏報遺產稅，怎麼辦？

張三死亡後，繼承人陳芳芳已依遺產及贈與稅法規定，在期限內申報遺產稅，但在整理被繼承人張三遺物時，又發現有遺產漏報，陳芳芳該怎麼辦？

一、漏報遺產稅的處罰規定

(一)短、漏報遺產要按所漏稅額罰二倍以下的罰鍰

依遺產及贈與稅法規定，納稅義務人對依規定應申報的遺產，已依規定申報但有漏報或短報情形時，除須補徵稅款外，應按所漏稅額處以二倍以下的罰鍰[①]。例如遺產稅案件已被稽徵機關查獲有短、漏報遺產，經稽徵機關核定須補徵遺產稅300萬元，納稅義務人除須補繳300萬元的遺產稅外，另須被加處二倍以下的罰鍰。

(二)短、漏報被繼承人死亡前二年內贈與財產要被處罰

遺產稅納稅義務人申報遺產稅時，如果漏報被繼承人死亡前二年內（民國87年6月25日以前之繼承案件為前三年內）贈與給配偶、直系血親卑親屬、父母、兄弟姊妹、祖父母及上述親屬之配偶的財產[②]，依遺產及贈與稅法規定，必須再併進被繼承人的遺產總額中計算遺產稅額，減除原核定的遺產稅額及已繳納之贈與稅及土地增值稅額（須加計利息）[③]後之差額為漏稅額，依漏報遺產稅的規定處以二倍以下的罰鍰。

二、漏報遺產稅可以免罰的情形

(一)在被繼承人死亡後六個月內補報不罰

遺產稅納稅義務人在申報遺產稅後，經稽徵機關查獲有短、漏報情形時，如果納稅義務人確實無法知悉被繼承人的全部財產，致有短、漏報情事，且能於被繼承人死亡後的六個月法定申報期限內或經稽徵機關核准延期申報期限內提出補報，可免予處罰。換句話說，納稅義務人所申報的遺產稅案件，如果是有應納遺產稅額的有稅案件，納稅義務人能在申報期限內或經稽徵機關核准延期申報期限內補報遺產稅，就不會被處罰；如果納稅義務人所申報的遺產稅案件經稽徵機關加計短、漏報財產後，仍然是沒有應納遺產稅額的免稅案件，即使在申報期限過後補報遺產稅，也不會被處罰。（財政部79年5月12日台財稅第790654358號函參照）

(二)未被他人檢舉及稽徵機關開始調查前補報者不罰

納稅義務人對於短報或漏報的遺產，自動向稅捐稽徵機關補報並補繳所漏稅款者，凡屬於未經他人檢舉、未經稽徵機關或財政部指定之調查人員進行調查之遺產稅案件，納稅義務人自動提出補報者，除補繳遺產稅款外，應就補繳之稅款按日加計利息，一併徵收，可免予處罰[4]。

(三)漏稅額在6萬元以下不罰

納稅義務人申報遺產稅案件有短、漏遺產時，如經稽徵機關核定之短漏報遺產稅額在新臺幣6萬元以下或短漏報遺產淨額在新臺幣60萬元以下時，依據稅務違章案件減免處罰標準規定，免予處罰[5]。

三、一般短、漏報遺產稅可分為下列幾種情形

(一)申報期限內發現漏報遺產

繼承人申報遺產稅後,稽徵機關尚在審核中,而且仍在申報期限內(被繼承人死亡後六個月內)另行發現有被繼承人的遺產漏報,如果納稅義務人能在申報期限內補報,應該不會受到處罰。

處理方式:繼承人應在申報期限內,以申請書或以遺產稅申報書方式皆可,檢具所漏報的財產資料,向原申報稽徵機關另行補報。

(二)領取遺產稅繳款書後發現漏報遺產

繼承人在申報遺產稅後,已領取遺產稅繳款書,另行發現尚有被繼承人的遺產漏報。如仍在申報期限內或經國稅局核准延期申報期限內發現漏報,並不會受到國稅局處罰。

處理方式:繼承人須檢具原申報案件相同的資料及漏報的遺產資料,並加附原核定之證明文件影本(核定通知書或繳清證明或免稅證明書),另行填寫遺產稅申報書就漏報的遺產補報,並在申報書上註明「補報」字樣。

(三)被繼承人死亡七年半以後才發現漏報遺產

繼承人在被繼承人死亡七年半(遺產稅申報期間為六個月及漏報遺產稅核課期間為七年)以後才發現,已逾遺產稅核課期間[6]。

處理方式:繼承人須檢具申報遺產稅的相關資料及漏報的遺產資料等,按一般程序申報即可。原則上逾核課期間的案件因沒有遺產稅徵收的問題,只要證件齊全,稽徵機關應可當場核發逾核課期間同意移轉證明書,繼承人可持往各機關辦理繼承登記。

● 一般短、漏報遺產稅的情形

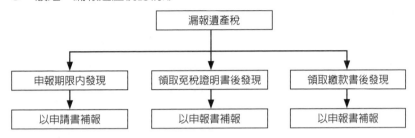

四、漏報遺產稅的注意事項

(一)繼承人發現有漏報遺產稅時,除了漏報之遺產已逾遺產稅核課期間外,應立即向稽徵機關補報,切勿心存僥倖,以免受到處罰。

(二)有漏報遺產稅時,在未補報前,儘量不要張揚,以免被他人檢舉。

相關法令

①**遺產及贈與稅法第45條**

納稅義務人對依本法規定,應申報之遺產或贈與財產,已依本法規定申報而有漏報或短報情事者,應按所漏稅額處以二倍以下之罰鍰。

②**遺產及贈與稅法第15條**

被繼承人死亡前二年內贈與下列個人之財產,應於被繼承人死亡時,視為被繼承人之遺產,併入其遺產總額,依本法規定徵稅:

一、被繼承人之配偶。

二、被繼承人依民法第一千一百三十八條及第一千一百四十條規定之各順序繼承人。

三、前款各順序繼承人之配偶。

八十七年六月二十六日以後至前項修正公布生效前發生之繼承案件，適用前項之規定。

③遺產及贈與稅法第11條第2項

被繼承人死亡前二年內贈與之財產，依第十五條之規定併入遺產課徵遺產稅者，應將已納之贈與稅與土地增值稅連同按郵政儲金匯業局一年期定期存款利率計算之利息，自應納遺產稅額內扣抵。但扣抵額不得超過贈與財產併計遺產總額後增加之應納稅額。

④稅捐稽徵法第48條之1

納稅義務人自動向稅捐稽徵機關補報並補繳所漏稅款者，凡屬未經檢舉、未經稅捐稽徵機關或財政部指定之調查人員進行調查之案件，下列之處罰一律免除；其涉及刑事責任者，並得免除其刑：

一、第四十一條至第四十五條之處罰。

二、各稅法所定關於逃漏稅之處罰。

營利事業應保存憑證而未保存，如已給與或取得憑證且帳簿記載明確，不涉及逃漏稅捐，於稅捐稽徵機關裁處或行政救濟程序終結前，提出原始憑證或取得與原應保存憑證相當之證明者，免依第四十四條規定處罰；其涉及刑事責任者，並得免除其刑。

第一項補繳之稅款，應自該項稅捐原繳納期限截止之次日起，至補繳之日止，就補繳之應納稅捐，依各年度一月一日郵政儲金一年期定期儲金固定利率，按日加計利息，一併徵收。

納稅義務人於中華民國一百十年十一月三十日修正之本條文施行前漏繳稅款，而於修正施行後依第一項規定自動補報並補繳者，適用前項規定。但修正施行前之規定有利於納稅義務人者，適用修正施行前之規定。

⑤**稅務違章案件減免處罰標準第14條**

依遺產及贈與稅法第四十五條規定應處罰鍰案件，有下列情事之一者，免予處罰：

一、短漏報遺產稅額在新臺幣六萬元以下或短漏報遺產淨額在新臺幣六十萬元以下。

二、短漏報贈與稅額在新臺幣一萬元以下或短漏報贈與財產淨額在新臺幣十萬元以下。

三、短漏報財產屬同一年內以前各次所贈與應合併申報贈與稅之財產，該財產業已申報或核課贈與稅。

四、短漏報財產屬應併入遺產總額課徵遺產稅之被繼承人死亡前贈與之財產，該財產於贈與稅申報期限內已申報或被繼承人死亡前已申報或核課贈與稅。

五、短漏報財產屬應併入遺產總額課徵遺產稅之被繼承人死亡前以贈與論之贈與財產，繼承人已依稽徵機關通知期限補報贈與稅或提出說明。

六、短漏報財產屬應併入遺產總額課徵遺產稅之配偶相互贈與財產，於被繼承人死亡前，已向稽徵機關申請或經核發不計入贈與總額證明書。

七、短漏報財產屬被繼承人配偶於中華民國七十四年六月四日以前取得且應併入遺產總額課徵遺產稅之財產。

八、短漏報財產屬被繼承人或贈與人於中華民國八十九年一月二十七日以前，因土地法第三十條之限制，而以能自耕之他人名義登記之農地，於中華民國八十九年一月二十八日以後，該項請求他人移轉登記之權利為遺產標的或贈與民法第一千一百三十八條規定之繼承人，且繼承或贈與時該農地仍作農業使用。

⑥ 稅捐稽徵法第21條

稅捐之核課期間，依下列規定：

一、依法應由納稅義務人申報繳納之稅捐，已在規定期間內申報，且無故意以詐欺或其他不正當方法逃漏稅捐者，其核課期間為五年。

二、依法應由納稅義務人實貼之印花稅，及應由稅捐稽徵機關依稅籍底冊或查得資料核定課徵之稅捐，其核課期間為五年。

三、未於規定期間內申報，或故意以詐欺或其他不正當方法逃漏稅捐者，其核課期間為七年。

在前項核課期間內，經另發現應徵之稅捐者，仍應依法補徵或並予處罰；在核課期間內未經發現者，以後不得再補稅處罰。

稅捐之核課期間屆滿時，有下列情形之一者，其時效不完成：

一、納稅義務人對核定稅捐處分提起行政救濟尚未終結者，自核定稅捐處分經訴願或行政訴訟撤銷須另為處分確定之日起算一年內。

二、因天災、事變或不可抗力之事由致未能作成核定稅捐處分者，自妨礙事由消滅之日起算六個月內。

核定稅捐處分經納稅義務人於核課期間屆滿後申請復查或於核課期間屆滿前一年內經訴願或行政訴訟撤銷須另為處分確定者，準用前項第一款規定。

稅捐之核課期間，不適用行政程序法第一百三十一條第三項至第一百三十四條有關時效中斷之規定。

中華民國一百十年十一月三十日修正之本條文施行時，尚未核課確定之案件，亦適用前三項規定。

■ 遺產稅繳不起，怎麼辦？

> 　　張三生前是個規矩的上班族，每月所得不多，但由於省吃儉用，在其死亡後，仍留下不少銀行存款、二筆建地及一筆公共設施保留地，配偶陳芳芳及二個兒子張大明、張大昌申報遺產稅後，要繳納400多萬元的遺產稅額，陳芳芳是一位家庭主婦，二個兒子又剛就業，一時拿不出這麼多錢繳納遺產稅，不知該怎麼辦？

一、遺產稅未繳清前不可以分割遺產、交付遺贈或辦理繼承登記

　　遺產稅不像個人綜合所得稅，一定是有所得才須繳稅，納稅義務人的繳款能力通常不會有問題，但是遺產稅與所得稅並不一樣，畢竟人無法預測何時會死亡，也很難想到要預留一筆現金應付將來的遺產稅，況且遺產稅是對死亡者一輩子作最後一次的課稅，稅率比較高，課稅的金額也比較大，遺產稅的納稅義務人是繼承人並不是被繼承人，所以經常會出現繼承人會為繼承財產而必須舉債繳納遺產稅的窘境。雖然遺產稅的應納稅額也是隨著遺產的多少來決定，但依遺產及贈與稅法規定，遺產稅未繳清前，不可以分割遺產、交付遺贈或辦理繼承登記[①]。這就是遺產稅與其他稅捐不同的地方，必須先繳完遺產稅後，繼承人才能處分遺產。

二、遺產稅額龐大，納稅義務人無力繳納的處理方法

　　對於遺產稅額龐大，納稅義務人一時無力負擔時，有以下的四種方法可以處理，納稅義務人可以針對自己的情況加以選擇：(一)申請延期繳納；(二)申請分期繳納；(三)申領繼承之金融機構存款辦理轉帳繳納；(四)申請以實物抵繳。分別說明如下。

(一)申請延期繳納

1. 遺產稅可以延期二個月繳納

　　依遺產及贈與稅法規定，遺產稅納稅義務人[②]，應在稽徵機關送達核定納稅通知書之日起二個月內，繳清應納稅款；必要時，可以在繳納期限內向稽徵機關申請延期二個月[③]。也就是說，納稅義務人可在二個月的繳納期限內，再申請延期二個月繳納遺產稅，免加計利息，等於是有四個月的繳納期限。

2. 申請延期繳納注意事項

(1) 申請遺產稅延期繳納，必須在遺產稅繳納期限內檢附遺產稅繳款書正本向稽徵機關提出申請。

(2) 遺產稅納稅義務人在延期繳納期限屆滿前，如因遺產稅應納稅額在30萬元以上而且納稅義務人確有困難，不能一次繳納現金時，可再向稽徵機關申請分期繳納遺產稅，但必須自稽徵機關核准延期繳納期限屆滿之次日起加計利息。（財政部66年10月19日台財稅第37064號函參照）

● 申請延期繳納遺產稅流程圖

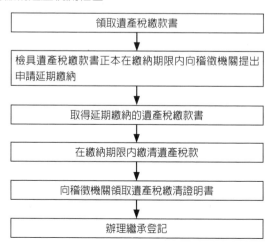

申請延期繳納遺產稅流程說明

1. 領取遺產稅繳款書

納稅義務人申報遺產稅（請參考第42頁至第48頁之流程及說明）後，領取遺產稅繳款書。

2. 檢具遺產稅繳款書正本向稽徵機關申請延期繳納

納稅義務人在領取遺產稅繳款書後，必須在繳納限期內檢附遺產稅繳款書正本及申請書，向稽徵機關提出延期繳納申請。（以下範例表格可自行自財政部網站下載）

3. 取得經延期後的遺產稅繳款書

經納稅義務人向稽徵機關申請延期繳納遺產稅後，如符合遺產及贈與稅法規定，稽徵機關會依法准予延期二個月。

4. 在期限內繳清遺產稅款

納稅義務人必須在經延期後之繳納期限內，持遺產稅繳款書向公庫（銀行）繳納遺產稅款。

5. 領取遺產稅繳清證明書

納稅義務人向公庫繳清遺產稅款後，可持憑繳款收據向稽徵機關領取遺產稅繳清證明書[4]。

6. 辦理繼承遺產

納稅義務人即可依稽徵機關核發的遺產稅繳清證明書，檢附相關資料，向各單位辦理遺產繼承[5]。

遺產稅延期繳納申請書填寫範例

遺產稅延期繳納申請書

本人應納
☑遺產稅
☐贈與稅
　因稅額較鉅，繳納確有困難，請准予
☑延期
☐分期
　繳納。

申　　　　請　　　　項　　　　目

一、
☑遺產稅 延期二個月。　☑被繼承人：張三，身分證統一編號：A103555777
☐贈與稅 　　　　　　　　　☐贈　與　人：　　　，身分證統一編號：

二、
☐遺產稅
☐贈與稅 稅額在 30 萬元以上，分_____期繳納。

　　　　☐被繼承人：　　　　　，身分證統一編號：
　　　　☐贈　與　人：　　　　　，身分證統一編號：

三、其他：

檢附資料：☑繳款書1份
　　　此　　致
財政部○○國稅局

　　　申　請　人：**陳芳芳**　印　　（簽章）
　　　身分證統一編號：A200222678
　　　通訊地址：台北市中正區衡陽路○號
　　　電　　　話：(日)23218010　　（夜）

　　　受　任　人：　　　（簽章）
　　　身分證統一編號：
　　　通訊地址：
　　　電　　　話：(日)　　　（夜）

中　華　民　國　○　○　○　年　○　月　○　日

(二)申請分期繳納

1. 須稅額在30萬元以上且納稅義務人確有困難一時無法繳納現金才可申請

　　如果遺產稅的應納稅額在30萬元以上，納稅義務人確有困難，不能一次繳納現金時，可以在遺產稅繳納期限內，向該管稽徵機關申請，分18期以內繳納；每期間隔以不超過二個月為限③。等於納稅義務人最多可以在三年內分18期繳納遺產稅款，就如同在繳「會錢」一般。

2. 納稅義務人可依繳款能力提出申請

　　納稅義務人可以依自己的繳款能力向稽徵機關申請每一期要繳納的金額，如果納稅義務人沒有主張每一期要繳納的金額，稽徵機關會平均分配每期要繳納的金額，將分期的繳款書一次送交納稅義務人。例如繼承人一年後才會有比較寬裕的資金繳納遺產稅款，可向稽徵機關申請前一年內繳納較少的遺產稅額，次年繳納較多的遺產稅額。若繼承人臨時有一筆較大的金錢收入，也可提前繳納遺產稅，節省利息支出。

3. 申請分期繳納遺產稅注意事項

(1)申請分期繳納遺產稅必須符合遺產稅額在30萬元以上，且納稅義務人確有困難，不能一次繳納現金等二項要件。如果被繼承人的遺產中仍留有大筆的現金或銀行的存款足以繳納遺產稅額時，稽徵機關不會允許納稅義務人分期繳納遺產稅。

(2)申請遺產稅分期繳納，必須在遺產稅繳納期限內檢附遺產稅繳款書正本及申請書向稽徵機關提出申請。

(3)申請分期繳納遺產稅須自繳納期限屆滿之次日起，至納稅義務人繳納之日止，依郵政儲金一年期定期存款利率，分別加計利息；利率有變動時，須依變動後的利率計算利息。

●申請分期繳納遺產稅流程圖

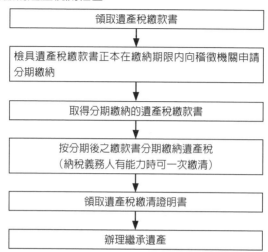

申請分期繳納遺產稅流程說明

1.領取遺產稅繳款書

　　納稅義務人申報遺產稅（請參考第42頁至第48頁之流程及說明）後，領取遺產稅繳款書。

2. 檢具遺產稅繳款書向稽徵機關申請分期繳納遺產稅

　　納稅義務人在領取遺產稅繳款書後，必須在遺產稅繳納限期內檢附遺產稅繳款書正本及申請書，向稽徵機關提出分期繳納遺產稅之申請。（以下範例表可自財政部網站下載）

3. 取得經分期後的遺產稅繳款書

　　納稅義務人向稽徵機關申請分期繳納遺產稅後，如符合遺產及贈與稅法規定，稽徵機關會依法准予分18期以內繳款，每期間隔以不超過二個月為限。

4. 按分期後之繳款書分期繳納遺產稅款

　　納稅義務人必須按稽徵機關分期之遺產稅繳款書在每期的期限內向公庫（銀行）繳納遺產稅款。納稅義務人可依自己的繳款能力提出申請，但繳納的期數不可超過遺產及贈與稅法規定的18期。原則上，納稅義務人愈早繳完遺產稅額，所支付的利息也就愈少。

5. 領取遺產稅繳清證明書

　　納稅義務人繳清所有分期的遺產稅款後，可持憑繳款書收據向稽徵機關領取遺產稅繳清證明書。

6. 辦理繼承遺產

　　納稅義務人即可依稽徵機關核發的遺產稅繳清證明書，檢附繼承遺產的相關資料，向各單位辦理遺產繼承的手續。

遺產稅分期繳納申請書填寫範例

遺產稅分期繳納申請書

本人應納 ☑遺產稅　因稅額較鉅，繳納確有困難，請准予 ☐延期　繳納。
　　　　 ☐贈與稅　　　　　　　　　　　　　　　　　　☑分期

申　　　請　　　項　　　目

一、☐遺產稅　延期__個月。　☐被繼承人：　　　，身分證統一編號：
　　☐贈與稅　　　　　　　 ☐贈 與 人：　　　，身分證統一編號：

二、☑遺產稅　稅額在 30 萬元以上，分 <u>18</u> 期繳納。
　　☐贈與稅

　　　　　☑被繼承人：張三　　　　，身分證統一編號：A103555777
　　　　　☐贈 與 人：　　　　　　，身分證統一編號：

三、其他：

檢附資料：☑繳款書 乙 份　☐委任書　☐受任人身分證明影本　☐其他：

　　　此　　致

財政部台灣省○○國稅局　○○　　　分　局
　　　　　　　　　　　　　　　　　稽徵處
　　　　　　　　　　　　　　　　　服務處

　　申 請 人：**陳芳芳**　印　　　（簽章）

　　身分證統一編號：A200222678

　　通訊地址：台北市中正區衡陽路○號

　　電　　話：(日)23218010　　　　（夜）

　　受 任 人：　　　　　　（簽章）

　　身分證統一編號：

　　通訊地址：

　　電　　話：(日)　　　　　（夜）

中　華　民　國　○○○　年　○　月　○　日

(三)申請繼承之金融機構存款辦理繳納遺產稅

　　被繼承人的遺產中若有金融機構存款，足夠繳納遺產稅時，納稅義務人如果直接提取被繼承人的存款繳納遺產稅，不僅違反遺產及贈與稅法的規定，也可能涉有偽造文書的嫌疑，此時納稅義務人可以在遺產稅繳納期限內，向稽徵機關提出申請，利用被繼承人的金融機構存款，辦理繳納遺產稅。

　　如有部分繼承人不同意以被繼承人的存款繳納遺產稅時，依財政部106年12月6日台財稅字第10600631250號解釋函示規定，繼承人可比照遺產及贈與稅法第30條第7項多數決規定，由繼承人過半數及其應繼分合計過半數之同意，或繼承人之應繼分合計逾2/3之同意提出申請，亦可以被繼承人存放於金融機構之存款繳納遺產稅。

●申請以繼承之金融機構存款辦理繳納遺產稅流程圖

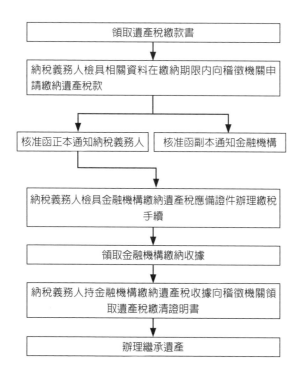

申請以繼承之金融機構存款辦理繳納遺產稅流程說明

1. 領取遺產稅繳款書

納稅義務人申報遺產稅（可參考第42頁至第48頁之流程及說明）後，領取遺產稅繳款書。

2. 檢具遺產稅繳款書向稽徵機關申請繳納遺產稅

納稅義務人在領取遺產稅繳款書後，必須在遺產稅繳納限期內檢附遺產稅繳款書正本、繼承人同意書、繼承系統表及申請書，向稽徵機關提出以繼承之金融機構存款繳納遺產稅之申請。

3. 稽徵機關通知納稅義務人及金融機構

納稅義務人向稽徵機關申請以繼承之金融機構存款繳納遺產稅，稽徵機關會分別通知納稅義務人及被繼承人存款之金融機構。

4. 繼承人檢具金融機構繳納遺產稅應備證件辦理手續

由於各金融機構對辦理轉帳繳納遺產稅款的應備證件並不一致，納稅義務人在辦理前最好先向該金融機構查詢清楚。

5. 納稅義務人以金融機構繳納收據領取遺產稅繳清證明書

納稅義務人辦完繳納遺產稅手續後，記得向該金融機構索取繳納收據，納稅義務人即可憑此收據向稽徵機關領取遺產稅繳清證明書辦理繼承遺產。

6. 辦理繼承遺產

納稅義務人即可依稽徵機關核發的遺產稅繳清證明書，檢附繼承遺產的相關資料，向各單位辦理遺產繼承的手續。

●以繼承之金融機構存款繳納遺產稅申請書

以繼承之金融機構存款繳納遺產稅申請書

　　本人於民國○○年○月○○日申報被繼承人張三（身分證字號A123456789）遺產稅一案，經　貴局核發遺產稅繳款書應納稅額為新台幣4251300元，因稅額龐大，繼承人無法籌現金繳納，今檢附繼承人同意書、繼承系統表及遺產稅繳款書正本各一份，懇請　貴局准予以繼承之台灣銀行城中分行帳號5225-8之存款辦理繳納遺產稅。

此　致

財政部台北市國稅局

　　　　　　　　　　　　　申　請　人：陳芳芳〔用印〕
　　　　　　　　　　　　　身分證字號：A200222678
　　　　　　　　　　　　　住　　　址：台北市××區××路×巷×號×樓
　　　　　　　　　　　　　電　　　話：23218010

中　華　民　國　○　○　○　年　○　○　月　○　日

●繼承人同意書

繼承人同意書

　　被繼承人張三遺產稅應納金額為新台幣4251300元，繳納期限為○○○年○○月○○日，因稅額龐大，繳納現金有困難，繼承人同意以繼承之台灣銀行城中分行帳號5225-8之存款新台幣4501234元轉帳繳納遺產稅，恐口無憑，特立此書。

此致

財政部台北市國稅局
　　　　立同意書人：陳芳芳〔用印〕
　　　　　　　　　　張大明〔用印〕
　　　　　　　　　　張大昌〔用印〕

中　華　民　國　○　○　○　年　○　○　月　○　日

● 被繼承人張三繼承系統表

被繼承人張三繼承系統表

張三
民國39年05月27日生
民國112年03月01日死亡
配偶
陳芳芳（繼承）
民國40年02月06日生

長男 張大明（繼承）
民國66年01月02日生

次男 張大昌（繼承）
民國67年07月05日生

上列繼承系統表係參酌民法第1138條至第1140條之規定訂立，如有遺漏或錯誤致他人受損害者，申請人願負法律責任。

申請人：

陳芳芳 印
張大明 印
張大昌 印

中　華　民　國　○　○　○　年　○　月　○　日

(四)申請以實物抵繳

1. 必須遺產稅額在30萬元以上且納稅義務人確有困難才可申請實物抵繳

　　遺產稅應納稅額在30萬元以上，納稅義務人確有困難，不能一次繳納現金時，可以在遺產稅繳納期限內，向該管稽徵機關申請以遺產稅的課徵標的物（如被繼承人遺產中的公共設施保留地）或並非遺產稅的課徵標的物，但「易於變價及保管」的實物（如繼承人所有之上市股票）一次抵繳。

2. 可申請實物抵繳的物品

　　申請實物抵繳遺產稅的物品不論是遺產稅的課徵標的物或是其他的財產，納稅義務人都可提出申請，如遺產中之股票、公共設施保留地、墓地、靈骨塔位、黃金、珠寶、字畫、債權、古董

等。依遺產及贈與稅法規定，只要是中華民國境內的遺產稅課徵標的物（指計入本次遺產總額並經課徵遺產稅之遺產，其所在地於中華民國境內者）⑥，若符合抵繳的條件，稽徵機關應會准予抵繳。但抵繳的實物如果不是中華民國境內的遺產稅課徵標的物，就必須符合「易於變價及保管」的條件。實務上，納稅義務人運用抵繳遺產稅的實物大都是以遺產中的公共設施保留地居多。

3. 實物抵繳遺產稅的價值計算⑦

(1) 納稅義務人申請以繼承或受贈中華民國境內之課徵標的物抵繳遺產稅或贈與稅者，其抵繳價值之計算，以該項財產核課遺產稅或贈與稅之價值為準。

(2) 抵繳的標的物如果為折舊或折耗性的財產時，應扣除繼承發生日至申請抵繳日的折舊或折耗額；如果有設定他項權利（如抵押權設定）時，應扣除該項權利的價值或擔保的債權額。

(3) 納稅義務人申請以課徵標的物以外的財產（如繼承人本身的財產）抵繳遺產稅時，抵繳價值的計算，以「申請日」為準，並不是以被繼承人死亡日為準，並可以遺產稅估價的規定辦理。

4. 以實物抵繳遺產稅注意事項

(1) 申請遺產稅實物抵繳，必須在遺產稅繳納期限內檢附相關資料向稽徵機關提出申請。

(2) 遺產稅應納稅額必須在30萬元以上。

(3) 必須納稅義務人確有困難，不能一次繳納現金。若遺產中仍留有大筆現金或銀行存款足以繳納遺產稅款時，稽徵機關不會允許納稅義務人以實物抵繳方式繳納遺產稅，但可以申請提領該筆存款，辦理繳納遺產稅。

(4) 納稅義務人得就現金不足繳納部分向稽徵機關申請以在中華民國境內之課徵標的物或納稅義務人所有易於變價及保管之實物一次抵繳。

(5) 中華民國境內之課徵標的物屬不易變價或保管，或申請抵繳日之時價較死亡或贈與日之時價為低者，其得抵繳之稅額，以該項財產價值占全部課徵標的物價值比例計算之應納稅額為限。

(6) 以股票抵繳遺產稅時，遺產稅應納稅額必須在新臺幣30萬元以上，且現金繳納確有困難時，繼承人可於納稅期限內，就現金不足繳納部分，申請以遺產中上市或上櫃公司股票來抵繳遺產稅款。繼承人申請以被繼承人所遺上市或上櫃公司股票抵繳遺產稅時，關於每股價值計算抵繳稅額之股數，如該股票申請抵繳日之收盤價較死亡日為「高」時，以該股票之核定每股遺產價值計算欲抵繳稅額之股數，若該股票申請抵繳日之收盤價較死亡日為「低」者，其得抵繳之稅額，以該檔股票核定價值占全部課徵標的物價值比例計算之應納稅額為限；該股票抵繳之單價，以核課遺產稅之價值（即死亡日之收盤價）計算之。

例如：被繼承人遺產稅經核定全部課徵標的物價值為8,000萬元，應納稅額為500萬元，因被繼承人未遺留現金或存款，亦無死亡前2年內贈與繼承人現金或存款等情形，繼承人申請以甲君所遺A上市公司股票40,000股【核定遺產價值400萬元（40,000股×死亡日每股收盤價100元）】抵繳稅款，其得抵繳遺產稅之限額將視A上市公司股票於申請抵繳日較死亡日之收盤價高低而定：

A.若申請抵繳日之收盤價為每股120元（高於被繼承人死亡日之收盤價100元），可申請以遺產中該股票40,000股之核定遺產價值抵繳遺產稅400萬元。

B.如申請抵繳日收盤價為每股90元（低於被繼承人死亡日之收盤價100元），該股票得抵繳遺產稅的限額為25萬元【本稅500萬元×（A公司股票核定遺產價值400萬元／全部遺產課徵標的物價值8,000萬元）】，並以死亡日收盤價換算，可

申請抵繳股數爲2,500股（抵繳稅額25萬元／死亡日每股單價100元）。

繼承人申請實物抵繳時，如無法取得全體繼承人同意，可依遺產及贈與稅法第30條第7項[8]規定，由繼承人過半數及其應繼分合計過半數之同意，或繼承人之應繼分合計逾三分之二之同意，於納稅期限內提出申請，以免逾期被國稅局加徵滯納金及滯納利息。

(7) 納稅義務人向稽徵機關申請以公共設施保留地抵繳遺產稅時，必須是遺產稅的課徵標的物才可以抵繳[9]。換句話說，公共設施保留地必須是被繼承人的遺產，才可以抵繳遺產稅。如果公共設施保留地爲繼承人所有時，稽徵機關將會以「不易變價」爲理由，不准繼承人申請抵繳遺產稅。

(8) 納稅義務人申請抵繳之公共設施保留地，除於劃設前已爲被繼承人或贈與人所有，或於劃設後因繼承移轉予被繼承人或贈與人所有，且於劃設後至該次移轉前未曾以繼承以外原因移轉者外，得抵繳之遺產稅或贈與稅款，以依下列公式計算之金額爲限：

公共設施保留地得抵繳遺產稅或贈與稅之限額＝依本法計算之應納遺產稅額或贈與稅額×（申請抵繳之公共設施保留地財產價值÷全部遺產總額或受贈財產總額）

案例

　　志明生前買進公共設施保留地公告現值1000萬元，其遺產總額共1億元，遺產稅為800萬元，原本春嬌依舊法規定可按公共設施保留地的公告現值全額抵繳800萬元遺產稅；但新法規定只能抵繳80萬元的遺產稅。其計算方式如下：{1000萬元÷1億元}×800萬元＝80萬元

(9) 納稅義務人申請以實物抵繳遺產稅，如經向稽徵機關申請，並經稽徵機關審核函准後，就不能再申請更改以其他實物抵繳。所以納稅義務人在申請抵繳前應先考慮清楚，否則一旦經稽徵機關核准後才發現不划算，撤回抵繳申請，可能會被罰滯納金及利息。

(10) 以土地或房屋抵繳遺產稅款時，該抵繳的土地或房屋如有應納未納的其他稅款（如地價稅、土地增值稅、工程受益費等）時，應同時辦理抵繳[10]。

(11) 申請抵繳的實物價值如低於遺產稅應納稅額時，納稅義務人應於辦理抵繳時以現金補足。如抵繳的實物價值超過遺產稅應納稅額時，應等抵繳的實物處理變價後，就賣得的價款淨額，按抵繳時超過稅額部分占抵繳實物全部價額的比例，計算其應退還的價額，在處理變價完竣之日起一個月內通知納稅義務人具領[11]。

(12) 因以實物抵繳稅款涉及五區國稅局、國有財產局、各縣市政府財政單位、各縣市稅捐處（地方稅務局）、各地政事務所等單位，本書提供書表僅供繼承人在辦理抵繳稅款時參考。如繼承人在辦理實物抵繳時，各單位要求填具的表格與本書不同時，仍須以各行政及稅捐機關之表格為準。

● 不動產辦理抵繳遺產稅流程圖

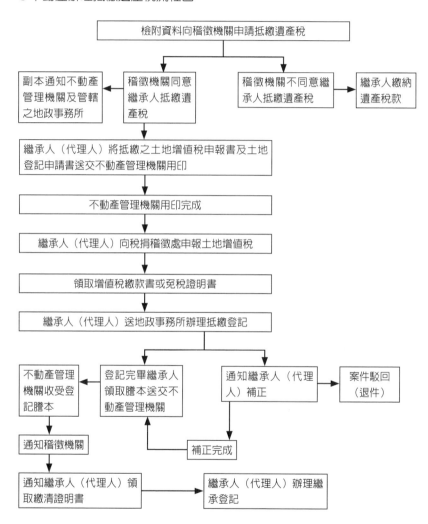

不動產辦理抵繳遺產稅流程說明

1. 申請遺產稅實物抵繳

繼承人（代理人）領到遺產稅繳款書後，應在繳納期限內，繕具抵繳的財產清單及相關資料（如應備證件A），向稽徵機關申請以不動產抵繳遺產稅。

2. 稽徵機關審核

繼承人（代理人）向稽徵機關提出申請以不動產抵繳後，經稽徵機關審核，如不符合抵繳條件時，繼承人仍然必須繳納遺產稅款，才能取得遺產稅繳清證明書辦理繼承登記；如符合抵繳條件，稽徵機關除會通知繼承人（代理人）檢附相關資料辦理不動產抵繳遺產稅的手續外，並同時通知國有財產局及抵繳不動產管轄之地政事務所。

3. 不動產管理機關用印

繼承人（代理人）在接到稽徵機關核准以不動產抵繳後，應按核准函說明（按財政收支劃分法及地方自治法規之規定，分別移轉不動產給各管理機關，稽徵機關在核准抵繳函中會註明應分給各管理機關的持分及價額），將土地登記申請書、土地增值稅申報書及相關資料（如應備證件B）送到各管理機關用印（如國有財產局）。

4. 繼承人（代理人）向稅捐稽徵處申報土地增值稅

繼承人（代理人）在領到不動產管理機關用印完成後之土地登記申請書及土地增值稅申報書後，即可檢附資料（如應備證件C）向土地轄區之稅捐稽徵處申報土地增值稅。

5. 辦理繼承及國有移轉登記

繼承人以不動產抵繳遺產稅時，仍必須辦理繼承登記後，再辦理抵繳國有之移轉登記（必須同時併案辦理），所以繼承人必

須準備繼承登記及移轉國有登記的相關證件（如應備證件D）。繼承人（代理人）資料備齊後，即可自行向不動產管轄之地政事務所辦理繼承登記及抵繳國有的移轉登記。

6. 登記完畢將土地謄本送交不動產管理機關

繼承人辦完繼承及移轉國有登記並領取土地謄本後，應將土地謄本送交不動產管理機關，經不動產管理機關核對無誤後，會行文通知稽徵機關完成國有登記，稽徵機關即會通知繼承人（代理人）領取遺產稅繳清證明書辦理繼承登記。

7. 辦理繼承登記

納稅義務人即可依稽徵機關核發的遺產稅繳清證明書，檢附繼承登記的相關資料，向各單位辦理遺產繼承的手續。

辦理不動產實物抵繳遺產稅應備證件（A）

文件名稱	文件來源	備註及注意事項
遺產稅實物抵繳申請書	自行檢附	表格向國稅局或稽徵所索取
全體繼承人抵繳同意書	自行檢附	表格向國稅局或稽徵所索取
土地或建物登記簿謄本	向地政事務所申請	
地籍圖謄本	向地政事務所申請	
分區使用證明書	市政府或鄉鎮市公所	
遺產稅繳款書正本	自行檢附	
委託書	自行檢附	委託他人辦理時檢附

應備證件 A

遺產稅、贈與稅實物抵繳申請書

本人應納　☑遺產稅　☑本稅　　金額逾30萬元以上，因稅額較鉅，不能一次繳納現金，

　　　　　☐贈與稅　☐罰款

請准予實物抵繳。

申　　　　　請　　　　　明　　　　　細

一、☑遺產稅額：☑本稅 15546442 元，被繼承人姓　名：張三

　　　　　　　☐罰鍰　　　元，身分證統一編號：A103555777

　　☐贈與稅額：☐本稅　　　元，贈與人姓名：

　　　　　　　☐罰鍰　　　　身分證統一編號：

　　　　　　　繳納期限　○○○　年　○　月　○○　日

二、抵繳財產　☑土　地

　　　　　　　☐股　票　　詳如財產清單。

　　　　　　　☐其他

三、抵繳金額　15547417 元。

四、☑抵繳溢價　　975 元，☐同意捐贈政府。

　　　　　　　　　　　☑變價後比例退還。

　　☐抵繳不足　　　元，同意以現金繳納繳納。

檢附資料：☑遺產稅繳款書一份　　☑全體繼承人抵繳同意書一份　☑土地登記簿謄本之影本一份

　　　　　☑地籍圖謄本之影本一份　☑核定通知書影本一份　　　☑土地分區使用證明書影本一份

　　　　　☑委任書一份　　　　　☑受任人身分證明影本一份

　　此　　致

財政部○○○國稅局

申 請 人：**陳芳芳**　印　　　　（蓋章）

身分證統一編號：　A200222678

通訊地址：台北市新生北路○段○巷○號○樓

電　　話：02-23218010

受 任 人：　陳坤涵　　　　　　（簽章）

身分證統一編號：A123456789

通訊地址：台北市中正區○○街○號○樓

電　　話：02-23218010

中 華 民 國　　　○○○　　　年　　　○　　　月　　　○　　　日

應備證件 A

全體繼承人抵繳同意書

○○○年○月○日

一、 被繼承人張三遺產稅應納稅額 15546442 元，繳納期限○○年○月○日，因繳納現金有困

　　難，全體繼承人同意提供下列財產抵繳，

　　□抵繳尚有不足部分，同意以現金繳納。

　　□抵繳尚有溢價部分，同意捐贈政府。

　　☑抵繳尚有溢價部分，同意依遺產及贈與稅法施行細則第□□條規定俟變價後比例退

　　　還。

二、 下列財產如經辦妥國、市有登記後，原核定遺產稅因更正或經行政救濟確定產生溢繳稅

　　款時，若已處分變價，則依溢繳比例退還價額；若尚未處分變價，全體繼承人同意

　　☑退還與溢繳價值相當部分之土地。

　　□俟變價後按溢繳比例退還價額。

恐口無憑，特立此書。

此致

財政部○○○國稅局

立同意書人（納稅義務人）：

陳 芳 芳 印

張 大 明 印

張 大 昌 印

抵繳遺產稅不動產明細表

土　地　標　示	地目	核定面積（㎡）	核定持分	抵繳持分	每平方公尺抵繳單價	抵繳價額
台北市大安區○○段○小段○○地號	道	64	全部	8866/10000	274000 元	15547417 元

遺產稅申請實物抵繳委任書

茲為 被繼承人 張三 ○○年度遺產稅案 ，申請辦理實物抵繳（詳如實物抵繳財產清單），特委任 陳坤涵 君處理下列事務：

一、代為辦理遺產稅實物抵繳之一切事宜。

二、代理受領遺產稅繳款書、核定通知書、繳清證明書及其他有關文件。

附帶聲明：

受任人領取繳款書後（含郵寄送達簽收），如逾期繳納或未繳本稅、罰鍰及應加徵之滯納金與利息概由受任人負責並願受強制執行。

	姓　　名	身分證統一編號	住　　　　　　　　址	電　　話	簽　　章
委任人	陳芳芳	A2000222678	台北市○○路○段○巷○號○樓	(02) 23218010	
受任人	陳坤涵	A100600700	台北市中正區○○街○號○樓	(02) 23218010	
中　華　民　國　○　○　○　年　○　月　○　日					

第一聯：國稅局存查

第二聯：隨案檢送國有財產局

抵繳不動產向國有財產局申請用印時應備證件（B）

文件名稱	文件來源	備註及注意事項
申請書	國有財產局	
切結書	國稅局	
提供抵繳遺產稅土地無棄置廢棄物切結書	國有財產局	
全體繼承人抵繳同意書	國稅局	
提供抵繳遺產稅房地產負擔登記費及書狀費用同意書	國稅局	
提供抵繳遺產稅房地產權說明書	國稅局	
繼承系統表	自行檢附	
土地分區使用證明書影本	向市政府或鄉鎮市公所申請	
土地（建物）登記簿謄本影本	向地政事務所申請	
國稅局核准函影本	自行檢附	
土地增值稅申報書	向稅捐稽徵處索取	
土地登記申請書2份	向地政事務所索取	
登記清冊2份	向地政事務所索取	

附註：
以上之文件如有影本時，須在影本空白處加註「本影本與正本相符，如有不實，願負法律責任」字樣，並蓋章切結。

申　　　請　　　書

受文者：財政部國有財產局台灣北區辦事處

　　　　（台北市大安區忠孝東路4段290號3樓）

主旨：檢送抵繳被繼承人 張三 遺產稅之台北市○○區○○段○小段○○○地

　　　號等一筆土地現值申報書一式二聯1份及抵繳登記申請案一宗暨說明項

　　　文件，請惠予用印。

說明：檢送證件如下：1.切結書正本 2.抵繳土地無棄置廢棄物切結書 3.抵繳

　　　同意書 4.負擔登記書狀費用同意書 5.抵繳房地產權說明書 6.繼承系

　　　統表 7.土地分區使用證明書影本 8.土地（建物）登記謄本影本 9.國稅

　　　局核准函影本。

　　　取件方式：☐郵寄送達　　　☑親自領取

申請人：**陳芳芳**　㊞　簽章

代理人：　陳坤涵　　㊞

通訊地址：10049 台北市中正區○○○街○號○樓

電話：(02) 23218010

中　華　民　國　○　○　○　年　○　月　○　日

應備證件 **B**

切　結　書

本人陳芳芳、張大明、張大昌等三人申請以土地抵繳遺產稅，業經財政部台北市國稅局民國○○○年○月○日財北國稅徵字第 0970230999 號函核准在案。茲聲明該抵繳之土地倘在未經辦妥移轉登記為國有財產前，經政府公告徵收時，其徵收補償價款，應由財政部國有財產局或其所屬機關具領，本人等絕無異議，特具切結書是實。

抵繳遺產稅土地明細表				
種類	座落	面積	持分	備註
土地	台北市○○區○○段○小段○○地號	64.00 ㎡	8866/10000	

合計：一筆

立具切結書人即納稅義務人：

　　　　　　陳　芳　芳 印

　　　　　　張　大　明 印

　　　　　　張　大　昌 印

中　華　民　國　　○○○　年　　○　月　　○　日

提 供 抵 繳 遺 產 稅 土 地 無 棄 置 廢 棄 物 切 結 書

　　下列提供被繼承人張三遺產稅之土地，於提供抵繳時，絕無非法棄置廢棄物情事，倘日後發現抵稅時已有廢棄物存在，納稅義務人仍應負清除之責，如納稅義務人無法於期限內清除，任由稅捐機關撤銷原處分，絕無異議。

此致

財政部○○○國稅局

立具切結書人即納稅義務人：

陳　芳　芳　印

張　大　明　印

張　大　昌　印

抵繳遺產稅不動產明細表				
種類	座落	面積	抵繳持分	備註
土地	台北市○○區○○段○小段○○地號	64 ㎡	8866/10000	

中　華　民　國　　○　○　○　　年　　○　　月　　○　　日

應備證件 **B**

全體繼承人抵繳同意書

○○○年○月○日

三、 被繼承人張三遺產稅應納稅額 15546442 元,繳納期限○○○年○月○日,因繳納現金有
困難,全體繼承人同意提供下列財產抵繳,

　　□抵繳尚有不足部分,同意以現金繳納。

　　□抵繳尚有溢價部分,同意捐贈政府。

　　☑抵繳尚有溢價部分,同意依遺產及贈與稅法施行細則第 48 條規定俟變價後比例退
　　還。

四、 下列財產如經辦妥國、市有登記後,原核定遺產稅因更正或經行政救濟確定產生溢繳稅
款時,若已處分變價,則依溢繳比例退還價額;若尚未處分變價,全體繼承人同意

　　☑退還與溢繳價值相當部分之土地。

　　□俟變價後按溢繳比例退還價額。

恐口無憑,特立此書。

此致

財政部○○○國稅局

立同意書人(納稅義務人):

陳 芳 芳 [印]

張 大 明 [印]

張 大 昌 [印]

抵繳遺產稅不動產明細表

土 地 標 示	地目	核定面積(㎡)	核定持分	抵繳持分	每平方公尺抵繳單價	抵繳價額
台北市大安區○○段○小段○○地號	道	64	全部	8866/10000	274000 元	15547417 元

應備證件 **B**

提供抵繳遺產稅房地產負擔登記費及書狀費同意書

本人陳芳芳、張大明、張大昌等三人申請以土地抵繳遺產稅，其因申辦繼承及

移轉登記所需之登記費及書狀費，願由本人等一方全部負擔，絕無異議，特具

同意書是實。

此致

財政部○○○國稅局

立具切結書人即納稅義務人：

陳 芳 芳 印

張 大 明 印

張 大 昌 印

中 華 民 國　　○ ○ ○　　年　　○　　月　　○　　日

應備證件 **B**

提供抵繳遺產稅房地產權說明書

下列提供抵繳張三遺產稅之房地產，於提供抵繳前絕無「被侵占」、「種有長期地上作物及建有房舍」、「已出售未辦理所有權移轉登記」、「訂有三七五租約以外之長期租約」、及「其他足致產權糾紛之情形」，於提供抵繳後，亦不擅自「設定擔保物權」、「種植長期地上物及建築房舍」、「另行出售」及「另訂三七五租約以外之長期租約」。如日後發現有上述情形，致難於辦理抵繳登記為國有財產時，願依有關法令規定處理。

此致

財政部○○○國稅局

說明人即納稅義務人：

陳 芳 芳 印

張 大 明 印

張 大 昌 印

提供抵繳稅款之房地產如下：

遺產種類	所在地或名稱	遺產數量	持分	核定價額	備註
土地	台北市○○區○○段○小段○○地號	64 ㎡	8866/10000	15547417元	

中 華 民 國 ○ ○ ○ 年 ○ 月 ○ 日

● 被繼承人張三繼承系統表

被繼承人張三繼承系統表

張三　　　　　　　　　　　　　　　　　　長男 張大明（繼承）
民國39年05月27日生　　　　　　　　　　民國66年01月02日生
民國112年03月01日死亡
配偶　　　　　　　　　　　　　　　　　　次男 張大昌（繼承）
陳芳芳（繼承）　　　　　　　　　　　　　民國67年07月05日生
民國40年02月06日生

上列繼承系統表係參酌民法第1138條至1140條之規定訂立，如有遺漏或錯誤致他人
受損害者，申請人願負法律責任。

　　　　　　　　　　　　　　　　　　　　申請人：
　　　　　　　　　　　　　　　　　　　　　　陳芳芳　㊞
　　　　　　　　　　　　　　　　　　　　　　張大明　㊞
　　　　　　　　　　　　　　　　　　　　　　張大昌　㊞

中　　華　　民　　國　　○　　○　　○　　年　　○　　月　　○　　日

應備證件 **B**

實物抵繳附件（一）－全部財產清單

財產種類	所有人	所在地或名稱	財產數量	持分	核定價額	備註
土地	張三	台北市○○區○○段○小段○○地號	乙筆	$\frac{8866}{10000}$	15547417元	

☑被繼承人：張三

實物抵繳附件（二）－不動產財產清單

財產標示	所有人	地目	核定面積（m²）	核定持分	抵繳面積（m²）	抵繳持分	每平方公尺核定抵繳單價	抵繳價額
台北市○○區○○段○小段○○地號	張三	道	64m²	1/1	56.74m²	8866/10000	274000 元	15547417元
合　計								

被繼承人：張三

（下面這一欄申報人不必填寫）

地 政 事 務 所		
收 文	日期	
	字號	
通 知 日 期		

土地增值稅（土地現值）申報書
第2聯：本聯供稽徵機關查定土地增值稅

（下面這一欄申報人不必填寫）

稽 徵 機 關		
收 文	日期	
	號碼	

①	受 理 機 關				台北市稅捐稽徵處○○ 分處	

②	土 地 坐 落			③移轉或設典比率	④土地面積（平方公尺）	⑤原規定地價或前次移轉現值	⑥申報現值
鄉市區	段	小段	地號地目	☐全筆	整 筆 64	原因發生日期○○年○月○日	☐綜合公告土地現值每平方公尺 元計課
○○	○	○	678	☑持分 8866 / 10000	移轉或設典面積 56.74	每平方公尺 00000元	☑按每平方公尺 247,000 元計課

⑦ 本筆土地契約所載金額 15,547,417元 ⑧有無「遺產及贈與稅法」第5條規定視同贈與各款情事之一 ☐有 ☑無

上列土地於民國○○○年○月○日訂約之☐買賣☐贈與配偶贈與☐交換☐共有土地分割☐設定典權☐土地併併☑抵繳稅款，依法據實申報現值如上。

⑨ ☐檢附土地改良費用證明書 張，工程受益費繳納收據 張，重劃費用證明書 張，捐贈本筆公告現值證明文件 張，請依法扣除土地漲價總數額。
☐本筆土地符合「土地稅法第34條第1項至第4項規定」☐全部部分（第 層供自用住宅使用面積 平方公尺，非自用住宅使用面積 平方公尺）符合自用住宅用地條件。
☐土地稅法第34條第5項規定（另附申請適用土地稅法第34條第5項規定申明書）
茲檢附建築改良物資料影本 份，戶口名簿影本 份，請按自用住宅用地稅率核課。
☐本筆土地為農業用地，茲檢附農業用地作作農業使用證明書等相關證明文件 份，請依土地稅法第39條之2第1項規定不課徵土地增值稅，☐並申請於89年1月28日土地稅法修正生效當期公告土地現值調整原值。
☐本筆土地於89年1月28日土地稅法修正公布生效時，作為農業使用之農業用地，茲檢附相關證明文件 份，請依修正生效當期公告土地現值為原土地價值課徵土地增值稅。
☐本筆土地為公共設施保留地，茲檢附相關證明文件 份，請依土地稅法第39條第2項規定免徵土地增值稅。
☐本筆土地為配偶相互贈與之土地，茲檢附相關證明文件 份，請依土地稅法第28條之2規定不課徵土地增值稅。
☐本筆土地符合 規定，茲檢附有關證明文件，請准予 土地增值稅。

⑨ 茲委託 ○○○ 君代辦土地申報、領取土地增值稅繳款書或免稅/不課徵證明書及應納未納的土地稅繳款書，工程受益費繳款書等事項。

⑩申報人		姓 名 或 名 稱	國民身分證號碼 或統一編號	出 生 年	權利範圍	戶籍地址						益	章	電 話
						縣市	鄉鎮市區	村里	鄰	街路	段 巷 弄 號 樓			
	義務人	權利人及義務人詳如附表												
	義務人			1 2										
	權利人													
	代理人	陳坤涵	A121000000	55 11 28	100	台北市中正區梅花里6鄰紹興北街8號7樓								232-18010 0937-199444

⑫填報日期 中華民國 年 月 日
⑬繳納書送達 ☐郵寄送達 / 受送達人： 地址：☐☐☐
方式 ☑親自領取（本欄如未勾劃者視為親自領取）

⑭移轉後新所有權人地價稅繳款書等寄送地址：☑同⑪欄內容 ☐戶籍地址、通訊地址 ☐請寄：☐☐☐

⑮本案土地係購自自住並於9月22日前遷入戶籍（或補列特列稅率或符合減免地價稅）條件者。**請務必擇一勾選：**
☑茲先提出申請，俟辦妥登記後補列有關證明文件，於當年9月22日前符合適用自住稅率（或特列稅率或減免地價稅）條件者，准自當年起適用。
☐不申請。

稅 額 查 定 基 本 資 料 表 原土地所有權人：

重測（劃）前土地標示	段	小	段地	號	原規定地價或前次移轉現值 元	單	價 平方公尺 元	移轉日期起至 訖月數	每平方公尺現值 元	公告現值	審核 人員 意見
已課工程受益費或土地改良費及土地增值稅改良物或現值總額	本宗土地面積 平方公尺	本宗土地金額 元	每平方公尺金額 元	本次移轉面積 M²	本次移轉價計額	底價或計算單位元					

稅地種類代號：以打 V 表示								

1. 宗地面積 平方公尺								
		自住/稅種		一般/稅種		一般/稅種		免稅/稅種
2. 移轉持分 /		自用買賣 01	信託歸屬 30	促產記存 49	農地贈與 78
3. 移轉現值 每平方公尺 元		一生一屋 02	一般買賣 31	其他記存 50	農地分割 79
		自用交換 03	一般交換 32	都更記存 51	農地分割 80
4. 原規定地價或前次移轉現值 每平方公尺 元		自用典贈 04	一般典贈 33	水一般 2 0 52	農地免稅 81
5. 物價指數		自用法拍 05	一般法拍 34	水一般 3 0 53	徵收免稅 82
6. 改良土地費用 元		自用合併 10	一般合併 35	水一般 4 0 54	協議價購 83
		自用重劃 11	一般法拍 36		農地合併 84
7. 空地未改良移轉加徵比例（+） %		水一般 2 0 12	一般合併 40	免稅/稅種	農地收回 85
		水一般 3 0 13	一般免稅 41	信託取得 70	信託移轉 86
8. 空地改良移轉減徵比例（－） %		水一般 5 0 14	信託取回 42	公有移轉 71	勝財不課 88
			判決移轉 43	政府受贈 72	配偶贈與 89
9. 重劃後第一次移轉減徵比例（－） %			最低稅率 44	受贈移轉 73	都市免稅 90
			最低稅率 45	社福受贈 74	視為農地 91
10. 增值之地價稅 %或 元		一般/稅種	抵繳稅款 46	私校受贈 75	公同共有 92
		都更減徵 28	遺 贈 47	領慈出地 76	水利不課 93
11. 已繳納稅款 元		適用自用住宅用地稅率面積	分期出售 77	農地徵收 77	
資料查證人員	登記計算人員	覆核人員	股 長	審核員	主任

注意事項：一、本申報書需填寫1式2聯，如第⑪欄所留空格不夠填寫時，另依格式用紙黏貼於該聯之後，加附騎縫蓋章並另編填序號。二、本聯應蓋妥印鑑或加蓋等級章。三、上面格式雙欄以上之本欄由申報人參照現況自行填寫，雙欄以下之欄由稽徵機關填寫。四、本⑥欄為☑綜合□按平方公尺 元計課，一項，有歸項、納稅及其乃適用申報當期公告現值計課，查改，把握情事者不予改併。其餘各欄如有左列情事，加蓋與申報書同戳之文字記載。五、依土地稅法第49條規定申報土地移轉現值應檢附之影本及有關文件。六、權利人住址在國外者，請在本申報書⑪欄後另一行填寫在國內之納稅代理人姓名、國民身分證統一編號及住址。

附表

權利人及義務人	姓名或名稱	國民身分證號或統一編號	出生年月日	權利移轉範圍	戶籍地址	蓋章
義務人	陳芳芳	A200222678	40.2.6	8866	台北市○○區○○里○○鄰○○路○巷○○號○樓	印
義務人	張大明	F122333567	66.1.2	10000	台北市○○區○○里○○鄰○○路○巷○○號○樓	印
義務人	張大昌	F123789355	67.7.5		台北市○○區○○里○○鄰○○路○巷○○號○樓	印
權利人	國有財產局			8866		
				10000		

〔辦理繼承登記使用〕

S070000200-1

| 收件 | 日期 | 年 月 日 時 | 收件 | 分 | 元 |
| | 字號 | 字第 號 | 者章 | | 字 號 |

| 連件序別 | 共 2 件 | 第 1 件 |
| （非連件者免填） | | |

登記費　　　　元
書狀費　　　　元
罰鍰　　　　　元
合計　　　　　元
收件者
核算者

土　地　登　記　申　請　書

(1) 受理機關　　　縣　　古亭地政事務所　　　□跨所申請　資料管轄機關　縣　台北市　古亭地政事務所

(2) 原因發生日期　中華民國 112 年 3 月 1 日

(3) 申請登記事由（選擇打✓一項）
　□ 所有權第一次登記　　　(4) 登記原因（選擇打✓一項）
　✓ 所有權移轉登記　　　□ 第一次登記
　□ 抵押權登記　　　□ 買賣　□ 贈與　✓ 繼承　□ 分割繼承　□ 拍賣　□ 共有物分割
　□ 抵押權塗銷登記　　　□ 設定　□ 法定
　□ 抵押權內容變更登記　　　□ 清償　□ 拋棄　□ 混同　□ 判決塗銷
　□ 標示變更登記　　　□ 權利價值變更　□ 權利內容等變更
　　　□ 分割　□ 合併　□ 地目變更
　　　□

(5) 標示及申請權利內容　詳如　□ 契約書　✓ 登記清冊　□ 複丈結果通知書　□ 建物測量成果圖

(6) 附繳證件
　1. 戶籍謄本 4 份
　2. 國稅局核准函正影本各 1 份
　3. 土地所有權狀 1 份
　4. 繼承系統表 1 份
　5.
　6.

	7.	權利人電話	23218010；0937199444
	8.	義務人電話	
	9.	代理人聯絡電話	2395-5008
(8) 聯絡方式		傳真電話	
		電子郵件信箱	z2605@ms47.hinet.net
		不動產經紀業名稱及統一編號	
		不動產經紀業電話	

(7) 委任關係　本土地登記案之申請委託　陳申湞　代理。　　複代理。委託人確為登記標的物之權利人或權利關係人，並經核對身分無誤，如有虛偽不實，本代理人（複代理人）願負法律責任。印

(9) 備註

S0700000200-1

(10)申請人	(11)權利人或義務人	(12)姓名或名稱	(13)出生年月日	(14)統一編號	縣市	鄉鎮市區	村里	鄰	街路	段	巷	弄	號	樓	(16)簽章
	被繼承人	張三	112.03.01死亡	A200222678											
	繼承人	陳芳芳	40.02.06	F122333567	台北	中山									印
	繼承人	張大明	66.01.02	F123789355	台北	中山									印
	繼承人	張大昌	67.07.05		台北	中山									印
	代理人	陳坤涵	45.11.28	A12100000	台北	中正	梅花	6	紹興北				8	7	印

本案處理經過情形（以下各欄申請人請勿填寫）

初審	複審	審核	定	登簿	校簿	書狀列印	校狀	書狀用印	歸檔
				地價異動	通知領狀	異動通知	交付發狀		

〔辦理繼承登記使用〕

登記清冊			申請人	陳芳印	張大明印	張大昌印	簽章
土地標示	(1)坐落	鄉鎮市區	○○				
		段	○○				
		小段	○				
	(2)地號		○○				
	(3)面積（平方公尺）		64				
	(4)權利範圍		8866／10000				
	(5)備註						

(6)建	號				
(7)門牌	鄉鎮市區				
	街 路				
	段 巷 弄				
	號 樓				
(8)建物坐落	段				
	小段				
	地號				
(9)面積（平方公尺）	一層				
	二層				
	層				
	層				
	層				
	共計				
(10)用途					
附屬建物面積（平方公尺）					
(11)權利範圍					
(12)備註					

建　　物　　標　　示

S070000200-1

【辦理抵繳稅款使用】

土 地 登 記 申 請 書

收件	日期	年 月 日 時 分	收件 者章		連件序列 （非連件 者免填）	共 2 件 第 2 件		登記費		元	合計	元
	字號	字 第 號						書狀費		元	收據	字 號
								罰 鍰		元	核算者	

(1) 受理機關　○○縣 ○○地政事務所　資料管 □跨所申請 轄機關　○○縣 ○○地政事務所

(2) 原因發生日期　中華民國 000 年 0 月 00 日

(3) 申請登記事由 （選擇打✔一項）
- ☑ 所有權第一次登記
- ☑ 所有權移轉登記
- □ 抵押權登記
- □ 抵押權內容變更登記
- □ 標示變更登記

(4) 登記原因 （選擇打✔一項）
- □ 第一次登記
- □ 買賣 □ 贈與 □ 繼承 □ 分割繼承 □ 拍賣 ☑ 抵繳稅款
- □ 設定 □ 法定
- □ 清償 □ 拋棄 □ 混同 □ 判決塗銷
- □ 權利價值變更 □ 權利內容等變更
- □ 分割 □ 合併 □ 地目變更

(5) 標示及申請權利內容　詳如 □契約書 ☑登記清冊 □複丈結果通知書 □建物測量成果圖

(6) 附繳證件
1. 戶籍謄本 本案用第一件
2. 國稅局核准函影本 本案用第一件
3. 土地所有權狀本案用第一件
4. 完稅證明 1 份
5.
6.
7.
8.
9.

(7) 委任關係　本土地登記案之申請委託 陳坤海 代理。 複代理。
本土地登記案之申請委託本人確為登記標的物之權利人或權利關係人，並經核對身分無誤，如有虛偽不實，本代理人（複代理人）願負法律責任。 印

(8) 聯絡方式
	權利人電話	
義務人電話		
代理人聯絡電話	23218010；0937199444
傳真電話	2395-5008
電子郵件信箱	z2605@ms47.hinet.net
不動產經紀業名稱 及統一編號	
不動產經紀業電話	

(9) 備註

S0700000200-1

(10)申請人	(11)權利人或義務人	(12)姓名或名稱	(13)出生年月日	(14)統一編號	(15)住所 縣市	鄉鎮市區	村里	鄰	街路	段	巷	弄	號	樓	(16)簽章
申請人	義務人	陳芳芳	40.02.06	A200222678	台北	中山									印
	義務人	張大明	66.01.02	F122333567	台北	中山									印
	義務人	張大昌	67.07.05	F123789355	台北	中山									印
	權利人	國有財產局													
代理人		陳坤涵	45.11.28	A12100000	台北	中正	梅花	6	紹興北				8	7	印

本案經理情形（以下各欄申請人請勿填寫）						
初審	複審	審核	登薄	校薄	書狀列印	校狀
書狀用印	地價異動	通知領狀	異動通知	交付發狀	歸檔	

〔辦理抵繳稅款使用〕

登記清冊

申請人章：陳芳芳印　張大明印　張大昌印　國產局印　簽

登記項目		清冊	申請人章					
土地標示	(1)坐落	鄉鎮市區	○○					
		段	○○					
		小段	○					
	(2)地號		○○					
	(3)面積（平方公尺）		64					
	(4)權利範圍		8866/10000					
	(5)備註							

建物標示				
(6) 建號				
(7) 門牌	鄉鎮市區			
	街路			
	段巷弄			
	樓號			
(8) 建物坐落	段			
	小段			
	地號			
(9) 面積（平方公尺）	層			
	二層			
	層			
	層			
	共計			
(10) 附屬建物	用途			
	面積（平方公尺）			
(11) 權利範圍				
(12) 備註				

向稅捐稽徵處申報土地增值稅時應備證件應備證件（C）

文件名稱	文件來源	備註及注意事項
土地增值稅申報書	向稅捐稽徵處索取	
繼承系統表	自行檢附	
被繼承人除戶謄本	向戶政事務所申請	
繼承人現戶謄本	向戶政事務所申請	
土地登記簿謄本影本	向地政事務所申請	
國稅局核准函影本	自行檢附	
土地分區使用證明書影本	向市政府或鄉鎮市公所申請	

附註：

以上之文件如有影本時，須在影本空白處加註「本影本與正本相符，如有不實，願負法律責任」字樣，並蓋章切結。

抵繳不動產向地政事務所辦理繼承及抵繳登記時應備證件（D）

文件名稱	文件來源	備註及注意事項
土地登記申請書（繼承）	向地政事務所索取	
登記清冊（繼承）	向地政事務所索取	
繼承系統表	自行檢附	
被繼承人除戶謄本	向戶政事務所申請	
繼承人現戶謄本	向戶政事務所申請	
國稅局核准函影本	自行檢附	
土地（建物）權狀正本	自行檢附	
土地登記申請書（抵繳）	向地政事務所索取	經管理機關用印
登記清冊（抵繳）	向地政事務所索取	經管理機關用印
土地增值稅繳款書或免稅證明書	稅捐稽徵處	

附註：

1.以上之文件如有影本時，須在影本空白處加註「本影本與正本相符，如有不實，願負法律責任」字樣，並蓋章切結。

2.以上文件如抵繳之不動產分屬不同管轄地政事務所時，應分別檢附。

● 股票辦理抵繳遺產稅流程圖

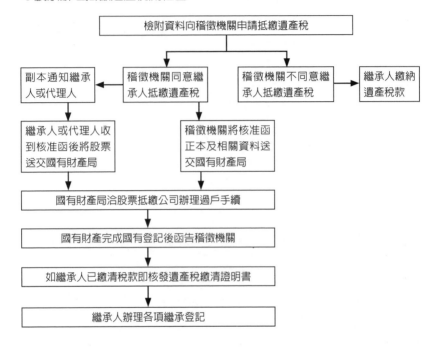

股票辦理抵繳遺產稅流程說明

1. 申請遺產稅實物抵繳

繼承人（代理人）領到遺產稅繳款書後，應在繳納期限內，檢附相關資料（應備證件E），向稽徵機關申請以股票抵繳遺產稅。

2. 稽徵機關審核

繼承人（代理人）向稽徵機關提出申請以股票抵繳後，經稽徵機關審核，如不符合抵繳條件時，繼承人仍然必須繳納遺產稅款，才能取得遺產稅繳清證明書辦理繼承登記；如符合抵繳條件，稽徵機關即會通知繼承人（代理人）於十日內，檢附抵繳的股票送交國有財產局，辦理抵繳遺產稅的手續，稽徵機關同時會檢附相關資料行文通知國有財產局。

3. 國有財產局洽股票抵繳公司辦理過戶手續

稽徵機關以公文核准繼承人以股票抵繳遺產稅後，繼承人必須填具申請書檢附股票正本及股票明細表向國有財產局洽辦股票過戶手續。國有財產局收到繼承人或代理人送交的抵繳股票後，會主動接洽該股票公司（或股務代理公司）辦理過戶給國有的相關手續。

4. 國有財產局函告稽徵機關

國有財產局辦妥國有登記後會主動發函通知稽徵機關。

5. 核發遺產稅繳清證明書

稽徵機關收到國有財產局通知後，若繼承人已繳清遺產稅款，即會通知繼承人（代理人）領取遺產稅繳清證明書辦理繼承登記。

6. 辦理繼承登記

納稅義務人即可依稽徵機關核發的遺產稅繳清證明書，檢附

繼承登記的相關資料,向各單位辦理遺產繼承的手續。

辦理股票抵繳遺產稅應備證件(E)

● 抵繳股票向國稅局申請時應備證件

文件名稱	文件來源	備註及注意事項
遺產稅實物抵繳申請書	國稅局	
全體繼承人抵繳同意書	國稅局	
遺產稅繳款書	自行檢附	
股票明細表	自行檢附	
遺產稅核定通知書影本	自行檢附	

附註:
以上之文件如有影本時,須在影本空白處加註「本影本與正本相符,如有不實,願負法律責任」字樣,並蓋章切結。

● 向國有財產局辦理抵繳股票時應備證件

文件名稱	文件來源	備註及注意事項
申請書	國有財產局	
股票正本	自行檢附	
股票明細表	自行檢附	

● 抵繳遺產稅股票明細表

股票公司名稱	股票號碼	抵繳股數	抵繳單價	抵繳價值(元)
○○股份有限公司	86-ND-017461-86-ND-017550	90000股	5.63元/股	506700元

合計:抵繳張數90張;抵繳股數:90000股;抵繳價值:506700元
股務代理:○○股份有限公司
地址:104台北市中山區○○○路○段○○號○樓
電話:(02)23218010

應備證件 E

遺產稅、贈與稅實物抵繳申請書

本人應納
☑遺產稅
□贈與稅
☑本稅
□罰款

金額逾 30 萬元以上，因稅額較鉅，不能一次繳納現金，

請准予實物抵繳。

申　　　　請　　　　明　　　　細

一、☑遺產稅額：☑本稅 21895243 元，被繼承人姓 名：張三

　　　　　□罰鍰　　　元，身分證統一編號：A103555777

　　□贈與稅額：□本稅　　　元，贈 與 人 姓 名：

　　　　　□罰鍰　　　身分證統一編號：

　　　　　繳納期限 ○○○ 年 ○ 月 ○ 日

二、抵繳財產 □土　地

　　　　　☑股　票　詳如財產清單。

　　　　　□其他

三、抵繳金額　506700 元。

四、□抵繳溢價　　　元，□同意捐贈政府。

　　　　　□變價後比例退還。

　　☑抵繳不足 21388543 元，同意以現金繳納繳納。

檢附資料：☑遺產稅繳款書一份 ☑全體繼承人抵繳同意書一份

　　　此　　致
財政部○○○國稅局

　　　　　申 請 人：**陳芳芳** 印　　　（蓋章）

　　　　　身分證統一編號： A200222678
　　　　　通訊地址：台北市○○路○段○巷○號○樓
　　　　　電　　話： 02-23218010

　　　　　受 任 人： 陳坤涵 印　　　（簽章）
　　　　　身分證統一編號：A123456789
　　　　　通訊地址：台北市中正區○○街○號○樓
　　　　　電　　話：02-23218010

中華民國　　　○○○　　　年　　　○○　　　月　　　○○　　　日

全體繼承人抵繳同意書

○○○年○月○日

一、被繼承人張三遺產稅應納稅額 21895243 元，繳納期限○○年○月○日，因繳納現金有困難，全體繼承人同意提供下列財產抵繳，

☑ 抵繳尚有不足部分，同意以現金繳納。

☐ 抵繳尚有溢價部分，同意捐贈政府。

☐ 抵繳尚有溢價部分，同意依遺產及贈與稅法施行細則第 48 條規定俟變價後比例退還。

二、下列財產如經辦妥國、市有登記後，原核定遺產稅因更正或經行政救濟確定產生溢繳稅款時，若已處分變價，則依溢繳比例退還價額；若尚未處分變價，全體繼承人同意

☐ 退還與溢繳價值相當部分之土地。

☐ 俟變價後按溢繳比例退還價額。

恐口無憑，特立此書。

此致

財政部○○○國稅局

立同意書人（納稅義務人）：

陳 芳 芳 印

張 大 明 印

張 大 昌 印

抵繳遺產稅股票明細表

股票公司名稱	抵繳股數	抵繳單價	抵繳價額
○○股份有限公司	90000 股	5.63 元/股	506700 元

應備證件 E

申　請　書

受文者：財政部國有財產局台灣○○辦事處

主旨：檢送抵繳被繼承人 張三 遺產稅之○○股份有限公司等一家股
　　　票（詳如下列清冊）、股票明細表一份（含股務代理、住址及電
　　　話）及除戶謄本一份，請　查收。

編號	股票名稱	股數	張數
1	○○股份有限公司	90000 股	90 張

申請人：　陳芳芳 印　　　　簽章

代理人：　陳坤涵 印

通訊地址：10049 台北市中正區○○路○號○樓

電話：(02) 23218010

中　華　民　國　○　○　○　年　○　月　○　日

相關法令

①**遺產及贈與稅法第8條**

遺產稅未繳清前，不得分割遺產、交付遺贈或辦理移轉登記。贈與稅未繳清前，不得辦理贈與移轉登記。但依第四十一條規定，於事前申請該管稽徵機關核准發給同意移轉證明書，或經稽徵機關核發免稅證明書、不計入遺產總額證明書或不計入贈與總額證明書者，不在此限。

②**遺產及贈與稅法第6條**

遺產稅之納稅義務人如下：

一、有遺囑執行人者，為遺囑執行人。

二、無遺囑執行人者，為繼承人及受遺贈人。

三、無遺囑執行人及繼承人者，為依法選定遺產管理人。

其應選定遺產管理人，於死亡發生之日起六個月內未經選定呈報法院者，或因特定原因不能選定者，稽徵機關得依非訟事件法之規定，申請法院指定遺產管理人。

③**遺產及贈與稅法第30條**

遺產稅及贈與稅納稅義務人，應於稽徵機關送達核定納稅通知書之日起二個月內，繳清應納稅款；必要時，得於限期內申請稽徵機關核准延期二個月。

遺產稅或贈與稅應納稅額在三十萬元以上，納稅義務人確有困難，不能一次繳納現金時，得於納稅期限內，向該管稽徵機關申請，分十八期以內繳納，每期間隔以不超過二個月為限。

經申請分期繳納者，應自繳納期限屆滿之次日起，至納稅義務人繳納之日止，依郵政儲金一年期定期儲金固定利率，分別加計利息；利率有變動時，依變動後利率計算。

遺產稅或贈與稅應納稅額在三十萬元以上，納稅義務人確有困

難，不能一次繳納現金時，得於納稅期限內，就現金不足繳納部分申請以在中華民國境內之課徵標的物或納稅義務人所有易於變價及保管之實物一次抵繳。中華民國境內之課徵標的物屬不易變價或保管，或申請抵繳日之時價較死亡或贈與日之時價為低者，其得抵繳之稅額，以該項財產價值占全部課徵標的物價值比例計算之應納稅額為限。

本法中華民國九十八年一月十二日修正之條文施行前所發生未結之案件，適用修正後之前三項規定。但依修正前之規定有利於納稅義務人者，適用修正前之規定。

第四項抵繳財產價值之估定，由財政部定之。

第四項抵繳之財產為繼承人公同共有之遺產且該遺產為被繼承人單獨所有或持分共有者，得由繼承人過半數及其應繼分合計過半數之同意，或繼承人之應繼分合計逾三分之二之同意提出申請，不受民法第八百二十八條第三項限制。

④ **遺產及贈與稅法第41條**

遺產稅或贈與稅納稅義務人繳清應納稅款、罰鍰及加徵之滯納金、利息後，主管稽徵機關應發給稅款繳清證明書；其經核定無應納稅款者，應發給核定免稅證明書；其有特殊原因必須於繳清稅款前辦理產權移轉者，得提出確切納稅保證，申請該管主管稽徵機關核發同意移轉證明書。

依第十六條規定，不計入遺產總額之財產，或依第二十條規定不計入贈與總額之財產，經納稅義務人之申請，稽徵機關應發給不計入遺產總額證明書，或不計入贈與總額證明書。

⑤ **遺產及贈與稅法第42條**

地政機關及其他政府機關，或公私事業辦理遺產或贈與財產之產權移轉登記時，應通知當事人檢附稽徵機關核發之稅款繳清證明書，或核定免稅證明書，或不計入遺產總額證明書，或不計入贈

與總額證明書，或同意移轉證明書之副本；其不能繳付者，不得
逕爲移轉登記。

⑥**遺產及贈與稅法施行細則第43條之1**
本法第三十條第四項所稱中華民國境內之課徵標的物，指依本法
規定計入本次遺產總額或贈與總額並經課徵遺產稅之遺產或課徵
贈與稅之受贈財產，其所在地於中華民國境內者。

⑦**遺產及贈與稅法施行細則第46條**
納稅義務人申請以繼承或受贈中華民國境內之課徵標的物抵繳遺
產稅或贈與稅者，其抵繳價值之計算，以該項財產核課遺產稅或
贈與稅之價值爲準。

前項抵繳之標的物爲折舊或折耗性之財產者，應扣除繼承發生日
或贈與日至申請抵繳日之折舊或折耗額；其經設定他項權利者，
應扣除該項權利之價值或擔保之債權額。

前項之他項權利爲抵押權者，其擔保之債權於抵繳後經債務人清
償，致抵繳價值超過原抵繳稅款者，準用第四十八條第一項規定
辦理。

納稅義務人申請以課徵標的物以外之財產抵繳遺產稅或贈與稅
者，其抵繳價值之計算，以申請日爲準，並準用有關遺產或贈與
財產之估價規定辦理。

⑧**遺產及贈與稅法第30條第7項**
第四項抵繳之財產爲繼承人公同共有之遺產且該遺產爲被繼承人
單獨所有或持分共有者，得由繼承人過半數及其應繼分合計過半
數之同意，或繼承人之應繼分合計逾三分之二之同意提出申請，
不受民法第八百二十八條第三項限制。

⑨**遺產及贈與稅法施行細則第44條**
被繼承人遺產中依都市計畫法第五十條之一免徵遺產稅之公共設
施保留地，納稅義務人得以該項財產申請抵繳遺產稅款。

依本法第七條第一項之規定，以受贈人為納稅義務人時，納稅義務人得以受贈財產中依都市計畫法第五十條之一免徵贈與稅之公共設施保留地申請抵繳贈與稅款。

前二項之公共設施保留地，除於劃設前已為被繼承人或贈與人所有，或於劃設後因繼承移轉予被繼承人或贈與人所有，且於劃設後至該次移轉前未曾以繼承以外原因移轉者外，得抵繳之遺產稅或贈與稅款，以依下列公式計算之金額為限：

公共設施保留地得抵繳遺產稅或贈與稅之限額＝依本法計算之應納遺產稅額或贈與稅額×（申請抵繳之公共設施保留地財產價值÷全部遺產總額或受贈財產總額）

⑩**遺產及贈與稅法施行細則第47條**

以土地或房屋抵繳應納稅款者，主管稽徵機關應查明該項土地或房屋應納未納之其他稅款同時抵繳。

⑪**遺產及贈與稅法施行細則第48條**

以實物抵繳應納稅款者，用以抵繳之實物其價額如低於應納稅額，納稅義務人應於辦理抵繳時以現金補足。其價額超過應納稅額者，應俟實物處理變價後，就賣得價款淨額，按抵繳時超過稅額部分占抵繳實物全部價額之比例，計算其應退還之價額，於處理變價完竣之日起一個月內通知納稅義務人具領。

前項所稱賣得價款淨額，指抵繳實物處分之價款，扣除各項稅捐、規費、管理及處分費用後之餘額。

依第一項及第四十五條第三項規定，應以現金補繳者，納稅義務人得依本法第三十條第二項規定申請分期繳納。

▌有部分繼承人不繳遺產稅，怎麼辦？

張三生前是個成功的企業家，擁有龐大的資產，不久前過世，留下10億元的財產，由於配偶陳芳芳、長子張大明、次子張大昌、長女張曉梅及次女張玉林等五名繼承人對遺產的分配一直無法達成協議，長子張大明主動向稽徵機關申報遺產稅並領取遺產稅繳款書，但張大明個人負擔不起這麼龐大的遺產稅額，其他繼承人因對遺產分配談不攏，所以對分擔繳納遺產稅的意願也不高，張大明眼看繳納期限一天天逼近，不知該怎麼辦？

一、遺產在分割前為繼承人所公同共有

依民法規定，繼承人有數人（一人以上）時，在分割遺產前，各繼承人對於遺產全部為公同共有[①]。既然被繼承人的遺產在繼承人分割遺產前是公同共有狀態，繼承人如要對遺產使用、收益或處分（出售或抵押貸款）等，必須得到全體公同共有人（全體繼承人）的同意才可以。

二、遺產稅未繳清前不得分割遺產

依遺產及贈與稅法規定，遺產稅沒有繳清前，不可以分割遺產、交付遺贈或辦理繼承登記[②]。所以繼承人在未繳清遺產稅前，雖然已經繼承了遺產，但是依法是不可以辦理遺產分割繼承登記或處分遺產。繼承人如果違反了遺產及贈與稅法的規定，在遺產稅未繳清前分割或處分遺產，會有一年以下的刑責[③]。

三、遺產稅的相關處罰規定

依遺產及贈與稅法規定，繼承人未依限申報遺產稅，稽徵機關會處以應納稅額二倍以下的罰鍰④。如果遺產稅的應納稅額沒有在繳納期限內繳納，每超過三日還會被稽徵機關加徵1%的滯納金，最多加徵到10%（例如原應納遺產稅額爲100萬元，超過三十天才繳納，至少會被罰10萬元的滯納金），經加徵滯納金（10%，三十天）後仍未繳納，稽徵機關會按日加計滯納利息至繼承人繳納稅款爲止⑤。繼承人如果仍不予理會，稅捐稽徵機關就會依法移送法院對繼承人強制執行、限制繼承人出境及禁止繼承人處分財產（如土地、房屋、車子、銀行存款等，尤其以薪水轉帳的繼承人，可能因此無法領到薪水）等相關保全稅捐的措施⑥，繼承人如果到了這個時候才覺得事態嚴重，回過頭來處理遺產稅的問題，被繼承人的遺產經過稽徵機關的罰鍰、加徵滯納金及利息後，可以繼承的遺產就變少了。

四、按應繼分繳納部分稅款、罰鍰及滯納金、利息可辦理不動產公同共有繼承登記

民國84年遺產及贈與稅法修法後，繼承人依規定，可先行按自己的法定應繼分繳納部分遺產稅款、罰鍰及加徵的滯納金、利息後，可向主管稽徵機關申請核發同意移轉證明書，辦理不動產的公同共有繼承登記⑦。各繼承人如果能依以上的規定，先行按自己的應繼分，在遺產稅繳納期限內各自繳納遺產稅款，就不會被稽徵機關加處罰鍰、滯納金及利息。在規定的期限內辦理不動產的公同共有繼承登記，也不會被地政機關處以登記費罰鍰，日後繼承人間如果能達成共識，亦可再辦理遺產分割繼承登記。對於繼承人一時無法達成遺產分割協議，這是一個非常好的解決方式，案例中的張大明即可建議其他繼承人，依此一方法，先解決

遺產稅的問題，辦理不動產的公同共有繼承登記，再來協商遺產分割的相關問題。

辦理不動產公同共有繼承登記的注意事項：

(一)繼承人雖依規定繳納部分遺產稅款、罰鍰及加徵的滯納金、利息後，可向主管稽徵機關申請核發同意移轉證明書，辦妥不動產的公同共有繼承登記，但在全部應納稅款未繳清前，仍然不可以辦理遺產分割繼承登記，或以公同共有的不動產權利為處分（如出售）、變更或設定負擔登記（如抵押貸款）。

(二)繼承人在辦理公同共有繼承登記時也可依繼承人的應繼分繳納部分登記規費。

五、繼承人對遺產中的債務要負連帶責任

繼承人自繼承開始（被繼承人死亡）時，即承受了被繼承人財產上的一切權利和義務[8]，在未分割遺產前，遺產是繼承人所公同共有，對於被繼承人的債務，全體繼承人要負連帶清償的責任[9]，因此各繼承人對於應納未納的遺產稅捐，自然也要負連帶繳納的責任。繼承人按前項規定繳納應繼分部分的遺產稅款，雖可辦理不動產的公同共有繼承登記，免除被地政機關處以罰鍰的好處，但如其他的繼承人仍不繳納其應繼分部分的遺產稅款，對已繳納部分稅款的繼承人而言，仍然必須負擔繳納遺產稅（向未繳納部分）的責任。

六、同意以遺產土地抵繳遺產稅的繼承人過半數且應繼分也過半數，可以申請抵繳

對於遺產稅額龐大，繼承人無力繳納，又碰上少部分繼承人不願共同分擔遺產稅額時，繼承人可依土地法規定，以繼承人過數半數及應有部分合計過半數之同意申請以遺產中之土地抵繳遺

產稅額[11]。

依土地法規定辦理遺產土地抵繳遺產稅的條件限制：

(一)遺產稅的應納稅額必須在30萬元以上。

(二)必須遺產中沒有足夠的現金繳納遺產稅。

(三)必須同意抵繳的繼承人超過一半人數且應繼分合計超過一半。

● 申請分單繳納遺產稅流程圖

申請分單繳納遺產稅流程說明

1. 領取遺產稅繳款書

繼承人申報遺產稅（可參考第42頁至第48頁之流程及說明）領取遺產稅繳款書。

2. 檢具遺產稅繳款書及繼承系統表向稽徵機關申請分單繳納遺產稅

繼承人在領取遺產稅繳款書後，必須在繳納期限內檢附申請

書、遺產稅繳款書正本及繼承系統表，向稽徵機關提出申請分單
繳納遺產稅。

3. 取得經分單後的遺產稅繳款書

經繼承人申請分單繳納遺產稅，稽徵機關會按各申請人的應
繼分開出遺產稅繳款書。

4. 繳清部分遺產稅款

繼承人按自己的應繼分，持分單後的遺產稅繳款書分別向公
庫（銀行）繳納部分遺產稅款。

5. 領取同意移轉證明書

繼承人繳納部分遺產稅款後，可持憑繳款收據向稽徵機關領
取同意移轉證明書。

6. 辦理不動產公同共有繼承登記

繼承人可依稽徵機關核發的同意移轉證明書，檢附辦理不動
產繼承登記的相關資料，向不動產所在地的地政事務所辦理公同
共有繼承登記。

遺產稅按應繼分分單繳納稅申請書

為辦理不動產之公同共有繼承登記，請准予依遺產及贈與稅法第41條之1規定，按法定應繼分繳納部分稅款。

申　　　　請　　　　項　　　　目
被繼承人：張三　　　　身分證統一編號：A100222555
一、□全部分單。
二、☑部分分單，分＿＿＿＿＿單繳納，分單之繼承人姓名：張大明
三、其他：

檢附資料：☑繳款書　　份 ☑申請人或代表人身分證明影本 □委任書 □受任人身分證明影本
　　　　　☑申請人明細表 □其他

　　此　致

　財政部○區國稅局○○稽徵所

　　　　　申請人或代表人：　**張大明** 印　　　　　　（簽章）
　　　　　身分證統一編號：A122555999
　　　　　通訊地址：台北市中正區紹興北街8號7樓
　　　　　電　　話：(02)23218010　　　　　（夜）

　　　　　受 任 人：　　　　　　（簽章）
　　　　　身分證統一編號：
　　　　　通訊地址：
　　　　　電　　話：(日)　　　　　（夜）

中 華 民 國　　　○○○　　年　　　○○　　月　　　○○　　日

遺產稅按應繼分分單繳納稅申請人明細表

申請人姓名	身分證統一編號	地　　　　　　　　　　　　　址	電　話	簽　　章
張大明	A122555999	台北市中正區紹興北街 8 號 7 樓	23218010	張大明 印

相關法令

①**民法第1151條**

繼承人有數人時，在分割遺產前，各繼承人對於遺產全部為公同共有。

②**遺產及贈與稅法第8條第1項**

遺產稅未繳清前，不得分割遺產、交付遺贈或辦理移轉登記。贈與稅未繳清前，不得辦理贈與移轉登記。但依第四十一條規定，於事前申請該管稽徵機關核准發給同意移轉證明書，或經稽徵機關核發免稅證明書、不計入遺產總額證明書或不計入贈與總額證明書者，不在此限。

③**遺產及贈與稅法第50條**

納稅義務人違反第八條之規定，於遺產稅未繳清前，分割遺產、交付遺贈或辦理移轉登記，或贈與稅未繳清前，辦理贈與移轉登記者，處一年以下有期徒刑。

④**遺產及贈與稅法第44條**

納稅義務人違反第二十三條或第二十四條規定，未依限辦理遺產稅或贈與稅申報者，按核定應納稅額加處二倍以下之罰鍰。

⑤**稅捐稽徵法第20條**

依稅法規定逾期繳納稅捐應加徵滯納金者，每逾三日按滯納數額加徵百分之一滯納金；逾三十日仍未繳納者，移送強制執行。但因不可抗力或不可歸責於納稅義務人之事由，致不能依第二十六條、第二十六條之一規定期間申請延期或分期繳納稅捐者，得於其原因消滅後十日內，提出具體證明，向稅捐稽徵機關申請回復原狀並同時補行申請延期或分期繳納，經核准者，免予加徵滯納金。

中華民國一百十年十一月三十日修正之本條文施行時，欠繳應納

稅捐且尚未逾計徵滯納金期間者，適用修正後之規定。

⑥ **稅捐稽徵法第24條**

稅捐稽徵機關得依下列規定實施稅捐保全措施。但已提供相當擔保者，不適用之：

一、納稅義務人欠繳應納稅捐者，稅捐稽徵機關得就納稅義務人相當於應繳稅捐數額之財產，通知有關機關，不得為移轉或設定他項權利；其為營利事業者，並得通知主管機關限制其減資之登記。

二、納稅義務人有隱匿或移轉財產、逃避稅捐執行之跡象者，稅捐稽徵機關得於繳納通知文書送達後，聲請法院就其財產實施假扣押，並免提供擔保；其屬納稅義務人已依法申報而未繳納稅捐者，稅捐稽徵機關得於法定繳納期間屆滿後聲請假扣押。

納稅義務人之財產經依前項規定實施稅捐保全措施後，有下列各款情形之一者，稅捐稽徵機關應於其範圍內辦理該保全措施之解除：

一、納稅義務人已自行或由第三人提供相當擔保。

二、納稅義務人對核定稅捐處分依法提起行政救濟，經訴願或行政訴訟撤銷確定。但撤銷後須另為處分，且納稅義務人有隱匿或移轉財產、逃避稅捐執行之跡象，不辦理解除。

在中華民國境內居住之個人或在中華民國境內之營利事業，其已確定之應納稅捐逾法定繳納期限尚未繳納完畢，所欠繳稅款及已確定之罰鍰單計或合計，個人在新臺幣一百萬元以上，營利事業在新臺幣二百萬元以上者；其在行政救濟程序終結前，個人在新臺幣一百五十萬元以上，營利事業在新臺幣三百萬元以上，得由財政部函請內政部移民署限制其出境；其為營利事業者，得限制

其負責人出境，並應依下列規定辦理。但已提供相當擔保者，或稅捐稽徵機關未實施第一項第一款前段或第二款規定之稅捐保全措施者，不適用之：

一、財政部函請內政部移民署限制出境時，應同時以書面敘明理由並附記救濟程序通知當事人，依法送達。

二、限制出境之期間，自內政部移民署限制出境之日起，不得逾五年。

納稅義務人或其負責人經限制出境後，有下列各款情形之一者，財政部應函請內政部移民署解除其出境限制：

一、限制出境已逾前項第二款所定期間。

二、已繳清全部欠稅及罰鍰，或向稅捐稽徵機關提供欠稅及罰鍰之相當擔保。

三、納稅義務人對核定稅捐處分依法提起行政救濟，經訴願或行政訴訟撤銷須另爲處分確定。但一部撤銷且其餘未撤銷之欠稅金額達前項所定標準，或納稅義務人有隱匿或移轉財產、逃避稅捐執行之跡象，其出境限制不予解除。

四、經行政救濟及處罰程序終結，確定之欠稅及罰鍰合計金額未達前項所定標準。

五、欠稅之公司或有限合夥組織已依法解散清算，且無賸餘財產可資抵繳欠稅及罰鍰。

六、欠稅人就其所欠稅款已依破產法規定之和解或破產程序分配完結。

關於稅捐之徵收，準用民法第二百四十二條至第二百四十五條、信託法第六條及第七條規定。

⑦**遺產及贈與稅法第41條之1**

繼承人爲二人以上時，經部分繼承人按其法定應繼分繳納部分遺產稅款、罰鍰及加徵之滯納金、利息後，爲辦理不動產之公同共

有繼承登記，得申請主管稽徵機關核發同意移轉證明書；該登記為公同共有之不動產，在全部應納款項未繳清前，不得辦理遺產分割登記，或就公同共有之不動產權利為處分、變更或設定負擔登記。

⑧民法第1148條

繼承人自繼承開始時，除本法另有規定外，承受被繼承人財產上之一切權利、義務。但權利、義務專屬於被繼承人本身者，不在此限。

繼承人對於被繼承人之債務，以因繼承所得遺產為限，負清償責任。

⑨民法第273條

連帶債務之債權人，得對於債務人中之一人或數人，或其全體，同時或先後請求全部或一部之給付。

連帶債務未全部履行前，全體債務人仍負連帶責任。

⑩土地法第73條

土地權利變更登記，應由權利人及義務人會同聲請之。其無義務人者，由權利人聲請之。其係繼承登記者，得由任何繼承人為全體繼承人聲請之。但其聲請，不影響他繼承人拋棄繼承或限定繼承之權利。

前項聲請，應於土地權利變更後一個月內為之。其係繼承登記者，得自繼承開始之日起，六個月內為之。聲請逾期者，每逾一個月得處應納登記費額一倍之罰鍰。但最高不得超過二十倍。

⑪土地法第34條之1

共有土地或建築改良物，其處分、變更及設定地上權、農育權、不動產役權或典權，應以共有人過半數及其應有部分合計過半數之同意行之。但其應有部分合計逾三分之二者，其人數不予計算。

共有人依前項規定為處分、變更或設定負擔時，應事先以書面通知他共有人；其不能以書面通知者，應公告之。

第一項共有人，對於他共有人應得之對價或補償，負連帶清償責任。於為權利變更登記時，並應提出他共有人已為受領或為其提存之證明。其因而取得不動產物權者，應代他共有人申請登記。

共有人出賣其應有部分時，他共有人得以同一價格共同或單獨優先承購。

前四項規定，於公同共有準用之。

依法得分割之共有土地或建築改良物，共有人不能自行協議分割者，任何共有人得申請該管直轄市、縣（市）地政機關調處，不服調處者，應於接到調處通知後十五日內向司法機關訴請處理，屆期不起訴者，依原調處結果辦理之。

內政部76年6月15日台(76)內地字第511182號函

要旨：

部分繼承人得依土地法第34條之1規定以繼承土地申請抵繳遺產稅。

內容：

本案前經本部75年10月1日台內地字第444363號函復財政部略以：「查依遺產及贈與稅法施行細則第49條之規定：經主管稽徵機關核准以土地房屋抵繳遺產稅者，納稅義務人應於接到核准通知書後三十日內，將全體繼承人同意抵繳遺產稅之同意書等文件檢送主管稽徵機關以憑辦理抵繳。本案部分繼承人可否依土地法第34條之1申請以遺產土地或房屋抵繳遺產稅乙節，係屬貴管事項，未便表示意見。至依土地法第34條之1申辦抵繳遺產稅土地或房屋之移轉國有登記時，應具備該法條第1項之要件並履行第2項、第3項規定之程序，始為適法。」是以，繼承人依土地法第34條之1申請以遺產抵繳遺產稅，如經財政部同意，登記機關依該法條規定辦理登記，於法並無不合。

財政部76年7月31日台財稅第760094455號函

要旨：

申請抵繳如同意抵繳之繼承人數合於土地法第34條之1者可受理

主旨：

納稅義務人×××等人申請以遺產土地抵繳遺產稅案，如其同意抵繳之繼承人數合於土地法第34條之1規定，能順利辦理繼承及移轉國有登記時，可予受理。

說明：

遺產及贈與稅法施行細則第49條第1項第4款規定：以實物抵繳遺產稅，須經繼承人全體簽章同意，其目的在使抵稅實物得能順利辦妥繼承及移轉國有登記。茲如因部分繼承人不同意抵繳時，內政部台76內地字第511182號函同意地政機關可依土地法第34條之1規定辦理抵稅土地之移轉登記，則繼承人申請以遺產土地抵繳遺產稅者，雖未得全體繼承人同意，倘符合上述土地法規定時，亦可受理。

$\mathcal{3}$　繼承登記

■ 遺產怎麼分割？怎麼辦理遺產分割繼承登記？

張三突然因車禍死亡後，留下不少財產，繼承人不知該怎麼
分割遺產及辦理遺產繼承登記？

一、繼承人可自由分割遺產

　　遺產分割是指遺產的共同繼承人，以消滅遺產的公同共有關
係[①]為目的，所作的一種發生法律上效果的行為。如果繼承人只有
一個人，當然全部的遺產由該人繼承，就不會發生遺產分割的問
題。依民法規定，當繼承人有數人時，除了法律另有規定或全體
共同繼承人有禁止分割的契約訂定外，每個繼承人都可以隨時請
求分割遺產[②]。

二、遺產分割的方法

　　遺產分割，雖然應按每個繼承人的應繼分作為標準，但民法
規定的應繼分，只不過是權利義務的抽象比例。因此，實際上應
如何分割遺產，使遺產真正歸屬於繼承人，有以下三個方法：

(一)遺囑分割

被繼承人如果生前有立遺囑指定遺產的分割方法，就必須尊重被繼承人的意思③，但被繼承人的遺囑如有侵害繼承人的特留分④時，被侵害特留分的繼承人可行使扣減權⑤。

(二)協議分割遺產

在被繼承人沒有以遺囑指定遺產的分割方法時，繼承人可以協議的方式分割遺產⑥。繼承人可以就遺產直接分割，如有差額可相互補貼；也可以變賣遺產取得現金再行分割，原則上只要全體繼承人同意，可任意的自由分割遺產。

(三)聲請法院裁判分割

如果繼承人就遺產的分割方法一直無法達成協議時，可以訴訟的方式，聲請法院代為分割遺產⑦。這個時候的分割方法，就由法院的自由裁量權來決定，繼承人即使有所主張，法院也可不受拘束。（29年上字1792號判例）

三、遺產分割的注意事項

(一)被繼承人有以遺囑禁止分割遺產

遺產是被繼承人所遺留，對於遺產的處理，當然要尊重被繼承人的意思，如果被繼承人認為所遺留的遺產不應該分割，也應該有其效力存在。但是對於被繼承人禁止分割遺產有二項限制：

1. 被繼承人必須用遺囑的方式

民法規定，遺囑是一種要式行為，必須具備一定的方式才生效。所以被繼承人禁止分割遺產必須以遺囑的形式來禁止，這樣才能表示禁止分割遺產是被繼承人的真意。

2. 被繼承人禁止分割遺產的時間不可超過十年

被繼承人如有用遺囑禁止分割遺產，禁止的時間不可以超過十年⑧，如果超過十年，則超過的部分無效。繼承人可以在十年後

隨時請求分割遺產。

(二)共同繼承人有不分割遺產的約定

繼承人相互間如果有訂立不分割遺產的約定，這種約定只要繼承人相互間願意共同遵守，即使超過十年，也仍然有效。不過民法第823條規定，各共有人，得隨時請求分割共有物。但因物之使用目的不能分割或契約訂有不分割之期限者，不在此限。前項契約所定不分割之期限，不得逾五年。逾五年者，縮短為五年。換句話說，繼承人相互間雖訂有不分割遺產的約定，但如果有部分繼承人反悔不願遵守約定，依法只能限制五年。

(三)遺產及贈與稅法的禁止規定

遺產及贈與稅法規定，遺產稅未繳清前，不得分割遺產、交付遺贈或辦理移轉登記。但依規定，在事前申請該管稽徵機關核准發給同意移轉證明書，或經稽徵機關核發免稅證明書、不計入遺產總額證明書[8]；或有特殊原因必須在繳清稅款前辦理產權移轉時，可以提出確切納稅保證（如以公債、定存單、黃金擔保），申請該管主管稽徵機關核發同意移轉證明書時，就沒有禁止分割遺產的限制[9]。

四、如何書寫遺產分割協議書及注意事項

本案例中，張三死亡時若沒有留下遺囑指定遺產的分割方法，繼承人已達成分割遺產的協議，在繳清遺產稅後，就可書寫遺產分割協議書分割遺產並開始辦理繼承登記的各項手續。

遺產分割協議書範例

遺產分割協議書

　　立協議書人陳芳芳、張大中、張大明、張曉梅、張玉林係被繼承人張三之合法繼承人，張三於民國○○○年○月○○○日不幸亡故，經立協議書人協議一致同意，按下列方式分割遺產，俾據以辦理繼承登記及其他手續。

一、由張大中繼承取得下列土地。

縣市	鄉鎮區	段	小段	地號	地目	面積（平方公尺）	權利範圍
台北市	文山區	○○	－	234	建	309	1/2
台北市	文山區	○○	－	211	建	155	全部

二、由張大明繼承取得下列土地及房屋。

縣市	鄉鎮區	段	小段	地號	地目	面積（平方公尺）	權利範圍
台北市	文山區	○○	－	255	建	279	1/2

建物門牌	建號	權利範圍
台北市文山區○○路135號2樓	台北市文山區○○段一小段130建號（基地座落：文山區○○段一小段255地號）	1分之1

三、現金新台幣3萬元由張曉梅繼承。
四、台北市木柵農會之存款新台幣500萬元由陳芳芳繼承。
五、台北市銀行之房屋貸款由陳芳芳負責清償。
六、台北市銀行之存款新台幣57萬元由張玉林繼承。
立協議書人：
　　　　　繼承人：陳芳芳〔印鑑章〕
　　　　　繼承人：張大中〔印鑑章〕
　　　　　繼承人：張大明〔印鑑章〕
　　　　　繼承人：張曉梅〔印鑑章〕
　　　　　繼承人：張玉林〔印鑑章〕
中　　華　　民　　國　　○　○　○　　年　　○　　月　　○　　日

書寫遺產分割協議書注意事項

1. 有關被繼承人的財產種類、數量及相關資料必須書寫清楚，尤其是不動產的標示部分，以免辦理繼承登記時被地政事務所通知補正，影響辦理繼承登記的時間。

2. 遺產分割協議書可書寫一份正本，其他的份數可用影印，但繼承人必須每份都簽名並加蓋印鑑章。原則上每位繼承人各一份，其他辦理繼承登記的每個單位也須準備一份。

3. 遺產分割協議書內容如有錯誤或增刪處，每位繼承人皆須在每份的錯誤或增刪處認章。

4. 遺產中若有不動產時，辦理不動產分割繼承登記的遺產分割協議書正本須依不動產權利價值貼用千分之一的印花，並須再準備一份副本，供地政事務所留存，正本在繼承登記完畢後發還申請人。（若不動產分屬不同地政事務所時，須依辦理的地政事務所，分別準備副本。）

5. 辦理繼承登記時，繼承人除檢附遺產分割協議書外，另須檢附繼承人的印鑑證明。

●不動產繼承登記流程圖

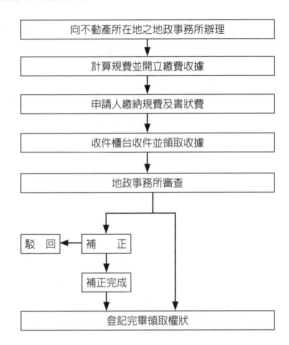

向不動產所在地之地政事務所辦理

計算規費並開立繳費收據

申請人繳納規費及書狀費

收件櫃台收件並領取收據

地政事務所審查

駁　回　←　補　正

補正完成

登記完畢領取權狀

不動產繼承登記流程說明

1. 向不動產所在地的地政事務所辦理

　　辦理繼承登記時，要向不動產的轄區地政事務所辦理。如果遺產中的不動產分屬不同地政事務所的轄區時，必須分別向不同轄區的地政事務所辦理繼承登記。申請人在辦理繼承登記時，最好事先向地政事務所查詢清楚，以免跑錯地政事務所。

　　目前各縣市及直轄市政府的地政事務所都有提供跨所辦理繼承登記的服務，繼承人可就近辦理。另外，對於他縣市或直轄市的繼承登記案件，地政事務所也都有提供代收代送的服務，繼承

人在辦理前可事先向地政事務所詢問詳細內容。

2. 計算規費

申請人準備好應備證件及填寫好繼承登記的相關表格後,即可向轄區地政事務所收件櫃台送件,承辦人員會計算登記案件的規費(按不動產價值的千分之一加每張80元的書狀費)並開立繳費收據。

3. 繳納規費及書狀費

申請人向收件櫃台繳納繼承登記的規費及書狀費,並領取繳費收據。

4. 收件並領取收據

繳納規費後,承辦人員會核對申請人的身分證明文件,所以送件的申請人除了要帶辦理繼承登記的規費、書狀費及繼承登記的資料外,還要記得帶自己的身分證及印章。收件櫃台將繼承登記案件輸入電腦後,會給申請人一張送件收據,這張收據是繼承登記完成後領件用的,申請人要妥善保存。

5. 地政事務所審查

繼承登記案件經地政事務所收件後,即進入審查的階段,承辦人員會依據檢附的證明文件逐項審查,如果準備的資料完備,所填寫的表格正確,很快就會完成繼承登記的手續;但如果申請案件經審查人員發現填寫錯誤或文件不全或證件不符時,會通知申請人補正,申請人必須在地政事務所通知補正的十五天內,依補正通知書的內容完成補正手續,逾期未補正或未照補正事項完全補正時,會遭到地政事務所駁回的命運,到時候還要再重新送件。

6. 登記完畢領取權狀

繼承登記案件經審查無誤並登記完畢後,申請人即可持收件的收據及原蓋用的印章向地政事務所領狀櫃台領取登記完畢的權

狀及應領回的相關資料。

繼承登記應備證件

文件名稱	文件來源	備註及注意事項
土地登記申請書	自行檢附	向地政事務所索取
登記清冊	自行檢附	向地政事務所索取
被繼承人死亡記事之戶籍謄本	向戶政事務所申請	
各繼承人現在之戶籍謄本	向戶政事務所申請	同戶籍之繼承人檢附一份即可
繼承系統表	自行檢附	可參考範例格式自行訂定
法院核準備查文件	法院	繼承人拋棄繼承時檢附
繼承人印鑑證明	向戶政事務所申請	遺產分割繼承時檢附
遺產分割協議書正副本	自行檢附	1. 遺產分割繼承時檢附 2. 正本須貼千分之一印花 3. 正副本均須全體繼承人蓋印鑑章
遺產稅繳清或免稅證明書正本及影本	稽徵機關	影本須簽註切結
土地、建築改良物權狀、他項權利證書正本	自行檢附	
切結書	自行檢附	權狀遺失或其他繼承人故意刁難時檢附
遺囑	自行檢附	遺囑繼承登記時檢附

附註：
以上所附之資料如以影本送件時，須在影本空白處加註「本影本與正本相符，如有不實，願負法律責任」字樣，並蓋章切結。

● 被繼承人張三繼承系統表

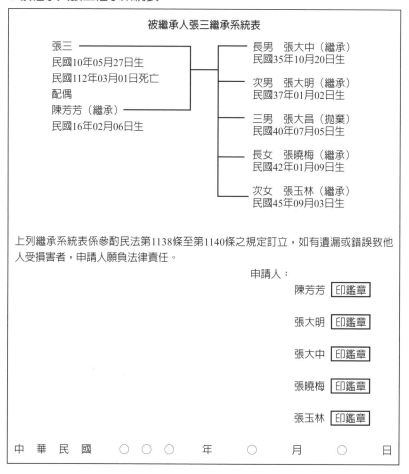

被繼承人張三繼承系統表

張三
民國10年05月27日生
民國112年03月01日死亡
配偶
陳芳芳（繼承）
民國16年02月06日生

長男　張大中（繼承）
民國35年10月20日生

次男　張大明（繼承）
民國37年01月02日生

三男　張大昌（拋棄）
民國40年07月05日生

長女　張曉梅（繼承）
民國42年01月09日生

次女　張玉林（繼承）
民國45年09月03日生

上列繼承系統表係參酌民法第1138條至第1140條之規定訂立，如有遺漏或錯誤致他人受損害者，申請人願負法律責任。

申請人：

陳芳芳　印鑑章

張大明　印鑑章

張大中　印鑑章

張曉梅　印鑑章

張玉林　印鑑章

中　華　民　國　○○○　年　○　月　○　日

填寫繼承系統表注意事項

1. 繼承人可依民法有關規定自行訂定，表中須註明「如有遺漏或錯誤致他人受損害者，繼承人願負法律責任。」並簽名或蓋章。
2. 辦理分割繼承登記時，繼承人須蓋印鑑章。辦理公同共有繼承登記時，繼承人只須蓋便章即可。

S070000200-1

收件	日期	年 月 日 時 分	收件 者章		連件序別 （非連件者免填）	第 件 共 件		登記費	元	合計	元
	字號	字第 號						書狀費	元	收據	字 號
								罰鍰	元	核算者	

土 地 登 記 申 請 書

（1）受理機關　　縣　台北市　古亭地政事務所　　資料管轄機關　縣　台北市　古亭地政事務所　　□跨所申請

（2）原因發生日期　中華民國112年3月1日

（3）申請登記事由（選擇打∨一項）
- □所有權第一次登記
- ☑所有權移轉登記
- □抵押權登記
- □抵押權塗銷登記
- □抵押權內容變更登記
- □標示變更登記

（4）登記原因（選擇打∨一項）
- 第一次登記
- □買賣　□贈與　☑繼承　□分割繼承　□拍賣　□共有物分割
- □設定　□法定
- □清償　□拋棄　□混同　□判決塗銷
- □權利價值變更　□權利內容等變更
- □分割　□合併　□地目變更

（5）標示及申請權利內容　詳如　□契約書　☑登記清冊　□複丈結果通知書　□建物測量成果圖

（6）附繳證件
1. 土地所有權狀3份
2. 建物所有權狀1份
3. 繼承系統表1份
4. 戶籍謄本3份
5. 印鑑證明書5份
6. 遺產分割協議書正副本各1份

7. 遺產稅免稅（免）納證明書正影本各1份
8. 法院拋棄繼承備查函正影本各1份
9.

（7）委任關係
本土地登記案之申請委託 陳坤涵 代理。 複代理。
委託人確為登記標的物之權利人或權利關係人，並經核對身分無誤，如有虛偽不實，本代理人（複代理人）願負法律責任。印

（8）聯絡方式

	權利人電話	
	義務人電話	
聯絡方式	代理人聯絡電話	23218010；0937199444
	傳真電話	2395-5008
	電子郵件信箱	z2605@ms47.hinet.net
	不動產經紀業名稱及統一編號	
	不動產經紀業電話	

（9）備註

S0700000200-1

(10) 申請人	(11) 權利人或義務人	(12) 姓名或名稱	(13) 出生年月日	(14) 統一編號	(15) 住 所 縣市	鄉鎮市區	村里	鄰	街路	段	巷	弄	號	樓	(16) 簽章
申請人	被繼承人	張三	民國112年3月1日死亡												
	繼承人	張大中	35.10.20	F121333567	台北	中山									印鑑章
	繼承人	張大明	37.01.02	F121789355	台北	中山									印鑑章
	代理人	陳坤涵	45.11.28	A12100000	台北	中正	梅花	6	紹興北				8	7	印

本案處理經過情形（以下各欄申請人請勿填寫）

初審	複審	審核	定	登簿	校簿	書狀列印	書狀用印	校狀

通知領狀	異動通知	地價異動	異動通知	歸檔	狀況檔印

交付發狀

土地登記申請書填寫說明

1. 一般填法

(1)以毛筆、黑色或藍色墨汁鋼筆或原子筆正楷填寫。

(2)字體須端正,不得潦草,如有增刪文字時,應在增刪處由申請人蓋章,並不得使用修正液。

2. 各欄填法

第(1)欄:「受理機關」及「資料管轄機關」按土地或建物所在地之市(縣)及地政事務所之名稱填寫。

第(2)欄:「原因發生日期」按被繼承人死亡日期填寫。

第(3)欄:「申請登記事由」勾選「所有權移轉登記」。

第(4)欄:「登記原因」辦理公同共有繼承登記時勾選「繼承」,辦理分割繼承登記時勾選「分割繼承」。

第(5)欄:「標示及申請權利內容」勾選「登記清冊」。

第(6)欄:「附繳證件」應按所附證件之名稱依序填入。

第(7)欄:「委任關係」係指由代理人(如代書)申請登記時填寫代理人之姓名並切結,如無委託他人代理者,則免填此欄。

第(8)欄:為便利補正通知聯絡申請人方便,須填寫聯絡電話及傳真電話。

第(9)欄:「備註」專供申請書上各欄無法填寫而必須填載事項。

第(10)欄:「申請人」係指繼承人。

第(11)至(16)欄:「權利人或義務人」填寫被繼承人的姓名及死亡日期(可不必蓋章)及繼承人資料,辦理公同共有繼承登記時,繼承人可蓋便章即可,未會同辦理公同共有繼承登記之繼承人只須填具戶籍資料,可不用蓋章;辦理分割繼承登記時,須由繼

　　承該不動產之繼承人填具戶籍資料及蓋印鑑章，
　　其他未繼承該不動產之繼承人則不用填寫資料及
　　蓋章。

3. 粗線以下及申請書上方之收件與登記費、書狀費，係供地政事
　務所人員審核用，申請人不須填寫。

登　記　清　冊					申請人　張大中 印　張大明 印　簽章			
(1) 坐落	鄉鎮市區	文山	文山	文山				
	段	○○	○○	○○				
	小段	一	一	一				
(2) 地號		234	211	255				
(3) 面積（平方公尺）		309	155	279				
(4) 權利範圍		2分之1	全部	2分之1				
(5) 備註		張大中繼承	張大中繼承	張大明繼承				

建物標示

項目		內容
(6)建	號	130
(7)門牌	鄉鎮市區	文山
	街　路	○○
	段　巷　弄	
	號　樓	135 號 2 樓
(8)建物坐落	段	○○
	小　段	一
	地　號	255
(9)面積（平方公尺）	二　層	39.86
	層	
	層	
	層	
	共　計	39.86
(10)附屬建物	用　途	
	面　積（平方公尺）	
(11)權利範圍		全部
(12)備註		張大明繼承

登記清冊填寫說明

1. 以毛筆、黑色、藍色墨汁鋼筆、原子筆或電腦打字正楷填寫。
2. 字體需端正，不得潦草，如有增、刪文字時，應在增、刪處由申請人蓋章，不得使用修正液（帶）。
3. 如「土地標示」「建物標示」等欄有空白時，應將空白欄以斜線劃除或註明「以下空白」字樣。如有不敷使用時，可另加相同格式之清冊，並由申請人在騎縫處蓋章。
4. 所謂「簽章」係指得簽名或蓋章。
5. 「土地標示」第(1)(2)(3)欄：應照土地登記資料所載分別填寫。
6. 「建物標示」第(6)(7)(8)(9)(10)欄：應照建物登記資料所載分別填寫。
7. 面積填寫方式，以小數點表示，如120.52平方公尺。
8. 第(4)(11)欄「權利範圍」：填寫各筆棟申請事項之權利範圍。
9. 申辦登記項目，如不涉及權利變更者，面積及權利範圍欄得予免填。

相關法令

①民法第1151條
繼承人有數人時，在分割遺產前，各繼承人對於遺產全部為公同共有。
②民法第1164條
繼承人得隨時請求分割遺產，但法律另有規定或契約另有訂定者，不在此限。
③民法第1165條
被繼承人之遺囑，定有分割遺產之方法，或託他人代定者，從其

所定。

遺囑禁止遺產之分割者，其禁止之效力以十年爲限。

④民法第1223條

繼承人之特留分，依下列各款之規定：

一、直系血親卑親屬之特留分，爲其應繼分二分之一。

二、父母之特留分，爲其應繼分二分之一。

三、配偶之特留分，爲其應繼分二分之一。

四、兄弟姊妹之特留分，爲其應繼分三分之一。

五、祖父母之特留分，爲其應繼分三分之一。

⑤民法第1225條

應得特留分之人，如因被繼承人所爲之遺贈，致其應得之數不足者，得按其不足之數由遺贈財產扣減之。受遺贈人有數人時，應按其所得遺贈價額比例扣減。

⑥民法第824條第1項

共有物之分割，依共有人協議之方法行之。

⑦民法第824條

共有物之分割，依共有人協議之方法行之。

分割之方法不能協議決定，或於協議決定後因消滅時效完成經共有人拒絕履行者，法院得因任何共有人之請求，命爲下列之分配：

一、以原物分配於各共有人。但各共有人均受原物之分配顯有困難者，得將原物分配於部分共有人。

二、原物分配顯有困難時，得變賣共有物，以價金分配於各共有人；或以原物之一部分分配於各共有人，他部分變賣，以價金分配於各共有人。

以原物爲分配時，如共有人中有未受分配，或不能按其應有部分受分配者，得以金錢補償之。

以原物為分配時，因共有人之利益或其他必要情形，得就共有物之一部分仍維持共有。

共有人相同之數不動產，除法令另有規定外，共有人得請求合併分割。

共有人部分相同之相鄰數不動產，各該不動產均具應有部分之共有人，經各不動產應有部分過半數共有人之同意，得適用前項規定，請求合併分割。但法院認合併分割為不適當者，仍分別分割之。

變賣共有物時，除買受人為共有人外，共有人有依相同條件優先承買之權，有二人以上願優先承買者，以抽籤定之。

⑧**遺產及贈與稅法第8條第1項**

遺產稅未繳清前，不得分割遺產、交付遺贈或辦理移轉登記。贈與稅未繳清前，不得辦理贈與移轉登記。但依第四十一條規定，於事前申請該管稽徵機關核准發給同意移轉證明書，或經稽徵機關核發免稅證明書、不計入遺產總額證明書或不計入贈與總額證明書者，不在此限。

⑨**遺產及贈與稅法第41條第1項**

遺產及贈與稅納稅義務人繳清應納稅款、罰鍰及加徵之滯納金、利息後，主管稽徵機關應發給稅款繳清證明書；其經核定無應納稅款者，應發給核定免稅證明書；其有特殊原因必須於繳清稅款前辦理產權移轉者，得提出確切納稅保證，申請該管主管稽徵機關核發同意移轉證明書。

▉ 遺產無法協議分割時，怎麼辦？

　　張三死亡後，留下不少不動產，但繼承人對遺產的分配方式，各有各的意見，就是談不攏，怎麼辦？

一、公同共有繼承登記

　　依民法規定，繼承人有數人（一人以上）時，在分割遺產前，各繼承人對遺產全部為公同共有①。當繼承人取得遺產稅繳清證明書或免稅證明書後，辦理遺產繼承登記時，如因繼承人對遺產分割不能達成協議，致使部分繼承人無法會同辦理繼承登記，亦可由其中一人或數人，為全體繼承人的利益，辦理公同共有繼承登記，暫時解決問題，日後繼承人間對遺產分割如有共識，仍然可以辦理遺產分割繼承登記。

二、公同共有財產的處分及其他權利的行使

(一)須得到全體公同共有人的同意

　　公同共有不動產在未經依法分割以前，除法律或契約有特別約定外，不論是處分（買賣移轉或設定抵押權等）、使用、收益、變更或管理等權利的行使，都須得到全體公同共有人的同意②。

(二)土地法強制處分、變更的特別規定

　　依土地法規定，共有土地或建築改良物，其處分、變更及設定地上權、農育權、不動產役權或典權，應以共有人過數半數及其應有部分合計過半數之同意行之。但其應有部分合計逾三分之二者，其人數不予計算③。換句話說，如果繼承人辦妥公同共有繼承登記後，只要大部分的繼承人同意處分（如出售）不動產，就

不須得到其他少數繼承人的同意。

三、繼承登記必須在繼承發生日後六個月內辦理

依土地法規定，繼承登記必須在繼承開始後六個月內辦理，否則每超過一個月要罰一倍的登記規費，最高可罰到二十倍[4]。但對於不能歸責於繼承人的期間，如繼承人申報遺產稅因稽徵機關所延誤的期間，可予以扣除[5]。

四、登記規費的計算

登記規費的計算方式是依據被繼承人所遺之不動產在辦理繼承登記時，依繼承發生日之土地申報地價及房屋評定標準價格的千分之一計課[6]。部分繼承人在辦理公同共有繼承登記時，可依申請人的應繼分繳納部分登記規費，不須全額繳納。

五、繼承登記的流程圖、流程說明、應備證件及書表填寫說明請參考第246頁至第256頁。

S070000200-1

收件	日期	年　月　日　時　分	收件	者章
件	字號	字第　　　號		

連件序別	（非連件者免填）	共　　件　　第　　件

登記費	元	合計	元
書狀費	元	收據	字號
罰鍰	元	核算者	

(1)受理機關	台北市　古亭地政事務所 □跨所申請	台北市　縣　古亭地政事務所	(2)原因發生日期	中華民國112年3月1日

(3)申請登記事由（選擇打✓一項）　　　　(4)登記原因（選擇打✓一項）

☐ 所有權第一次登記　　　　☐ 第一次登記
☐ 所有權移轉登記　　　　☐ 買賣 ☐ 贈與 ☑ 繼承 ☐ 分割繼承 ☐ 拍賣 ☐ 共有物分割
☐ 抵押權登記　　　　☐ 設定 ☐ 法定
☐ 抵押權塗銷登記　　　　☐ 清償 ☐ 拋棄 ☐ 混同 ☐ 判決塗銷
☐ 抵押權內容變更登記　　　　☐ 權利價值變更 ☐ 權利內容等變更
☐ 標示變更登記　　　　☐ 分割 ☐ 合併 ☐ 地目變更

(5)標示及申請權利內容　詳如　☑ 契約書　☐ 登記清冊　☐ 複丈結果通知書　☐ 建物測量成果圖

(6)附繳證件
1. 土地所有權狀 3 份　　4. 戶籍謄本 3 份　　7. 遺產稅繳（免）納證明書正影本各 1 份
2. 建物所有權狀 1 份　　5. 印鑑證明書　　份　　8.
3. 繼承系統表 1 份　　6. 遺產分割協議書　　份　　9.

(7)委任關係　本土地登記案之申請委託 陳坤涵 代理。　複代理。
本土地登記案之申請委託標的物之權利人或權利關係人，並經核對身分無誤，如有虛偽不實，本代理人（複代理人）願負法律責任。印

(8)聯絡方式
　權利人電話
　義務人電話　23218010、0937199444
　代理人聯絡電話　2395-5008
　傳真電話
　電子郵件信箱　j2605@ms47.hinet.net
　不動產經紀業名稱及統一編號
　不動產經紀業電話

(9)備註

S0700000200-1

(10) 申請人	(11) 權利人或義務人	(12) 姓名或名稱	(13) 出生年月日	(14) 統一編號	(15) 住所 縣市	鄉鎮市區	村里	鄰	街路	段	巷	弄	號	樓	(16) 簽章
	被繼承人	張三	民國112年3月1日死亡												
申請人	繼承人	陳芳芳	18.10.21	F200222555	台北	中山	○○	○	○○○	○	○	○	○	○	印
	繼承人	張大中	35.10.20	F121333567	台北	中山	○○	○	○○○	○	○	○	○	○	印
	繼承人	張大明	37.01.02	F121789355	台北	中山	○○	○	○○○	○	○	○	○	○	
	繼承人	張曉梅	54.11.27	F220482000	台北	松山	○○	○	○○○	○	○	○	○	○	印
	繼承人	張玉林	58.05.15	F220797777	台北	中山	○○	○	○○○	○	○	○	○	○	印
	代理人	陳坤涵	45.10.13	A121000000	台北	中正	梅花	6	紹興北				8	7	印

本案經理過情形（以下各欄請申請人請勿填寫）

初審	複審	審核	定	登簿	校簿	書列印簿	校狀	書狀印	異動通知	通知領狀	地價異動	交付發狀	狀書用印	歸檔

登記清冊

土地標示		申請人張大中印張大明	陳芳芳印	張曉梅印	張玉林印	簽章
(1)坐落	鄉鎮市區	文山	文山	文山		
	段	○○	○○	○○		
	小段	一	一	一		
(2)地號		234	211	255		
(3)面積（平方公尺）		309	155	279		
(4)權利範圍		2分之1	全部	2分之1		
(5)備註		張大中、張大明、陳芳芳、張曉梅、張玉林等五公同共有	同左	同左		

建物標示		
(6)建 號		130
(7)門牌	鄉鎮市區	文山
	街 路	○○
	段 巷 弄 號 樓	135號2樓
		○○
(8)建物坐落	段	一
	小 段	
	地 號	255
(9)面積（平方公尺）	一 層	39.86
	二 層	
	層	
	層	
	層	
	共 計	39.86
(10)用 途		
(10)附屬建物	面積（平方公尺）	
(11)權利範圍		全部
(12)備 註		張大中、張大明、陳芳芳、張曉梅、張玉林等五人公同共有

🌀 相關法令

①民法第1151條

繼承人有數人時，在分割遺產前，各繼承人對於遺產全部為公同共有。

②民法第828條

公同共有人之權利義務，依其公同關係所由成立之法律、法律行為或習慣定之。

第八百二十條、第八百二十一條及第八百二十六條之一規定，於公同共有準用之。

公同共有物之處分及其他之權利行使，除法律另有規定外，應得公同共有人全體之同意。

③土地法第34條之1

共有土地或建築改良物，其處分、變更及設定地上權、農育權、不動產役權或典權，應以共有人過半數及其應有部分合計過半數之同意行之。但其應有部分合計逾三分之二者，其人數不予計算。

共有人依前項規定為處分、變更或設定負擔時，應事先以書面通知他共有人；其不能以書面通知者，應公告之。

第一項共有人，對於他共有人應得之對價或補償，負連帶清償責任。於為權利變更登記時，並應提出他共有人已為受領或為其提存之證明。其因而取得不動產物權者，應代他共有人申請登記。

共有人出賣其應有部分時，他共有人得以同一價格共同或單獨優先承購。

前四項規定，於公同共有準用之。

依法得分割之共有土地或建築改良物，共有人不能自行協議分割者，任何共有人得申請該管直轄市、縣（市）地政機關調處，不

服調處者，應於接到調處通知後十五日內向司法機關訴請處理，屆期不起訴者，依原調處結果辦理之。

④土地法第73條

土地權利變更登記，應由權利人及義務人會同聲請之。其無義務人者，由權利人聲請之。其係繼承登記者，得由任何繼承人為全體繼承人聲請之。但其聲請，不影響他繼承人拋棄繼承或限定繼承之權利。

前項聲請，應於土地權利變更後一個月內為之。其係繼承登記者，得自繼承開始之日起，六個月內為之。聲請逾期者，每逾一個月得處應納登記費額一倍之罰鍰。但最高不得超過二十倍。

⑤土地登記規則第50條第2項

土地權利變更登記逾期申請，於計算登記費罰鍰時，對於不能歸責於申請人之期間，應予扣除。

⑥土地法第76條第1項

聲請為土地權利變更登記，應由權利人按申報地價或權利價值千分之一繳納登記費。

■小孩是繼承人，怎麼辦理繼承登記？

張三與陳芳芳婚後，育有一個未成年的兒子張大明，張三在工作中不幸意外身亡，留下三筆土地及一筆建物，有關張三的遺產繼承，陳芳芳希望有一部分能登記在兒子張大明的名下，一部分登記在自己名下，不知該怎麼辦理繼承登記？

一、禁止雙方代理行為

被繼承人張三死亡，依民法規定，應由其配偶陳芳芳及第一順序直系血親卑親屬繼承人張大明共同繼承財產。但繼承人張大明為未成年人，其法定代理人為其母親陳芳芳，陳芳芳又同時為被繼承人張三的繼承人，如果陳芳芳與張大明訂立遺產分割協議，有違民法規定「自己代理」或「雙方代理」[1]的規定。

二、聲請法院選任特別代理人[2]

依民法規定，父母為其未成年子女之法定代理人。但父母之行為與未成年子女之利益相反，依法不得代理時，法院得依父母、未成年子女、主管機關、社會福利機構或其他利害關係人之聲請或依職權，為子女選任特別代理人。案例中，陳芳芳要與她的兒子張大明分割有關被繼承人張三的遺產，但陳芳芳又是張大明的法定代理人，等於代替兒子與自己協議分割遺產，有違民法規定。因此，依法必須替張大明向法院選任特別代理人，代替張大明與陳芳芳協議分割遺產。

聲請法院選任特別代理人注意事項：

(一)聲請選任特別代理人，請至司法院網頁，進入「便民服務」之「書狀範例」專區，點選「家事」，選取「家事聲請狀——聲

　　請選任特別代理人（未成年人）」下載改寫即可（https://www.judicial.gov.tw/tw/cp-1369-4213-3b4ac-1.html）。

(二)聲請備妥聲請人、未成年人、法定代理人之戶籍謄本及被繼承人之除戶戶籍謄本。

(三)向未成年人住所地或居所地之法院聲請[3]。

(四)徵收費用新臺幣1,000元[4]。

(五)繼承登記的辦理流程圖、流程說明、應備證件及書表填寫說明請參考第246頁至第256頁。

聲請選任特別代理人—未成年人

家事聲請狀					
案　　號	年度		字第	號	承辦股別	
訴訟標的金額或價額	新臺幣				元	
稱　　謂	姓名或名稱	依序填寫：國民身分證統一編號或營利事業統一編號、性別、出生年月日、職業、住居所、就業處所、公務所、事務所或營業所、郵遞區號、電話、傳真、電子郵件位址、指定送達代收人及其送達處所。				
聲　請　人	陳芳芳	國民身分證統一編號：F200222555 性別：女　　生日：80.02.06　　職業： 住：台北市○○區○○里○鄰○○路○號○樓 郵遞區號：　　　　　　　電話：23563670 傳真： 電子郵件位址： 送達代收人： 送達處所：				
關　係　人 即 特別代理人	張大德	國民身分證統一編號：F120481888 性別：男　　生日：36.10.30　　職業： 住：台北市○○區○○里○鄰○○路○號○樓 郵遞區號：　　　　　　　電話：23218010 傳真： 電子郵件位址： 送達代收人： 送達處所：				

為未成年人聲請選任特別代理人事：

聲請事項

一、選任張大德，民國36年10月31日生、身分證字號F120481888，為未成年人張大明
　　特別代理人。

二、聲請程序費用由聲請人負擔。

事實及理由

聲請人係未成年人張大明，民國100年10月20日生、身分證字號F120484777之母，因未
成年人張大明之父張三已亡故，且本人亦為繼承人兼其法定代理人，擬與未成年人共
同訂立遺產分割協議書，其行為與未成年人利益相反，依法不得代理，爰依民法第1086
條第2項規定，聲請為未成年人張大明選任特別代理人，以利日後代為處理事務。

　　此　致

○○○○地方法院（少年及家事法院）家事法庭　公鑒

證物名稱 及 件 數	一、戶籍謄本（聲請人、未成年人、特別代理人）。 二、被繼承人之除戶謄本。

中　華　民　國		年		月		日
			具狀人		簽名蓋章	
			撰狀人		簽名蓋章	

說明：

一、須為未成年人選任特別代理人之狀態有二：

　　1.父母行為與未成年子女利益相反，依法不得代理（民法第1086條第2項）。

　　2.監護人的監護行為與受監護人（即未成年人）之利益相反或依法不得代理（民法
　　　第1098條第2項）。

二、何人可以提出聲請？

　　1.民法第1086條第2項：父母、未成年子女、直轄市、縣（市）政府、社會福利機構
　　　或其他利害關係人。

　　2.民法第1098條第2項：監護人、受監護人、直轄市、縣（市）政府、社會福利機構
　　　或其他利害關係人。

三、管轄法院

　　未成年人之住所地或居所地法院管轄。

四、聲請人推舉之特別代理人，係依家事事件法第181條規定，由親屬會議同意推舉者，
　　請檢附「親屬會議同意書」及「親屬系統表（請依實際狀況修正繼承系統表）」。

S0700000200-1

土地登記申請書

收件	日期	年 月 日 時 分		
	字號	字第　　號		
	收件者章			

收件	連件序別（非連件者免填）	共　件 第　件	
分　號			
收件者章			

登記費	元
書狀費	元
罰鍰	元
合計	元
據 收據 字 號	
核算者	

（1）受理機關　台北市　縣　古亭地政事務所　□跨所申請　　　資料管轄機關　台北市　縣　古亭地政事務所

（2）原因發生日期　中華民國112年3月1日

（3）申請登記事由（選擇打✓一項）
　□所有權第一次登記
　☑所有權移轉登記
　□抵押權登記
　□抵押權塗銷登記
　□抵押權內容變更登記
　□標示變更登記

（4）登記原因（選擇打✓一項）
　□第一次登記
　□買賣　□贈與　☑繼承　□分割繼承
　□設定　□法定
　□清償　□拋棄　□混同　□判決塗銷
　□權利價值變更　□權利內容等變更
　□分割　□合併　□地目變更　□共有物分割

（5）標示及申請權利內容　□詳如　□契約書　☑登記清冊　□複丈結果通知書　□建物測量成果圖

（6）附繳證件
　1.土地所有權狀 3份
　2.建物所有權狀 1份
　3.繼承系統表 1份
　4.戶籍謄本 3份
　5.印鑑證明書 2份
　6.遺產分割協議書正副本各 1份
　7.遺產稅繳（免）納證明書正影本各1份
　8.法院選任特別代理人公文正影本各 1份
　9.

（7）委任關係　本土地登記案之申請委託 陳坤涵 代理，複代理　。委託人確為登記標的物之權利人或權利關係人，並經核對身分無誤，如有虛偽不實，本代理人（複代理人）願負法律責任。[印]

（8）聯絡方式
　權利人電話
　義務人電話
　代理人聯絡電話 23218010；0937199444
　傳真電話 2395-5008
　電子郵件信箱 z2605@ms47.hinet.net
　不動產經紀業名稱及統一編號
　不動產經紀業電話

（9）備註

S0700000200-1

(10)申請人	(11)權利人或義務人	(12)姓名或名稱	(13)出生年月日	(14)統一編號	縣市	鄉鎮市區	村里	鄰	街路	段	巷	弄	號	樓	(16)簽章
	被繼承人	張三	民國112年3月1日死亡												
申請人	繼承人	陳芳芳	80.02.06	F200222555	台北	中山	○○	6	○○	○	○○		○○	○	印鑑章
	繼承人	張大明	100.10.20	F120484777	台北	中山	○○	○	○○	○	○○		○○	○	印
	特別代理人	張大德	36.10.31	F120481888	台北	中山	○○	○	○○		○○		○○	○	印鑑章
	代理人	陳坤涵	45.11.28	A12100000	台北	中正	梅花	6	紹興北				8	7	印

本案處理經過情形（以下各欄申請人請勿填寫）	初審	複審	審核	定	校簿	登簿	校簿	地價異動	通知領狀	知狀	異動通知	書狀印列	異動通知	校狀	交付發狀	列印書用	歸檔	狀印

登記清冊				申請人	陳芳芳印鑑章	張大明印	張大德印鑑章	簽章
土地標示	(1) 坐落	鄉鎮市區	文山	文山	文山			
		段	○○	○○	○○			
		小段	一	一	一			
	(2) 地號		234	211	255			
	(3) 面積（平方公尺）		309	155	279			
	(4) 權利範圍		2分之1	全部	2分之1			
	(5) 備註		張大明繼承	張大明繼承	陳芳芳繼承			

項目		內容
(6)建	建號	130
(7)門牌	鄉鎮市區	文山
	街 路	○○
	段巷弄	
	號 樓	135號2樓
(8)建物坐落	段	○○
	小段	一
	地號	255
(9)面積（平方公尺）	二層	39.86
	層	
	層	
	層	
	共計	39.86
(10)附屬建物	用途	
	面積（平方公尺）	
(11)權利範圍		全部
(12)備註		陳芳芳繼承

建物標示

● 被繼承人張三繼承系統表

被繼承人張三繼承系統表

張三
民國75年05月27日生
民國112年03月01日死亡 ———— 長男 張大明（繼承）
配偶 民國100年10月20日生
陳芳芳（繼承）
民國80年02月06日生

上列繼承系統表係參酌民法第1138條至第1140條之規定訂
立，如有遺漏或錯誤致他人受損害者，申請人願負法律責
任。

申請人：
　　陳芳芳〔印鑑章〕
　　張大明　㊞
　　特別代理人
　　張大德　　〔印鑑章〕

中　華　民　國　○　○　○　年　○　月　○　日

遺產分割協議書

遺產分割協議書

　　立協議書人陳芳芳、張大明（特別代理人為張大德）係被繼承人張三之合法繼承人，張三於民國112年3月1日不幸亡故，經立協議書人協議一致同意，按下列方式分割遺產，俾據以辦理繼承登記及其他手續。

一、由張大明繼承取得下列土地

縣市	鄉鎮區	段	小段	地號	地目	面積（平方公尺）	權利範圍
台北市	文山區	×	—	234	建	309	1/2
台北市	文山區	×	—	211	建	155	全部

二、由陳芳芳繼承取得下列土地及房屋

縣市	鄉鎮區	段	小段	地號	地目	面積（平方公尺）	權利範圍
台北市	文山區	×	—	255	建	279	1/2

建物門牌	建號	權利範圍
台北市文山區○○路135號2樓	台北市文山區○○段一小段130建號（基地座落：文山區○○段一小段255地號）	全部

三、現金新台幣3萬元由陳芳芳繼承。
四、台北市木柵農會之存款新台幣500萬元由陳芳芳繼承。
五、台北市銀行之房屋貸款由陳芳芳負責清償。
六、台北市銀行之存款新台幣57萬元由張大明繼承。
立協議書人：
　　　　繼承人：陳芳芳〔印鑑章〕
　　　　繼承人：張大明〔印〕
　　　　張大明特別代理人：張大德〔印鑑章〕

中　華　民　國　○　○　○　年　○　月　○　○　○　日

相關法令

①民法第106條

代理人，非經本人之許諾，不得為本人與自己之法律行為，亦不得既為第三人之代理人，而為本人與第三人之法律行為。但其法律行為，係專履行債務者，不在此限。

②民法第1086條

父母為其未成年子女之法定代理人。

父母之行為與未成年子女之利益相反，依法不得代理時，法院得依父母、未成年子女、主管機關、社會福利機構或其他利害關係人之聲請或依職權，為子女選任特別代理人。

③家事事件法第104條（管轄及費用負擔）

下列親子非訟事件，專屬子女住所或居所地法院管轄；無住所或居所者，得由法院認為適當之所在地法院管轄：

一、關於未成年子女扶養請求、其他權利義務之行使或負擔之酌定、改定、變更或重大事項權利行使酌定事件。

二、關於變更子女姓氏事件。

三、關於停止親權事件。

四、關於未成年子女選任特別代理人事件。

五、關於交付子女事件。

六、關於其他親子非訟事件。

未成年子女有數人，其住所或居所不在一法院管轄區域內者，各該住所或居所地之法院俱有管轄權。

第一項事件有理由時，程序費用由未成年子女之父母或父母之一方負擔。

④非訟事件法第14條

因非財產權關係為聲請者，徵收費用新臺幣一千元。

因非財產權關係而為聲請，並為財產上之請求者，關於財產上之請求，不另徵收費用。

■胎兒是繼承人，怎麼辦理繼承登記？

　　張三因意外過世，留下懷孕中的配偶陳芳芳及兒子張大明，陳芳芳已申報並繳納遺產稅，但不知該怎麼辦理繼承登記？

一、胎兒有繼承人的資格

　　依民法繼承編規定，不論是以什麼身分主張繼承，都限於繼承開始時仍然生存的人。所以，對於還沒有出生的人或已經過世的人，原則上是沒有繼承人的資格，這就是通稱的「同時存在原則」。因此，被繼承人的子女，如果在被繼承人死亡時仍生存著，縱使在被繼承人死亡後馬上跟著也過世，仍然擁有繼承人的資格。但如果依此原則，對於尚未出生的胎兒（遺腹子）自然沒有繼承人的資格，不僅不能保護胎兒的利益，而且也違背了被繼承人的希望及法律上承認遺產由親屬繼承的宗旨。因此，民法在總則編特別規定，對胎兒個人利益的保護，當成是一個已經出生的人一樣看待，一樣有繼承人的資格，享有繼承權，除非胎兒將來是死產[1]。

二、胎兒應繼分的保留

　　有多人共同繼承遺產時，依民法規定，應該保留胎兒的應繼分[2]，否則其他繼承人不可以分割遺產。至於為胎兒所保留的應繼分，應以其母親為代理人[3]。

三、胎兒的繼承登記

　　以胎兒為繼承人辦理繼承登記時，應以其母親為申請登記的法定代理人，並先以「胎兒」名義登記，等到胎兒出生後，再辦

理胎兒姓名的「更名登記」④。

四、繼承登記的辦理流程圖、流程說明、應備證件及書
　　表填寫說明請參考第246頁至第256頁。

S070000200-1

〔辦理繼承登記使用〕

| 收件 | 日期 | 年 月 日 時 分 | 收件 | 字 號 | 者章 |

| 收件 | 日期 字號 | | | | |

| | 遞件序別 | 連件（非連件者免填） | 共 件 | 第 件 | |

土 地 登 記 申 請 書

登記費	元	合計	元
書狀費	元	收據	字號
罰鍰	元	核算者	

(1) 受理機關　台北市　古亭地政事務所　□跨所申請　台北市　古亭地政事務所　縣市

(2) 原因發生日期　中華民國 112 年 3 月 1 日

(3) 申請登記事由（選擇打 ✓ 一項）
- □ 所有權第一次登記
- ☑ 所有權移轉登記
- □ 抵押權登記
- □ 抵押權塗銷登記
- □ 抵押權內容變更登記
- □ 標示變更登記

(4) 登記原因（選擇打 ✓ 一項）
- □ 第一次登記
- □ 買賣 □ 贈與 ☑ 繼承 □ 分割繼承 □ 拍賣 □ 共有物分割
- □ 設定 □ 法定
- □ 清償 □ 拋棄 □ 混同 □ 判決塗銷
- □ 權利價值變更 □ 權利內容等變更
- □ 分割 □ 合併 □ 地目變更

(5) 標示及申請權利內容　詳如　□ 契約書　☑ 登記清冊　□ 複丈結果通知書　□ 建物測量成果圖

(6) 附繳證件
1. 土地所有權狀 1 份
2. 建物所有權狀 1 份
3. 繼承系統表 1 份
4. 戶籍謄本 2 份
5. 印鑑證明書 1 份
6. 遺產分割協議書 1 份
7. 遺產稅免稅證明書正影本各 1 份
8. 胎兒證生證明文件 1 份
9.

(7) 委任關係　本土地登記案之申請委託 陳申涵 代理。 複代理。 委託人確為登記標的物之權利人或權利關係人，並經核對身分無誤，如有虛偽不實，本代理人（複代理人）願負法律責任。[印]

(8) 聯絡方式
- 權利人電話 23218010；0937199144
- 義務人電話 2395-5008
- 代理人聯絡電話
- 傳真電話
- 電子郵件信箱 z2605@ms47.hinet.net
- 不動產經紀業名稱及統一編號
- 不動產經紀業電話

(9) 備註

S070000200-1

(10)申請人	(11)權利人或義務人	(12)姓名或名稱	(13)出生年月日	(14)統一編號	縣市	鄉鎮市區	村里	鄰	街路	段	巷	弄	號	樓	(16)簽章
	被繼承人	張三	民國112年3月1日死亡												
	繼承人	張大明	100.01.20	F120487777	台北	中山	○○	○	○○	○	○		○	○	印
	繼承人	陳芳芳胎兒													
	繼承人兼上法定代理人	陳芳芳	75.12.06	F200222555	台北	中山	○○	○	○○	○	○		○	○	印
	代理人	陳坤涵	45.10.13	A12100000	台北	中正	梅花	6	紹興北				8	7	印

本案處理經過情形（以下各欄申請人請勿填寫）

初審	複審	審核	定簿	校簿	登簿	地價異動	通知領狀	書狀列印	書狀印	校狀	異動通知	交發狀	書狀用印	歸檔

〔辦理繼承登記使用〕

登記清冊

	登記清冊	申請人 陳芳芳印	張大明印	胎兒 法定代理人陳芳芳印	簽章
土地標示	(1)坐落　鄉鎮市區　文山				
	段　○○				
	小段　一				
	(2)地號　255				
	(3)面積（平方公尺）　279				
	(4)權利範圍　2分之1				
	(5)備註　陳芳芳、胎兒、張大明公同共有				

建物標示		
(6)建號	130
(7)門牌	鄉鎮市區	文山
	街 路 段	○○
	段 巷 弄	
	號 樓	135 號 2 樓
(8)建物坐落	段 小 段	○○
	地 號	一
(9)面積（平方公尺）	二 層	255
	層	39.86
	層	
	層	
	共 計	39.86
(10)附屬建物	用 途	
	面 積（平方公尺）	
(11)權利範圍	全部
(12)備註	陳芳芳、胎兒、張大明公同共有

● 被繼承人張三繼承系統表

被繼承人張三繼承系統表

張三 ─────────┬───── 長男 張大明（繼承）
民國75年05月27日生　　　　　民國100年01月20日生
民國112年03月01日死亡
配偶 ─────────┴───── 陳芳芳胎兒（繼承）
陳芳芳（繼承）
民國75年12月06日生

上列繼承系統表係參酌民法第1138條至第1140條之規定訂
立，如有遺漏或錯誤致他人受損害者，申請人願負法律責
任。

申請人：
　　　陳芳芳　印
　　　張大明　印
　　　胎兒
法定代理人：
　　　陳芳芳　印

中　華　民　國　○　○　○　年　○　月　○　日

S070000200-1

[辦 理 更 名 使 用]

收件	日期	年 月 日 時 分	收件		連件序列	非連件	共 件	第 件	登記費	元	合 計	元
	字號	字第 號	者章		（者免填）				書狀費	元	收據	號 字
									罰 鍰	元	核算者	

土 地 登 記 申 請 書

(1) 受理 機關

縣 台亭地政事務所 台北市 □跨所申請

資料管 轄機關

縣 台亭地政事務所 台北市

(2)原因發生 日期 中華民國 000 年 0 月 00 日

(3)申請登記事由 (選擇打∨一項)

- □ 所有權第一次登記
- □ 所有權移轉登記
- □ 抵押權登記
- □ 抵押權塗銷登記
- □ 抵押權內容變更登記
- □ 標示變更登記
- ☑ 更名登記

(4)登記原因 (選擇打∨一項)

- □ 第一次登記
- □ 買賣 □ 贈與 □ 繼承 □ 分割繼承 □ 拍賣 □ 共有物分割
- □ 設定 □ 法定
- □ 清償 □ 拋棄 □ 混同 □ 判決塗銷
- □ 權利價值變更 □ 權利內容等變更
- □ 分割 □ 合併 □ 地目變更
- ☑ 更名

(5)標示及申請權利內容 詳如 □契約書 ☑登記清冊 □複丈結果通知書 □建物測量成果圖

(6)附繳 證件
1. 土地所有權狀 1 份
2. 建物所有權狀 1 份
3. 繼承系統表 1 份

4. 戶籍謄本 2 份
5. 印鑑證明書 份
6. 遺產分割協議書 份

(7)委任 關係

本土地登記案之申請委託 陳坤涵 代理。 複代理。 委託人確為登記標的物之權利人或權利關係人，並經核對身分無誤，如有虛偽不 實，本代理人（複代理人）願負法律責任。印

(8)聯 絡 方 式

- 權利人電話
- 義務人電話
- 代理人聯絡電話 23218010；0937199444
- 傳真電話 2395-5008
- 電子郵件信箱 z2605@ms47.hinet.net
- 不動產經紀業名稱 及統一編號
- 不動產經紀業電話

(9)備 註

S0700000200-1

(10)申請人	(11)權利人或義務人	(12)姓名或名稱	(13)出生年月日	(14)統一編號	(15)住所 縣市	鄉鎮市區	村里	鄰	街路	段	巷	弄	號	樓	(16)簽章
申請人	權利人	張大昌	112.04.01	F120484777	台北	中山	○○	○	○○	○	○○	○○	○○	○○	印
	繼承人兼上列法定代理人	陳芳芳	75.12.06	F200222555	台北	中山	○○	○	○○	○	○○	○○	○○	○○	印
	代理人	陳坤涵	45.10.13	A12100000	台北	中正	梅花	6	綠興北				8	7	

本案經理過形情 （以下各欄申請人請勿填寫）	初審	複審	審核	定	登簿	校簿	書狀列印	校狀	書狀用印	歸檔
					地價異動	通知領狀	異動通知	交付發狀		

〔辦理更名使用〕

登 記 清 冊

		土地標示				申請人 張大昌	法定代理人 陳芳芳 印	簽章
(1)坐落	鄉鎮市區	文山						
	段	○○						
	小段	一						
(2)地號		255						
(3)面積(平方公尺)		279						
(4)權利範圍		公同共有 2分之1						
(5)備註								

建物標示			130
(6)建		號	130
(7)門牌		鄉鎮市區	文山
		街 路	○○
		段 巷 弄	
		號 樓	135號2樓
(8)建物坐落		段 小段	○○
		地 號	255
(9)面積（平方公尺）		二 層	39.86
		層	
		層	
		層	
		層	
		共 計	39.86
(10)附屬建物		用途	
		面積（平方公尺）	
(11)權利範圍			公同共有1分之1
(12)備註			

● 被繼承人張三繼承系統表

被繼承人張三繼承系統表

張三　　　　　　　　　　　　┌── 長男 張大明（繼承）
民國75年05月27日生　　　　　│　　民國100年01月20日生
民國112年03月01日死亡　　　│
配偶　　　　　　　　　　　　└── 次男 張大昌（繼承）
陳芳芳（繼承）　　　　　　　　　　民國112年04月01日生
民國75年12月06日生

上列繼承系統表係參酌民法第1138條至第1140條之規定訂
立，如有遺漏或錯誤致他人受損害者，申請人願負法律責
任。

申請人：張大明
　　　　張大昌
　　　　陳芳芳　　印
　　　　（兼上法定代理人）

中　華　民　國　○　○　○　年　○　月　○　日

🌢 相關法令

①民法第7條

胎兒以將來非死產者爲限，關於其個人利益之保護，視爲既已出生。

②民法第1144條

配偶有相互繼承遺產之權，其應繼分，依左列各款定之：

一、與第一千一百三十八條所定第一順序之繼承人同爲繼承時，其應繼分與他繼承人平均。

二、與第一千一百三十八條所定第二順序或第三順序之繼承人同爲繼承時，其應繼分爲遺產二分之一。

三、與第一千一百三十八條所定第四順序之繼承人同爲繼承時，其應繼分爲遺產三分之二。

四、無第一千一百三十八條所定第一順序至第四順序之繼承人時，其應繼分爲遺產全部。

③民法第1166條

胎兒爲繼承人時，非保留其應繼分，他繼承人不得分割遺產。

胎兒關於遺產之分割，以其母爲代理人。

④土地登記規則第121條

胎兒爲繼承人時，應由其母以胎兒名義申請登記，俟其出生辦理戶籍登記後，再行辦理更名登記。

前項胎兒以將來非死產者爲限。如將來爲死產者，其經登記之權利，溯及繼承開始時消滅，由其他繼承人共同申請更正登記。

▨ 找不到權狀怎麼辦理繼承登記？

　　李四不幸在一場車禍中意外身亡，其繼承人李國華、李國偉在向地政事務所辦理繼承登記前，一直找不到權狀，不知該怎麼辦理繼承登記？

一、檢附切結書辦理

　　依土地登記規則規定，申請繼承登記時，如因原權利書狀遺失或因部分繼承人故意刁難，不能檢附時，可由申請的繼承人檢附切結書辦理即可，地政事務所在繼承登記完畢的同時，會將原權利書狀公告作廢[①]。

二、繼承登記的辦理流程、流程說明、應備證件及書表填寫說明請參考第246頁至第256頁。

S0700000200-1

收件	日期	年 月 日 時 分	收件	者章
	字號	字第 號		

連件序別	共 件 第 件
（非連件者免填）	

登記費		元	合 計	元
書狀費		元	收 據	字 號
罰 鍰		元	核算者	

土 地 登 記 申 請 書

(1)受理機關	台北市 縣市 台亭地政事務所 □跨所申請	資料管轄機關 台北市 縣市 台亭地政事務所	(2)原因發生日期	中華民國 112 年 3 月 1 日

(3)申請登記事由（選擇打✓一項）

(4)登記原因（選擇打✓一項）

申請登記事由	登記原因
□ 所有權第一次登記	□ 第一次登記
☑ 所有權移轉登記	□ 買賣 □ 贈與 □ 交換 □ 分割繼承 ☑ 繼承 □ 拍賣 □ 共有物分割
□ 抵押權登記	□ 設定 □ 法定
□ 抵押權塗銷登記	□ 清償 □ 拋棄 □ 混同 □ 判決塗銷
□ 抵押權內容變更登記	□ 權利價值變更 □ 權利內容等變更
□ 標示變更登記	□ 分割 □ 合併 □ 地目變更
□	□

(5)標示及申請權利內容 詳如 □契約書 ☑登記清冊 □複丈結果通知書 □建物測量成果圖

(6)附繳證件	1. 土地所有權狀 _____ 份
	2. 建物所有權狀 _____ 份
	3. 繼承系統表 1 份
	4. 戶籍謄本 3 份
	5. 印鑑證明書 _____ 份
	6. 遺產分割協議書 _____ 份
	7. 遺產稅繳（免）納證明書正影本各 1 份
	8. 切結書 1 份
	9.

(7)委任關係

本土地登記案之申請委託 陳坤涵 代理。 複代理。
委託人確為登記標的物之權利人或權利關係人，並經核對身分無誤，如有虛偽不實，本代理人（複代理人）願負法律責任。 [印]

(8)聯絡方式

聯絡電話	23218010：0937199444
傳真電話	2395-5008
電子郵件信箱	z2605@ms47.hinet.net
不動產經紀業名稱及統一編號	
不動產經紀業電話	

權利人電話	
義務人電話	
代理人聯絡電話	

(9)備註

S0700000200-1

(11) 權利人或義務人	(12) 姓名或名稱	(13) 出生年月日	(14) 統一編號	(15) 住所 縣市	鄉鎮市區	村里	鄰	街路	段	巷	弄	號	樓	(16) 簽章
被繼承人	李四	民國112年3月1日死亡												
繼承人	李國華	51.01.01	F100222555	台北	中山	○○	○	○○	○	○○	○	○	○	印
繼承人	李國偉	55.02.05	F100222666	台北	中山	○○	○	○○	○	○○	○	○	○	印
代理人	陳坤涵	45.10.13	A12100000	台北	中正	梅花	6	紹興北				8	7	印

(10) 申請人

本案處理經過情形（以下各欄請申請人勿填寫）

初審	複審	審核	定	登簿	校簿	書狀印列	校狀	書狀用印	歸檔
				地價異動	通知領狀	異動通知	支發付狀		

登記清冊

			申請人李國華[印] 李國偉[印] 簽章

土地標示			
(1) 坐落	鄉鎮市區	文山	文山
	段	實踐	實踐
	小段	一	一
(2) 地號		777	888
(3) 面積（平方公尺）		311	197
(4) 權利範圍		2分之1	全部
(5) 備註		李國華、李國偉、李繼承各4分之1	李國華、李國偉、李繼承各2分之1

建物標示		
(6)建號		
(7)門牌	鄉鎮市區	
	街路	
	段巷弄	
	號樓	
(8)建物坐落	段	
	小段	
	地號	
(9)面積（平方公尺）	一層	
	二層	
	層	
	層	
	層	
	共計	
(10)附屬建物	用途	
	面積（平方公尺）	
(11)權利範圍		
(12)備註		

● 被繼承人李四繼承系統表

被繼承人李四繼承系統表

```
李四                                                    長男 李國華 （繼承）
民國20年05月05日生                                        民國51年01月01日生
民國112年03月01日死亡
配偶                                                    次男 李國偉 （繼承）
王阿月 （無繼承權）                                        民國55年02月05日生
民國21年06月11日生
民國80年02月17日死亡
```

上列繼承系統表係參酌民法第1138條至第1140條之規定訂立，如有遺漏或錯誤致他人受損害者，申請人願負法律責任。

申請人：李國華　印章
　　　　李國偉　印章

中　華　民　國　○　○　○　年　○　月　○　日

● 切結書

切結書

　　立切結書人李國華、李國偉係被繼承人李四之合法繼承人，李四於民國○○○年○月○日不幸亡故，其所有下列土地（標示如下）之所有權狀無法尋獲，顯已遺失，因未能提出四鄰店舖保證書，特立本切結書切結屬實，若有虛偽不實或其他不法情事，致損害他人權益時，立切結書人願負賠償及法律責任。

縣市	鄉鎮區	段	小段	地號	地目	面積（平方公尺）	權利範圍
台北市	文山區	實踐	—	777	建	311	1/2
台北市	文山區	實踐	—	888	建	197	全部

此致
台北市古亭地政事務所

立切結書人：

李國華〔印〕
李國偉〔印〕

中　華　民　國　○　○　○　年　○　月　○　日

相關法令

①土地登記規則第67條

土地登記有下列各款情形之一者,未能提出權利書狀者,應於登記完畢後公告註銷:

一、申辦繼承登記,經申請之繼承人檢附切結書。

二、申請他項權利塗銷登記,經檢附他項權利人切結書者,或他項權利人出具已交付權利書狀之證明文件,並經申請人檢附未能提出之切結書。

三、申請建物滅失登記,經申請人檢附切結書。

四、申請塗銷信託、信託歸屬或受託人變更登記,經權利人檢附切結書。

五、申請都市更新權利變換登記,未受分配或不願參與分配者;或經登記機關於登記完畢後通知換領土地及建築物權利書狀,未於規定期限內提出。

六、合於第三十五條第一款至第五款、第九款、第十二款及第十三款情形之一。但經中央地政主管機關公告權利書狀免予公告註銷者,不在此限。

■ 金融機構存款怎麼辦理繼承存款手續？

　　張三因病過世，生前遺留不少金融機構存款，其繼承人不知該怎麼辦理繼承手續？

一、金融機構存款繼承

　　被繼承人死亡，戶政機關並不會通報各金融機構，所以有很多繼承人就拿被繼承人的存摺及原留印鑑直接提領被繼承人的存款或辦理結清的手續。如果繼承人認為此舉恐有偽照文書之嫌或怕引起繼承人間的爭議，繼承人可依照各金融機構的繼承存款手續辦理。

二、辦理繼承存款手續的注意事項

(一)繼承人辦理繼承存款手續時，大部分的金融機構都會要求繼承人親自到該金融機構辦理。

(二)有關被繼承人的定期存款須先辦理解約後再辦理繼承存款手續，但是定期存款未到期即提前解約會造成利息的損失，所以繼承人可考慮等定期存款到期後，再辦理繼承存款手續，以避免損失利息。

(三)由於每個金融機構對於繼承存款手續所要求的證件並不一致，繼承人在辦理前最好向各該金融機構查詢清楚，以下的應備證件可供讀者參考。

繼承存款手續應備證件

文件名稱	文件來源	備註及注意事項
被繼承人除戶戶籍謄本	向戶政事務所申請	
各繼承人之戶籍謄本	向戶政事務所申請	
繼承系統表	自行檢附	可參考第295頁範例
法院核准備查文件	法院	繼承人拋棄繼承時檢附
繼承人印鑑證明	向戶政事務所申請	
遺產分割協議書正副本	自行檢附	
遺產稅繳清或免稅證明書正、影本	稽徵機關	影本須簽註切結
被繼承人之存摺或定存單	自行檢附	
繼承人印章	自行檢附	
死亡證明書	自行檢附	
繼承人身分證正、影本	自行檢附	

▌上市、上櫃股票怎麼辦理繼承手續？

> 　　張三生前是以操作股票為業，因病過世後，遺留不少上市、
> 上櫃的股票，其繼承人不知該怎麼辦理股票繼承手續？

一、股票繼承手續

　　繼承人申報遺產稅取得遺產稅繳清證明書或免稅證明書後，即可由繼承人或委託代理人向股票發行公司或向該股票發行公司的股務代理人洽辦股票繼承手續。如聯華電子股份有限公司的股務代理人是弘遠證券股份有限公司，台灣積體電路製造股份有限公司的股務代理人為中國信託商業銀行代理部等。

二、股票繼承手續的注意事項

(一)股票發行公司的股務代理人並非固定，隨時都有可能更換，所以繼承人在事前最好先向證券商確定清楚，以免白跑一趟。

(二)有些股票是由台灣證券集中保管股份有限公司統一保管，股票並非由被繼承人持有，所有繼承人須領回後才能辦理。

(三)繼承人在辦理股票繼承時，若發現實際股數多於申報遺產稅時的股數，繼承人應注意配股的日期，如果配股的日期在繼承發生日以前，該配股應屬於被繼承人所有，繼承人可能漏報遺產稅，須向稽徵機關補報遺產稅，如果配股的日期在繼承發生日以後，該配股即屬於繼承人所有，不須補報遺產稅，繼承人只要申報所得稅即可。

(四)由於每個股票發行公司或股務代理人對於繼承手續所須準備的證件並不統一，所以繼承人在事前最好能再查詢清楚，以下的應備證件可供讀者參考。

股票繼承手續應備證件

文件名稱	文件來源	備註及注意事項
被繼承人除戶戶籍謄本	向戶政事務所申請	
各繼承人之戶籍謄本	向戶政事務所申請	
繼承系統表	自行檢附	請參考第295頁
法院核准備查文件	法院	繼承人拋棄繼承時檢附
繼承人印鑑證明	向戶政事務所申請	
遺產分割協議書正副本（股份分配同意書）	自行檢附	
遺產稅繳清或免稅證明書正本及影本	稽徵機關	影本須簽註切結
股票正本	自行檢附	集保股票須領回
死亡證明書	自行檢附	
繼承人印章	自行檢附	
繼承人身分證正、影本	自行檢附	

附錄1　全國各稅捐稽徵處及分處住址、電話一覽表

台北市

單位名稱	地址	電話
總　　處	中正區北平東路7-2號	(02)2394-9211
大同分處	大同區昌吉街57號3樓之2	(02)2587-3650
信義分處	信義區福德街86號7樓	(02)2723-5067
中山分處	中山區松江路367號3樓	(02)2503-9221
士林分處	士林區美崙街41號	(02)2831-8101
南港分處	南港區南港路一段360號3樓	(02)2783-4254
內湖分處	內湖區民權東路六段99號2樓	(02)2792-2059
文山分處	文山區木柵路三段220號4樓	(02)2234-3518
松山分處	松山區八德路三段178號3、4樓	(02)2570-3911
中正分處	中正區北平東路7-2號1樓	(02)2393-9386
北投分處	北投區新市街30號3樓	(02)2895-1341
萬華分處	萬華區和平西路三段120號6樓	(02)2302-1191
大安分處	大安區新生南路二段86號3樓	(02)2358-1770

新北市

單位名稱	地址	電話
總　　處	板橋區中山路一段143號	(02)8952-8200
板橋分處	板橋區中山路一段143號4樓	(02)8952-8200
三鶯分處	三峽區中山路175號	(02)8671-8230
三重分處	三重區重陽路一段115號	(02)8971-2345
中和分處	中和區復興路278號	(02)8245-0100
新莊分處	新莊區仁愛街56號	(02)2277-1300
新店分處	新店區北新路一段86號17樓	(02)8914-8888
淡水分處	淡水區中山北路二段375號3樓	(02)2621-2001
汐止分處	汐止區新台五路一段268號8樓	(02)8643-2288
瑞芳分處	瑞芳區明燈路三段42號	(02)2406-2800
林口分處	林口區忠孝二路55號3樓	(02)2600-5200

宜蘭縣

單位名稱	地址	電話
總　　局	宜蘭市中山路二段165號	(03)932-5101
羅東分局	羅東鎮興東路32號	(03)954-2226

基隆市

單位名稱	地址	電話
總　　局	安樂區安樂路二段162號	(02)2433-1888

桃園市

單位名稱	地址	電話
總　　局	桃園市成功路二段179號	(03)332-6181
中壢分局	中壢市普義里溪洲街296號3樓	(03)451-5111
楊梅分局	楊梅市中山路212號	(03)478-1974
大溪分局	大溪鎮員林路一段16號2樓	(03)380-0072
蘆竹分局	蘆竹區南崁路150號2樓	(03)352-8671

新竹縣

單位名稱	地址	電話
總　　局	竹北市光明六路6號	(03)551-8141
竹東分局	竹東鎮杞林路71號	(03)596-9663

新竹市

單位名稱	地址	電話
總　　局	中央路112號	(03)522-5161

苗栗縣

單位名稱	地址	電話
總　　局	苗栗市府前路46號	(03)733-1900
竹南分局	竹南鎮福德路135號	(03)747-2215

台中市

單位名稱	地址	電話
總局	西屯區文心路二段99號	(04)2258-5000
文心分局	西屯區文心路二段99號1樓	(04)2258-0606
民權分局	北區精武路291-3號（精武圖書館內）	(04)2229-6181
東山分局	北屯區北平路三段38號	(04)2232-9735
大智分局	東區建中街141號	(04)2282-5205
豐原分局	豐原區中山路219號	(04)2526-2172
大屯分局	大里區中興路二段633號	(04)2485-3146
沙鹿分局	沙鹿區鎮政路8號	(04)2662-4146
東勢分局	東勢區東蘭路25-2號	(04)2587-1160

南投縣

單位名稱	地址	電話
總　　局	南投市復興路2號	(049)222-2121
埔里分局	埔里鎮中山路二段250號	(049)298-2054
竹山分局	竹山鎮雲林里公所路102號	(049)264-2053

彰化縣

單位名稱	地址	電話
總　　局	彰化市中山路二段187號	(04)723-9131
員林分局	員林市惠明街319號	(04)832-0140
北斗分局	北斗鎮光復路238號	(04)887-0001

雲林縣

單位名稱	地址	電話
總　　局	斗六市府文路35號	(05)532-3941
虎尾分局	虎尾鎮光明路118號	(05)633-8940
北港分局	北港鎮文仁路6號	(05)783-6146

嘉義縣

單位名稱	地址	電話
總　　局	太保市祥和二路東段5號	(05)362-0909
民雄分局	民雄鄉文隆村建國路二段263號	(05)226-0505

嘉義市

單位名稱	地址	電話
總　　局	中山路154號	(05)222-4371

台南市

單位名稱	地址	電　話
台南分局	中西區忠義路一段96號	(06)216-0216
安南分局	安南區安中路三段139號	(06)256-5148
新營分局	新營區民治路36號	(06)635-1141
新化分局	新化區中正路586號	(06)598-1110
佳里分局	佳里區忠孝路25號	(06)722-4178

高雄市

單位名稱	地　址	電　話
新興分處	新興區中正三路25號2樓	(07)229-4243
三民分處	三民區哈爾濱街215號8樓	(07)322-5001
前鎮分處	前鎮區康定路151號4樓	(07)841-6205
小港分處	小港區小港路158號5樓	(07)812-2350
鹽埕分處	鹽埕區大仁路6號3樓	(07)531-5731
左營分處	左營區左營大路479號6樓	(07)583-2221
楠梓分處	楠梓區楠梓新路264號7樓	(07)353-1007
鳳山分處	鳳山區國泰路二段136號	(07)741-0141
旗山分處	旗山區延平一路495號	(07)661-2021
岡山分處	岡山區仁壽路53號	(07)625-6811
大寮分處	大寮區鳳林三路336號	(07)781-2919
仁武分處	仁武區中正路94號5樓	(07)375-7600

屏東縣

單位名稱	地址	電話
總　　局	屏東市北平路24號	(08)733-8086
潮州分局	潮州鎮光華里三華巷16號	(08)788-2477
東港分局	東港鎮朝安里新生二路16號	(08)835-4780
恆春分局	恆春鎮南門路98號	(08)889-5255

花蓮縣

單位名稱	地址	電話
總　　局	花蓮市府前路19號	(03)822-6121
玉里分局	玉里鎮忠孝路151號	(03)888-2047

台東縣

單位名稱	地址	電話
總　　局	台東市中興路二段729號	(089)231-600

附錄2　財政部台北國稅局暨所屬各稽徵所通訊錄

機關名稱	地址	電話
總局	萬華區中華路一段2號	(02)2311-3711
大安分局	大安區新生南路二段86號4、6、7樓	(02)2358-7979
松山分局	中山區南京東路三段131號3、4樓	(02)2718-3606
信義分局	信義區福德街86號5樓	(02)2720-1599
中正分局	中正區潮州街2號	(02)2396-5062
北投稽徵所	北投區新市街30號3樓之3	(02)2895-1515
大同稽徵所	大同區昌吉街57號3樓之4	(02)2585-3833
中北稽徵所	中山區松江路219號1～5樓	(02)2502-4181
萬華稽徵所	萬華區萬大路90巷1號	(02)2304-2270
南港稽徵所	南港區南港路一段360號5樓	(02)2783-3151
文山稽徵所	文山區木柵路三段220號5、6樓	(02)2234-3833
中南稽徵所	中山區松江路219號1～5樓	(02)2506-3050
士林稽徵所	士林區美崙街43號1、3樓（服務管理股、綜所稅） 士林區文林路546號3樓（營業稅、營所稅）	(02)2831-5171
內湖稽徵所	內湖區民權東路六段114號2、4、5、6樓	(02)2792-8671

附錄3 財政部高雄國稅局暨所屬各稽徵所通訊錄

機關名稱	地址	服務電話
總局	苓雅區廣州一街148號	(07)725-6600
三民分局	三民區哈爾濱街215號7樓（第一辦公室） 三民區大順二路468號8樓（第二辦公室）	(07)322-8838 (07)382-9211
鳳山分局	鳳山區曹公路55-1號	(07)740-4001
新興稽徵所	新興區中正三路34號8樓	(07)236-7261
苓雅稽徵所	苓雅區民權一路85號8樓	(07)330-2058
鼓山稽徵所	鼓山區鼓山二路166號6樓	(07)521-5258
楠梓稽徵所	楠梓區楠梓新路264號6樓	(07)352-2491
前鎮稽徵所	前鎮區英德街151號	(07)715-1511
小港稽徵所	小港區小港路158號6樓	(07)812-3746
左營稽徵所	左營區左營大路479號7樓	(07)587-4709
鹽埕稽徵所	鹽埕區大仁路6號6樓	(07)533-7257
旗山稽徵所	旗山區華中街3-1號	(07)661-2027
岡山稽徵所	岡山區介壽路100號	(07)626-0123
楠梓稽徵所科技產業園區服務處	楠梓區加昌路600-9號	(07)361-4112

附錄4　財政部北區國稅局暨所屬各分局、稽徵所通訊錄

機關名稱	地址	服務電話
北區國稅局	桃園市桃園區三元街156號	(03)339-6789
基隆分局	基隆市安樂區安樂路二段162號	(02)2433-1900
板橋分局	新北市板橋區文化路一段48號（文化路辦公室） 新北市板橋區中山路一段143號1、3樓（中山路辦公室）	(02)2968-3569
桃園分局	桃園市桃園區三元街150號1樓	(03)339-6511
新竹分局	新竹市中央路112號6樓（中央路辦公室） 新竹市北大路90-2號（北大路辦公室）	(03)533-6060
竹北分局	新竹縣竹北市縣政九路120號	(03)558-5700
宜蘭分局	宜蘭市泰山路65號	(03)935-7201
花蓮分局	花蓮市明禮路131號	(03)831-1860
七堵稽徵所	基隆市七堵區光明路21號5樓	(02)2455-1242
信義稽徵所	基隆市信義區信一路57號2樓	(02)2428-6511
汐止稽徵所	新北市汐止區新台五路一段268號9樓	(02)2648-6301
三重稽徵所	新北市三重區集賢路175號3-9樓	(02)8287-3300
淡水稽徵所	新北市淡水區中正路299-10號1樓（第一辦公室） 新北市淡水區中正路199號（第二辦公室）	(02)2635-1532 (02)2628-3266
新店稽徵所	新北市新店區北新路一段86號16樓	(02)2918-2010
瑞芳服務處	新北市瑞芳區明燈路三段42號4樓	(02)2496-9641
中和稽徵所	新北市中和區中正路866號9樓、868號8樓	(02)8227-5168
新莊稽徵所	新北市新莊區中平路439號北棟3、4樓	(02)8995-6789
楊梅稽徵所	桃園市楊梅區中山北路二段318號	(03)431-1851
中壢稽徵所	桃園市中壢區中平路115號（第一辦公室） 桃園市中壢區中央東路28號（第二辦公室）	(03)422-5171 (03)280-5123
大溪稽徵所	桃園市大溪區公園路16號	(03)390-0265
竹東稽徵所	新竹縣竹東鎮東林路128號2樓	(03)594-6640

機關名稱	地址	服務電話
羅東稽徵所	宜蘭縣羅東鎮興東路16號1、3、4、8樓 （第一辦公室） 宜蘭縣羅東鎮興東路32號2樓（第二辦公室）	(03)954-6508
玉里稽徵所	花蓮縣玉里鎮光復路52號	(03)888-1070
金門稽徵所	金門縣金城鎮金山路46號	(08)232-3984
馬祖服務處	連江縣南竿鄉福沃村141號2樓	(08)362-5861

附錄5 財政部中區國稅局暨所屬各分局、稽徵所通訊錄

機關名稱	地址	服務電話
中區國稅局	台中市西區民生路168號	(04)2305-1111
苗栗分局	苗栗縣苗栗市玉華里玉清路386號	(03)732-0063
台中分局	台中市西屯區文心路二段99號	(04)2258-8181
豐原分局	台中市豐原區南陽路515號	(04)2529-1040
南投分局	南投縣南投市中興路667號	(049)222-3067
彰化分局	彰化市中山路二段187號	(04)727-4325
雲林分局	雲林縣斗六市府文路35號3樓	(05)534-5573
東山稽徵所	台中市北屯區豐樂路二段168號	(04)2422-5822
民權稽徵所	台中市西區民生路168號1樓	(04)2305-1116
沙鹿稽徵所	台中市沙鹿區鎮政路10巷1號	(04)2665-1351
大屯稽徵所	台中市大里區中興路二段633號1、3、4樓（第一辦公室） 台中市大里區德芳路一段63號5、6樓（第二辦公室）	(04)2485-2934
東勢稽徵所	台中市東勢區正二街臨1號	(04)2588-1178
大智稽徵所	台中市西區民權路95號8、9樓	(04)2261-2821
竹南稽徵所	苗栗縣竹南鎮福德路135號	(03)746-0597
埔里稽徵所	南投縣埔里鎮中山路二段252號3、4樓	(04)9299-0991
竹山稽徵所	南投縣竹山鎮雲林里公所路106號	(04)9264-1914
員林稽徵所	彰化縣員林市三義里惠明街319號	(04)833-2100
北斗稽徵所	彰化縣北斗鎮中山路二段309號	(04)887-1204
北港稽徵所	雲林縣北港鎮民樂路58號	(05)782-0249
虎尾稽徵所	雲林縣虎尾鎮光明路118號4樓	(05)633-8571

附錄6 財政部南區國稅局暨所屬各分局、稽徵所通訊錄

機關名稱	地址	服務電話
南區國稅局	台南市北區富北街7號6～17樓	(06)222-3111
嘉義縣分局	嘉義縣太保市祥和二路東段5號4樓	(05)362-1010
嘉義市分局	嘉義市中山路199號4、5樓	(05)228-2233
台南分局	台南市北區富北街7號	(06)222-0961
新營分局	台南市新營區民治路36號（稅務大樓2～4樓）	(06)657-3111
屏東分局	屏東市北興街55號	(08)731-1166
台東分局	台東市中山路1號	(08)936-0001
澎湖分局	澎湖縣馬公市西文里新店路261號	(06)926-2340
民雄稽徵所	嘉義縣民雄鄉文隆村建國路二段263-1號	(05)206-2141
安南稽徵所	台南市安南區安中路三段139號2、3樓	(06)246-7780
新化稽徵所	台南市新化區中正路588號	(06)597-8211
佳里稽徵所	台南市佳里區忠孝路25號3、4樓	(06)723-0284
東港稽徵所	屏東縣東港鎮新生二路16號2樓	(08)833-0132
潮州稽徵所	屏東縣潮州鎮光華里永康街66號	(08)789-9871
恆春稽徵所	屏東縣恆春鎮南門路98號2～4樓	(08)889-2484

附錄7 台北市各地政事務所受理人民申請案件辦畢郵寄到家服務要點

中華民國104年4月9日修正全文4點,並自104年4月15日施行。

一、為推行為民服務工作,減少民眾申請案件往返次數及等待時間,特訂定本要點。

二、本市各地政事務所受理人民申請登記、測量案件及英文不動產權利登記證明時,應依申請人或代理人之申請及本要點規定,將應發給或發還之有關證件郵寄到家。

三、案件辦畢郵寄到家之申請方式如下:

(一)郵寄到家申請單(詳如後附格式)應由申請人或代理人簽名蓋章。

(二)地政事務所提供之信封,應由申請人或代理人填妥收件人姓名、住址、郵遞區號,並貼足雙掛號郵資或預置郵資、現金。

(三)申請案件如有隨案申請謄本應先依法繳清工本費或預置現金。

(四)申請人或代理人於郵寄到家申請單勾選是否需於郵寄後以簡訊通知。

四、地政事務所應辦理事項:

(一)收件人員應就前點郵寄到家申請單及回件信封,檢查是否書寫清楚、點收預收之郵資或現金,並於收件收據加蓋「證件郵寄」戳記。

(二)收件人員將郵寄到家申請單裝訂於登記、測量申請書或英文不動產權利登記證明申請書上,並於收件清冊上加蓋紅色「證件郵寄」戳記。

(三)申請案件辦理完竣後,以書函將應發給或發還之證件及剩餘郵資(含剩餘現金之等值郵資)寄還申請人或代理人,書函並應敘明「預置郵資、現金各○○元,剩餘郵資○○元(含剩餘現金○○元之等值郵資)一併寄還」字樣。

(四)發件人員於登記或測量案件收件清冊註記發文號,並於收到雙掛號回執時,併案件歸檔。

(五)申請人或代理人需提供簡訊通知服務者,地政事務所應於郵寄後一個工作天內發送簡訊。

附錄8 111年度台北市政府人民申請案件處理期限及應繳證件一覽表（地政類節錄）

項目名稱	1、申請登記簿、地籍圖、建物測量成果圖、地價等謄本

應備證件	1. 一般申辦（非網路申辦，含申請第一類、第二類、第三類謄本）：
	(1) 申請書（臨櫃申請者，得以系統自動列印，免填寫申請書）。
	(2) 申請人、代理人或複代理人應出具貼有照片之國民身分證或駕照或健保卡等證件正本，供地政機關核對無誤後發還。
	(3) 申請核發第一類土地登記及地價資料謄本時，應同時檢附之文件：
	  A. 申請人為公務機關，應以公文提出申請，並表明符合「個人資料保護法」第16條規定。
	  B. 申請人為債權人，請檢附法院依強制執行法第19條規定命其查報之文件或檢附法院委託辦理不動產拍賣變賣業務之公正第三人（台灣金融資產服務股份有限公司）出具之通知，該文件或通知應載明強制執行案號、債權人姓名、債務人姓名、不動產標示及所需謄本種類。
	  C. 申請人為訴訟繫屬相關人，請檢附法院文件應載明訴訟案號、不動產標示、所需謄本種類、當事人（即訴訟之兩造）或登記名義人姓名。
	  D. 申請人為繼承人，其與被繼承人之身分證明無法以電腦處理達成查詢者，應檢附繼承人國民身分證影本或戶口名簿影本或其他足資證明為繼承人之證明文件，及載有被繼承人死亡記事之戶籍資料。
	  E. 其他依法令得申請者，依其法令規定應檢附之文件。
	(4) 利害關係人申請第三類謄本，應依內政部訂頒「核發土地登記及地價資料謄本注意事項」檢附證明文件。
	2. 網路申辦（僅限第一、第二類謄本）：
	自然人憑證或工商憑證（申請第二類者無需檢附，但屬點數卡帳號者仍需檢附）。

申請方式	臨櫃親自申辦、委託申辦、郵寄申辦、傳真申辦、網路申辦（全程式）
繳費方式	網路繳款： ■臺北市政府智慧支付平台□網路ATM□線上信用卡■其他（由委外營運廠商中華電信數據通信分公司及關貿網路股份有限公司辦理帳務作業）

	非網路繳款： ■臨櫃繳費■金融機構匯款■信用卡□郵政劃撥□超商繳費■支票或匯票□電話繳款■悠遊卡■其他（晶片金融卡）
處理時限	1. 一般申辦（非網路）： 　(1)申請第一、第二類謄本： 　　A.臨櫃親自申辦、委託申辦、傳真申辦：0.125日（1小時） 　　B.郵寄申辦：1日 　(2)申請第三類謄本（限臨櫃親自申辦或委託申辦）：4日 2. 網路申辦：0.125日（1小時）■全程式□非全程式□網路預約 3. 須會外機關審查（個案性）：無 4. 須層轉核釋：2個月（60日）
備註	1. 土地登記及地價電子資料謄本分為三類： 　(1)第一類：本人或其代理人提出登記名義人之統一編號，得申請提供各種類土地登記及地價資料，其個人全部登記及地價資料均予顯示，至其他共有人、他項權利人及其管理者之出生日期、部分姓名、部分統一編號、債務人及債務額比例、設定義務人及其他依法令規定需隱匿之資料不予顯示（「本人」係指申請人屬土地登記之所有權人、他項權利人及其管理者或所有權人、他項權利人之繼承人；「登記名義人」係指土地登記之所有權人、他項權利人及其管理者）。 　(2)第二類：任何人均得申請隱匿登記名義人之出生日期、部分姓名、部分統一編號、債務人及債務額比例、設定義務人及其他依法令規定需隱匿之土地登記及地價資料。 　(3)第三類：登記名義人、具有法律上通知義務或權利義務得喪變更關係之利害關係人得申請隱匿登記名義人之統一編號、出生日期之土地登記及地價資料。 2. 網路申辦提供地政電子謄本線上申請、下載及驗證，本市受理申請時間為週一至週六，8時至21時，遇例假日不開放。另網路申辦以現行地籍資料為限且僅受理第一、二類謄本，申請人若需要將地政電子謄本提供給機關單位、公司行號或民眾時，可利用該地政電子謄本第一頁之檢查號及最後一頁查驗網站，或點選「下載」功能，逕為下載加密檔，供需要地籍謄本的機關單位、公司行號或民眾上網進行相關驗證（中華電信http://ttt.land.hinet.net；關貿網路http://ttt.land.net.tw），驗證作業請參閱驗證程序說明。

項目名稱	5、土地建物繼承登記
應備證件	1. 登記申請書。 2. 登記清冊。 3. 繼承人現在戶籍謄本及載有被繼承人死亡記事之戶籍謄本（無法以電腦處理達成查詢者需檢附）。 4. 繼承系統表。 5. 繼承權拋棄書（繼承開始於中華民國74年6月4日以前者檢附，拋棄繼承者應親自到場核對身分，未能親自到場核對身分者應檢附印鑑證明）或法院核准拋棄繼承備查文件。 6. 遺產稅繳清或免稅證明書或不計入遺產總額證明書或同意移轉證明書（被繼承人於民國38年6月14日前死亡者免附）。 7. 遺產分割協議書及立協議書人之印鑑證明（繼承人未能親自到場核對身分時檢附）。 8. 土地、建物所有權狀或他項權利證明書。 9. 法院許可之證明文件（監護人代理受監護人或受監護宣告之人處分土地權利時檢附）。 10.法院選任特別代理人之證明文件（分割繼承時，繼承人中有未成年人或受監護宣告之人，繼承人間利益相反或依法不得代理時檢附）。 11.其他依法令規定應檢附之文件經申請案件受理機關載明要求加以補齊者。
申請方式	臨櫃親自申辦、委託申辦、網路申辦（非全程式）
繳費方式	網路繳款： ■臺北市政府智慧支付平台□網路ATM□線上信用卡■其他（晶片金融卡） 非網路繳款： ■臨櫃繳費■金融機構匯款■信用卡□郵政劃撥□超商繳費■支票或匯票□電話繳款■悠遊卡■其他（晶片金融卡）
處理時限	1. 一般申辦（非網路）：5.5日 2. 網路申辦：5.5日□全程式■非全程式□網路預約 3. 須會外機關審查(個案性)：無 4. 須層轉核釋：2個月（60日）
備註	1. 隨案申請謄本增加1小時。 2. 申請跨所收件案件之處理時限，自轄區地政事務所收執後起算。 3. 立協議書人或拋棄繼承者檢附之印鑑證明以登記原因發生日期前1年以後核發者為限。

	4. 依土地登記規則第40條規定，申請登記時，登記義務人應親自到場核對身分，但有土地登記規則第41條各款情形者，當事人得免親自到場。
	5. 繼承登記，應於被繼承人死亡之日起6個月內為之。聲請逾期者，每逾1個月得處應納登記費額1倍之罰鍰，但最高不得超過20倍。
項目名稱	**6、土地建物遺贈登記**
應備證件	1. 登記申請書。 2. 登記清冊。 3. 遺贈人遺囑。 4. 申請人身分證明文件（無法以電腦處理達成查詢者，申請人為自然人者，應檢附身分證影本、戶口名簿影本或戶籍謄本；申請人為法人者，應檢附法人登記證明文件及其代表人之資格證明，其為公司法人者，應檢附法人登記機關核發之設立、變更登記表或其抄錄本、影本）。 5. 土地、建物所有權狀或他項權利證明書。 6. 增值稅繳（免）納證明文件。 7. 其他依法令規定應檢附之文件經申請案件受理機關載明要求加以補齊者。
申請方式	臨櫃親自申辦、委託申辦、網路申辦（非全程式）
繳費方式	網路繳款： ■臺北市政府智慧支付平台□網路ATM□線上信用卡■其他（晶片金融卡） 非網路繳款： ■臨櫃繳費■金融機構匯款■信用卡□郵政劃撥□超商繳費■支票或匯票□電話繳款■悠遊卡■其他（晶片金融卡）
處理時限	1. 一般申辦（非網路）：5.5日 2. 網路申辦：5.5日□全程式■非全程式□網路預約 3. 須會外機關審查(個案性)：無 4. 須層轉核釋：2個月（60日）
備註	1. 隨案申請謄本增加1小時。 2. 申請跨所收件案件之處理時限，自轄區地政事務所收執後起算。 3. 遺贈登記須先申辦繼承登記後為之。 4. 遺贈登記，應於被繼承人死亡之日起1個月（申辦繼承登記之期間得予扣除）內為之。聲請逾期者，每逾1個月得處應納登記費額1倍之罰鍰，但最高不得超過20倍。

項目名稱	10、抵繳稅款登記
應備證件	1. 登記申請書。 2. 登記清冊。 3. 申請人身分證明文件（無法以電腦處理達成查詢者，申請人為自然人者，應檢附身分證影本、戶口名簿影本或戶籍謄本；申請人為法人者，應檢附法人登記證明文件及其代表人之資格證明，其為公司法人者，應檢附法人登記機關核發之設立、變更登記表或其抄錄本、影本）。 4. 土地、建物所有權狀。 5. 經稅捐稽徵機關核准抵繳稅款之證明文件。 6. 增值稅繳（免）納或其他證明文件。 7. 法院許可之證明文件（監護人代理受監護人或受監護宣告之人處分土地權利時檢附）。 8. 其他依法令規定應檢附之文件經申請案件受理機關載明要求加以補齊。
申請方式	臨櫃親自申辦、委託申辦、網路申辦（非全程式）
繳費方式	網路繳款： ■臺北市政府智慧支付平台□網路ATM□線上信用卡■其他（晶片金融卡） 非網路繳款： ■臨櫃繳費■金融機構匯款■信用卡□郵政劃撥□超商繳費■支票或匯票□電話繳款■悠遊卡■其他（晶片金融卡）
處理時限	1. 一般申辦（非網路）：5日 2. 網路申辦：5日□全程式■非全程式□網路預約 3. 須會外機關審查(個案性)：無 4. 須層轉核釋：2個月（60日）
備註	1. 隨案申請謄本增加1小時。 2. 申請跨所收件案件之處理時限，自轄區地政事務所收執後起算。 3. 抵繳稅款登記，應於主管機關核准抵繳之日起1個月內為之。聲請逾期者，每逾1個月得處應納登記費額1倍之罰鍰，但最高不得超過20倍。
項目名稱	18、管理者變更登記
應備證件	1. 登記申請書。 2. 登記清冊。 3. 管理人變更證明文件。

	4. 申請人身分證明文件（無法以電腦處理達成查詢者，申請人為自然人者，應檢附身分證影本、戶口名簿影本或戶籍謄本；申請人為法人者，應檢附法人登記證明文件及其代表人之資格證明，其為公司法人者，應檢附法人登記機關核發之設立、變更登記表或其抄錄本、影本）。 5. 土地、建物所有權狀或他項權利證明書。 6. 其他依法令規定應檢附之文件經申請案件受理機關載明要求加以補齊。
申請方式	臨櫃親自申辦、委託申辦、網路申辦（非全程式）
繳費方式	網路繳款： ■臺北市政府智慧支付平台□網路ATM□線上信用卡■其他（晶片金融卡） 非網路繳款： ■臨櫃繳費■金融機構匯款■信用卡□郵政劃撥□超商繳費■支票或匯票□電話繳款■悠遊卡■其他（晶片金融卡）
處理時限	1. 一般申辦（非網路）：4日 2. 網路申辦：4日□全程式■非全程式□網路預約 3. 須會外機關審查（個案性）：無 4. 須層轉核釋：2個月（60日）
備註	1. 隨案申請謄本增加1小時。 2. 申請跨所收件案件之處理時限，自轄區地政事務所收執後起算。
項目名稱	19、共有型態變更登記
應備證件	1. 登記申請書。 2. 登記清冊。 3. 申請人身分證明文件（無法以電腦處理達成查詢者，申請人為自然人者，應檢附身分證影本、戶口名簿影本或戶籍謄本；申請人為法人者，應檢附法人登記證明文件及其代表人之資格證明，其為公司法人者，應檢附法人登記機關核發之設立、變更登記表或其抄錄本、影本）。 4. 土地、建物所有權狀或他項權利證明書。 5. 其他依法令規定應檢附之文件經申請案件受理機關載明要求加以補齊。
申請方式	臨櫃親自申辦、委託申辦、網路申辦（非全程式）

繳費方式	網路繳款： ■臺北市政府智慧支付平台□網路ATM□線上信用卡■其他（晶片金融卡） 非網路繳款： ■臨櫃繳費■金融機構匯款■信用卡□郵政劃撥□超商繳費■支票或匯票□電話繳款■悠遊卡■其他（晶片金融卡）
處理時限	1. 一般申辦（非網路）：4.5日 2. 網路申辦：4.5日□全程式■非全程式□網路預約 3. 須會外機關審查（個案性）：無 4. 須層轉核釋：2個月（60日）
備註	1. 隨案申請謄本增加1小時。 2. 申請跨所收件案件之處理時限，自轄區地政事務所收執後起算。
項目名稱	**23、書狀換給登記**
應備證件	1. 登記申請書。 2. 登記清冊（因權利書狀損壞而申請書狀換給登記，檢附之權利書狀可明確識別土地、建物標的者，原則得免附登記清冊，惟為免爭議登記機關得依個案情形要求檢附）。 3. 申請人身分證明文件（無法以電腦處理達成查詢者，申請人為自然人者，應檢附身分證影本、戶口名簿影本或戶籍謄本；申請人為法人者，應檢附法人登記證明文件及其代表人之資格證明，其為公司法人者，應檢附法人登記機關核發之設立、變更登記表或其抄錄本、影本）。 4. 原土地、建物所有權狀或他項權利證明書。 5. 其他依法令規定應檢附之文件經申請案件受理機關載明要求加以補齊。
申請方式	郵寄申辦、臨櫃親自申辦、委託申辦、網路申辦（非全程式）
繳費方式	網路繳款： ■臺北市政府智慧支付平台□網路ATM□線上信用卡■其他（晶片金融卡） 非網路繳款： ■臨櫃繳費■金融機構匯款■信用卡□郵政劃撥□超商繳費■支票或匯票□電話繳款■悠遊卡■其他（晶片金融卡）

處理時限	1. 一般申辦（非網路）： 　(1) 臺北市：0.125日（1小時） 　(2) 跨直轄市、縣（市）：1日 2. 網路申辦：0.125日（1小時）□全程式■非全程式□網路預約 3. 須會外機關審查（個案性）：無 4. 須層轉核釋：2個月（60日）
備註	1. 隨案申請謄本增加1小時。 2. 申請跨所收件案件之處理時限，自轄區地政事務所收執後起算。 3. 跨直轄市、縣（市）案件僅限臨櫃親自申辦、委託申辦。 4. 郵寄申辦僅以重測、重劃及逕為分割者為限。
項目名稱	**24、書狀換給登記（未會同申請登記之權利人申請發給權利書狀)**
應備證件	1. 登記申請書。 2. 登記清冊。 3. 申請人身分證明文件（無法以電腦處理達成查詢者，申請人為自然人者，應檢附身分證影本、戶口名簿影本或戶籍謄本；申請人為法人者，應檢附法人登記證明文件及其代表人之資格證明，其為公司法人者，應檢附法人登記機關核發之設立、變更登記表或其抄錄本、影本）。 4. 遺產稅繳清或免稅證明書或不計入遺產總額證明書或同意移轉證明書（登記簿載有欠繳遺產稅者檢附）。 5. 其他依法令規定應檢附之文件經申請案件受理機關載明要求加以補齊。
申請方式	臨櫃親自申辦、委託申辦、網路申辦（網路預約）
繳費方式	網路繳款： ■臺北市政府智慧支付平台□網路ATM□線上信用卡■其他（晶片金融卡） 非網路繳款： ■臨櫃繳費■金融機構匯款■信用卡□郵政劃撥□超商繳費■支票或匯票□電話繳款■悠遊卡■其他（晶片金融卡）
處理時限	1. 一般申辦（非網路）：3日 2. 網路申辦：3日□全程式□非全程式■網路預約 3. 須會外機關審查（個案性）：無 4. 須層轉核釋：2個月（60日）

備註	1. 隨案申請謄本增加1小時。 2. 申請跨所收件案件之處理時限，自轄區地政事務所收執後起算。 3. 登記簿載有欠繳登記費、複丈費者，應先繳清欠繳之行政規費。
項目名稱	25、書狀補給登記
應備證件	1. 登記申請書。 2. 登記清冊。（如案附原因證明文件已清楚載明申請登記之標示及權利內容者，得免附。） 3. 切結書或其他有關證明文件。 4. 申請人身分證明文件（無法以電腦處理達成查詢者，申請人為自然人者，應檢附身分證影本、戶口名簿影本或戶籍謄本；申請人為法人者，應檢附法人登記證明文件及其代表人之資格證明，其為公司法人者，應檢附法人登記機關核發之設立、變更登記表或其抄錄本、影本）。 5. 登記名義人印鑑證明（登記名義人未能親自到場核對身分時檢附）。 6. 其他依法令規定應檢附之文件經申請案件受理機關載明要求加以補齊。
申請方式	臨櫃親自申辦、委託申辦、網路申辦（非全程式）
繳費方式	網路繳款： ■臺北市政府智慧支付平台□網路ATM□線上信用卡■其他（晶片金融卡） 非網路繳款： ■臨櫃繳費■金融機構匯款■信用卡□郵政劃撥□超商繳費■支票或匯票□電話繳款■悠遊卡■其他（晶片金融卡）
處理時限	1. 一般申辦(非網路)：4.5日 2. 網路申辦：4.5日 □全程式■非全程式□網路預約 3. 須會外機關審查(個案性)：無 4. 須層轉核釋：2個月（60日）
備註	1. 申請跨所收件案件之處理時限，自轄區地政事務所收執後起算。 2. 不含法定公告時間30日。 3. 登記名義人為自然人時，檢附之印鑑證明以登記原因發生日期前1年以後核發者為限；登記名義人為法人時，應提出法人登記機關核發之法人及代表人印鑑證明，其為公司法人時，應檢附公司登記主管機關核發之設立、變更登記表正本、影本或100年3月前核發之抄錄本。 4. 依土地登記規則第155條規定，申請登記時，登記義務人應親自到場核對身分，但有土地登記規則第41條第2款、第7款、第8款、第10款及第15款規定情形者，當事人得免親自到場。

附錄9　全國各地政機關通訊錄

縣（市）	單位名稱	住址	電話	傳真
內政部	內政部地政司	北部辦公室： 台北市中正區徐州路5號7樓 中部辦公室： 台中市黎明路二段503號	北部辦公室： 總機：1996 中部辦公室： 總機：1996	
	內政部國土測繪中心	台中市南屯區黎明路二段497號4樓	(04)2252-2966	(04)2259-1891
	內政部土地重劃工程處	台中市黎明路二段503號4樓	(04)2252-4985	(04)2251-8447
台北市	台北市政府地政局	台北市信義區市府路1號3、4樓（北區）	總機： (02)2720-8889 地政局服務台： (02)2728-7522	(02)2720-1802
	台北市政府地政局土地開發總隊	台北市信義區莊敬路391巷11弄2號3樓	(02)8780-7056	(02)8780-6129
	松山地政事務所	台北市信義區莊敬路391巷11弄2號	(02)2723-0711	(02)2723-0439
	古亭地政事務所	台北市文山區萬隆街47-12號2～4樓	(02)2935-5369	(02)2935-5372
	建成地政事務所	台北市萬華區和平西路三段120號7～9樓	(02)2306-2122	(02)2306-2455
	士林地政事務所	台北市士林區中正路439號5～7樓	(02)2881-2483	(02)2881-4239
	中山地政事務所	台北市中山區松江路357巷1號	(02)2502-2881	(02)2502-2982
	大安地政事務所	台北市大安區信義路四段335巷6號	(02)2754-8900	(02)2703-7075

縣（市）	單位名稱	住址	電話	傳真
高雄市	高雄市政府地政局	高雄市苓雅區四維三路2號7樓	(07)337-3449	(07)331-4017
	鹽埕地政事務所	高雄市鹽埕區新樂街214號5、6樓	(07)521-6680	(07)521-2005 (07)561-5282
	前鎮地政事務所	高雄市前鎮區鎮中路158號	(07)811-6565	(07)831-4405
	三民地政事務所	高雄市三民區哈爾濱街215號2、3樓	(07)322-6482	(07)323-8357
	新興地政事務所	高雄市新興區中正三路34號6樓	(07)238-5026 (07)238-4323	(07)237-3672
	楠梓地政事務所	高雄市楠梓區楠梓新路264號5樓	(07)352-1212	(07)352-6990
	鳳山地政事務所	高雄市鳳山區中山西路154-6號	(07)740-0111	(07)742-5094
	岡山地政事務所	高雄市岡山區岡山路341號	(07)621-2383	(07)621-7455 (07)621-4690
	旗山地政事務所	高雄市旗山區湄洲里平和街50號	(07)661-2039 (07)661-8604~6	(07)662-5151 (07)661-7601 (07)662-3697
	仁武地政事務所	高雄市仁武區地政街2號	(07)372-0110	(07)373-2215
	路竹地政事務所	高雄市路竹區國昌路65號	(07)697-1051	(07)696-3736
	美濃地政事務所	高雄市美濃區美中路250號	(07)681-9425	(07)682-0007
	大寮地政事務所	高雄市大寮區內坑里仁勇路69號	(07)788-1801	(07)787-1958
新北市	新北市政府地政局	新北市板橋區中山路一段161號23、24樓	(02)2960-3456	(02)2969-7109
	板橋地政事務所	新北市板橋區實踐路1號	(02)2961-1126	(02)2964-5767
	中和地政事務所	新北市中和區復興路280號	(02)2247-0101	(02)2247-3420

縣（市）	單位名稱	住址	電話	傳真
	三重地政事務所	新北市三重區新北大道一段11號8、9樓	(02)2988-6336	(02)2971-6316
	新店地政事務所	新北市新店區北新路一段86號13、14樓	(02)2917-2969	(02)2914-6720
	新莊地政事務所	新北市新莊區中華路一段3號	(02)2277-9245	(02)2276-0084
	樹林地政事務所	新北市樹林區地政街12號	(02)2680-8001	(02)2680-8094
	汐止地政事務所	新北市汐止區新台五路一段262號	(02)2642-1621	(02)2648-5331
	淡水地政事務所	新北市淡水區中山北路二段375號5、6樓	(02)2621-9645	(02)2622-6867
	瑞芳地政事務所	新北市瑞芳區明燈路三段32號	(02)2497-4106~9	(02)2496-8910
宜蘭縣	宜蘭縣政府地政處	宜蘭市縣政北路1號	(03)925-1000	(03)925-5080
	宜蘭地政事務所	宜蘭縣宜蘭市泰山路66號	(03)932-4140	(03)935-4108 (03)935-4116
	羅東地政事務所	宜蘭縣羅東鎮中興路5號	(03)955-1181 (03)955-8640	(03)954-3527
桃園市	桃園市政府地政局	桃園市桃園區縣府路1號3、4、6樓	(03)332-2101	(03)336-1215
	桃園地政事務所	桃園市桃園區國豐三街123號2～4樓	(03)369-5588	(03)369-5698
	中壢地政事務所	桃園市中壢區松勇二街59號	(03)491-7647	(03)491-7645
	大溪地政事務所	桃園市大溪區康莊路95號	(03)387-4211	(03)387-3367
	蘆竹地政事務所	桃園市蘆竹區長安路二段236號1、2、3樓	(03)352-5337	(03)352-1393
	楊梅地政事務所	桃園市楊梅區校前路411號	(03)478-3115	(03)475-8125

縣（市）	單位名稱	住址	電話	傳真
	八德地政事務所	桃園市八德區重慶街146號	(03)366-7478	(03)367-1127
	平鎮地政事務所	桃園市平鎮區環南路二段276號	(03)457-0461	(03)458-5444
	龜山地政事務所	桃園市龜山區自強南路105號2、3樓	(03)359-6480	(03)329-9212
新竹縣	新竹縣政府地政處	新竹縣竹北市光明六路10號	(03)551-8101	(03)551-9048
	竹北地政事務所	新竹縣竹北市三民路200號	(03)551-2203	(03)554-3532
	竹東地政事務所	新竹縣竹東鎮長安路124巷8號	(03)595-7789	(03)595-3640
	新湖地政事務所	新竹縣湖口鄉成功路105號	(03)590-3588	(03)590-2565
苗栗縣	苗栗縣政府地政處	苗栗縣苗栗市府前路1號	(03)755-9216 (03)755-9987	(03)755-9217
	苗栗地政事務所	苗栗市大埔街38號	(03)733-1201	(03)733-1205
	頭份地政事務所	苗栗縣頭份市忠孝一路276號	(03)767-2051	(03)769-0266 (03)759-7643 (03)759-8183
	銅鑼地政事務所	苗栗縣銅鑼鄉平陽路46-2號	(03)798-4132	(03)798-3264
	竹南地政事務所	苗栗縣竹南鎮中正路96號	(03)746-8860	(03)746-8586
	通霄地政事務所	苗栗縣通霄鎮中正路12-2號	(03)775-7263	(03)775-0143
	大湖地政事務所	苗栗縣大湖鄉明湖村博愛街35號	(03)799-4101	(03)799-0248
南投縣	南投縣政府地政處	南投市中興路660號	(04)9222-2106	(04)9223-5021
	南投地政事務所	南投市三和二路60號	(04)9222-3328	(04)9222-4565

縣（市）	單位名稱	住址	電話	傳真
	埔里地政事務所	南投縣埔里鎮中山路二段248號	(04)9298-3980	(04)9242-0125
	草屯地政事務所	南投縣草屯鎮中正路579-1號	(04)9233-4128 (04)9233-4129 (04)9233-4130	(04)9232-3217
	竹山地政事務所	南投縣竹山鎮中山里鯉南路23號	(04)9264-2125 (04)9264-2126	(04)9265-3460
	水里地政事務所	南投縣水里鄉六合路19號	(04)9277-2135	(04)9277-5217
彰化縣	彰化縣政府地政處	彰化市中山路二段416號	(04)753-1513	(04)724-3024 (04)727-3973 (04)726-2470
	彰化地政事務所	彰化縣彰化市中興路100號4樓	(04)726-5924 (04)722-2612	(04)726-6530
	員林地政事務所	彰化縣員林市三和里大同路一段318號	(04)832-0310	(04)836-6543
	田中地政事務所	彰化縣田中鎮西路里明慶街158號	(04)874-2622	(04)875-5424
	北斗地政事務所	彰化縣北斗鎮地政路416號	(04)888-2034	(04)888-4899
	二林地政事務所	彰化縣二林鎮豐田里斗苑路四段696號	(04)896-4793	(04)895-0336
	溪湖地政事務所	彰化縣溪湖鎮湖西里大公路99號	(04)881-3119 (04)881-3133 (04)881-3120	(04)881-6949 (04)882-1619
	鹿港地政事務所	彰化縣鹿港鎮景福里民權路152號	(04)777-1375 (04)777-5415	(04)776-4563
	和美地政事務所	彰化縣和美鎮德美路515號	(04)755-2217	第一課： (04)755-7434 第二課： (04)756-7631 第三課： (04)756-8315

縣（市）	單位名稱	住址	電話	傳真
雲林縣	雲林縣政府地政處	雲林縣斗六市雲林路二段515號	(05)552-2000	(05)534-9468
	斗南地政事務所	斗南鎮文昌路167號	(05)597-4111	(05)596-3888
	虎尾地政事務所	虎尾鎮新興里光明路120號	(05)632-2070	(05)633-9420
	西螺地政事務所	雲林縣西螺鎮中山路66號	(05)586-2028	(05)586-1238
	北港地政事務所	雲林縣北港鎮文仁路2號	(05)783-6196	(05)773-1431
	斗六地政事務所	斗六市公園路79號	(05)532-2172	(05)533-9452
	台西地政事務所	雲林縣台西鄉五港村中央路420號	(05)698-0579	(05)698-0558
嘉義縣	嘉義縣政府地政處	嘉義縣太保市祥和新村祥和一路東段1號	(05)362-0123	(05)362-0360
	朴子地政事務所	嘉義縣朴子市光復路37號	(05)379-7364	(05)370-5246
	大林地政事務所	嘉義縣大林鎮新興街110號	(05)265-2614	(05)265-1111
	水上地政事務所	嘉義縣水上鄉嘉朴路33號	(05)268-0681	(05)268-0688
	竹崎地政事務所	嘉義縣竹崎鄉和平村坑仔坪163號	(05)261-4835	(05)261-5256
屏東縣	屏東縣政府地政處	屏東市自由路527號	(08)732-0415	(08)732-5964
	屏東地政事務所	屏東縣屏東市自由路529號	(08)732-5253	(08)733-7550
	潮州地政事務所	屏東縣潮州鎮四維路20號	(08)789-5238	(08)788-0074
	東港地政事務所	屏東縣東港鎮中正路181號	(08)833-1400	(08)835-3177
	里港地政事務所	屏東縣里港鄉永春村永豐路一段5號	(08)775-2007	(08)775-4474

縣（市）	單位名稱	住址	電話	傳真
	枋寮地政事務所	屏東縣枋寮鄉德興路32號	(08)878-8168	(08)878-2475
	恆春地政事務所	屏東縣恆春鎮文化路77號	(08)889-4247	(08)889-7223
花蓮縣	花蓮縣政府地政處	花蓮市府前路17號	(03)822-7171	(03)823-4766
	花蓮地政事務所	花蓮市府後路23號	(03)822-5135~40	(03)822-5874
	鳳林地政事務所	花蓮縣鳳林鎮信義路200號	(03)876-1103	(03)876-1107
	玉里地政事務所	花蓮縣玉里鎮莊敬路18號	(03)888-3171	(03)888-0001
台東縣	台東縣政府地政處	台東市中山路276號	(08)932-6141	(08)934-1830
	台東地政事務所	台東縣台東市中興路二段735號	(08)922-9611	(08)922-9049
	關山地政事務所	台東縣關山鎮新福里新政路17號	(08)981-0442	(08)981-0430
	成功地政事務所	台東縣成功鎮公民路93號	(08)985-1936 (08)985-1966 (08)985-2822	(08)985-4072 (08)985-3140 (08)985-0261
	太麻里地政事務所	台東縣太麻里鄉泰和村民權路56號	(08)978-1804	(08)978-0698
澎湖縣	澎湖縣政府財政處	澎湖縣馬公市中興里治平路32號	(06)927-2074	(06)927-2408
	澎湖地政事務所	澎湖縣馬公市忠孝路7號	(06)927-2009	(06)927-8443
基隆市	基隆市地政事務所	基隆市安樂路二段164號3樓	(02)2432-4001	(02)2431-6054
新竹市	新竹市政府地政處	新竹市中正路120號	(03)521-6121	(03)522-9880
	新竹市地政事務所	新竹市光華東街60號	(03)532-5121	(03)533-7942

縣（市）	單位名稱	住址	電話	傳真
台中市	台中市政府地政局	台中市西區三民路一段158號5、6、7、9樓	(04)2221-8558	(04)2228-0576
	中山地政事務所	台中市西區三民路一段158號	(04)2224-2195	(04)2224-2140
	中正地政事務所	台中市北屯區北平路三段36號	(04)2237-2388	(04)2237-6282
	中興地政事務所	台中市西區東興路三段246號	(04)2327-6841	(04)2320-9295
	太平地政事務所	台中市太平區大源路1-19號	(04)2393-3800	(04)2393-3758
	大里地政事務所	台中市大里區西榮里東榮路296號	(04)2481-8870	(04)2481-3124
	大甲地政事務所	台中市大甲鎮政路38號	(04)2686-7125~7	(04)2687-1104
	東勢地政事務所	台中市東勢區東蘭路26號	(04)2588-6008	(04)2587-6171
	清水地政事務所	台中市清水區大街路138號	(04)2623-7141	(04)2623-2141
	雅潭地政事務所	台中市潭子區勝利路165號	(04)2533-6490	(04)2533-4834
	豐原地政事務所	台中市豐原區西安街21號	(04)2526-3188	(04)2526-0914
	龍井地政事務所	台中市龍井區沙田路四段185號	(04)2636-7150	
嘉義市	嘉義市政府地政處	嘉義市中山路199號	(05)225-4321	(05)228-8412
	嘉義市地政事務所	嘉義市國華街245號8樓	(05)224-6501	(05)222-0733

縣（市）	單位名稱	住址	電話	傳真
台南市	台南市政府地政局	台南市安平區永華路二段6號9樓	永華：(06)299-1111 民治：(06)632-2231	永華：(06)295-6801 民治：(06)637-4349
	台南地政事務所	台南市安平區建平路321號	(06)297-8860	(06)297-8821
	安南地政事務所	台南市安南區仁安路1號	(06)255-9317	(06)247-6898
	東南地政事務所	台南市東區林森路一段318號	(06)268-0595	(06)269-5723
	白河地政事務所	台南市白河區國泰路317號	(06)685-2251	(06)683-1954
	玉井地政事務所	台南市玉井區民族路146號	(06)574-2049	(06)574-1398
	永康地政事務所	台南市永康區文化路55號	(06)232-8565 (06)232-8471	(06)232-0854 (06)232-0844
	佳里地政事務所	台南市佳里區中山路417號	(06)722-0404	(06)721-2481
	麻豆地政事務所	台南市麻豆區興國路26號	(06)571-3417	(06)571-3418
	新化地政事務所	台南市新化區中正路1160號	(06)597-4823	(06)598-0349
	歸仁地政事務所	台南市歸仁區中正路一段1203號	(06)330-8377	(06)230-4924
	鹽水地政事務所	台南市鹽水區武廟路1-1號	(06)652-2491	(06)652-0103
金門縣	金門縣地政局	金門縣金寧鄉仁愛新村3號	(08)232-1177	(08)232-6267
連江縣	連江縣地政局	連江縣南竿鄉清水村139號	(08)362-3265	(08)362-3270

附錄10　台北市歷年公告現值及公告地價日期表

年	月	日	公告地價或公告土地現值	備註	年	月	日	公告地價或公告土地現值	備註
53	7	10	公告地價	規定地價（舊市區及景美區部分）	74	7	1	公告土地現值	
54	2	1	公告土地現值	與53年同	75	7	1	公告土地現值	
54	8	1	公告土地現值		76	7	1	公告地價	重新規定地價
55	2	1	公告土地現值		77	7	1	公告土地現值	
55	8	1	公告土地現值		78	7	1	公告土地現值	
56	2	1	公告土地現值		79	7	1	公告土地現值	12區
56	8	1	公告土地現值		80	7	1	公告土地現值公告地價	重新規定地價（兩價分離）
57	2	1	公告土地現值		81	7	1	公告土地現值	
57	5	6	公告地價	重新規定地價	82	7	1	公告土地現值	
58	2	1	公告土地現值	保留地（預定地）部分	83	7	1	公告土地現值公告地價	重新規定地價
58	5	6	公告土地現值		84	7	1	公告土地現值	
58	5	6	公告地價	內湖、士林、北投	85	7	1	公告土地現值	
59	5	6	公告土地現值	舊市區	86	7	1	公告土地現值公告地價	重新規定地價
59	7	5	公告地價	景美、木柵、內湖、南港、北投（部分）	87	7	1	公告土地現值	
60	5	6	公告土地現值	舊市區	88	7	1	公告土地現值	
60	7	5	公告土地現值	景美、木柵、內湖、南港	89	7	1	公告土地現值公告地價	重新規定地價
61	7	1	公告土地現值		90	7	1	公告土地現值	
62	12	28	公告土地現值		91	7	1	公告土地現值	
63	12	31	公告地價	全市16區	92	1	1	公告土地現值	
64	12	31	公告土地現值		93	1	1	公告土地現值公告地價	重新規定地價
65	12	31	公告土地現值		94	1	1	公告土地現值	
65	12	31	公告地價	廢基隆河新生地規定地價	95	1	1	公告土地現值	
66	12	31	公告土地現值		96	1	1	公告土地現值公告地價	重新規定地價

年	月	日	公告地價或公告土地現值	備註	年	月	日	公告地價或公告土地現值	備註
67	5	25	公告地價	重新規定地價（平方公尺）	97	1	1	公告土地現值	
67	12	30	公告土地現值	廢基隆河新生地（中山、士林）	98	1	1	公告土地現值	
68	9	1	公告土地現值		99	1	1	公告土地現值 公告地價	重新規定地價
69	9	1	公告土地現值		100	1	1	公告土地現值	
70	7	1	公告土地現值		101	1	1	公告土地現值	
71	7	1	公告土地現值		102	1	1	公告土地現值 公告地價	重新規定地價
71	10	4	公告土地現值	大同區大龍一、二小段（共480筆）文昌段一、二小段部分	103	1	1	公告土地現值	
72	7	1	公告土地現值		104	1	1	公告土地現值	
73	7	1	公告土地現值		105	1	1	公告土地現值 公告地價	重新規定地價

備註：

1. 舊市區為57年改制前（松山、大安、古亭、雙園、龍山、城中、建成、延平、大同、中山）。

2. 地價單位：67年5月24日前為元／坪；67年5月25日以後為元／平方公尺。

3. 80年以後兩價分離即同時公告土地現值與公告地價。

附錄11　地政規費徵收標準

● 書狀費、工本費、閱覽

91年1月23日台內（91）中地字第09100832250號修正

法條依據：土地或建築改良物權利書狀及申請應用地籍資料規費收費標準
【公布日期文號】內政部103年3月17日內授中辦地字第10366503253號令
【要旨】訂定「土地或建築改良物權利書狀及申請應用地籍資料規費收費
　　　　標準」

項目	費額
登記（簿）謄本或節本工本費	人工影印：每張新臺幣五元 電腦列印：每張新臺幣二十元
地籍圖謄本工本費	人工影印：每張新臺幣十五元 人工描繪：每筆新臺幣四十元 電腦列印：每張新臺幣二十元
登記申（聲）請書及其附件影印工本費	每張新臺幣十元
登記申（聲）請書及其附件閱覽、抄錄或攝影閱覽費	每案新臺幣七十五元 限時二十分鐘
各類登記專簿影印工本費	每張新臺幣十元
各類登記專簿閱覽、抄錄或攝影閱覽費	每案新臺幣七十五元 限時二十分鐘
地籍圖之藍曬圖或複製圖閱覽費	每幅新臺幣十元 限時二十分鐘
電子處理之地籍資料（含土地資料及地籍圖）到所查詢閱覽費	每筆（棟）新臺幣二十元 限時五分鐘
電子處理之地籍資料電傳資訊閱覽費	每人每筆（棟）新臺幣十元
歸戶查詢閱覽費	每次新臺幣四十五元 限時十分鐘
地籍異動索引查詢閱覽費	每筆（棟）新臺幣十元 限時三分鐘
各項查詢畫面列印工本費	每張新臺幣二十元
土地建物異動清冊影印工本費	每張新臺幣五元

● 登記費

收費項目	登記費
土地總登記	
建物所有權第一次登記	按申報地價或權利價值千分之二計徵
權利變更登記	
他項權利設定、移轉登記	按權利價值千分之一計徵
他項權利內容變更登記	除權利價值增加部分按權利價值千分之一計徵外，其餘免費
標示變更登記	免費
免費權利書狀補給、換發登記	免費
更名登記	免費
更正登記	免費
住所變更登記	免費
預告登記	免費
塗銷登記	免費

●土地複丈類

91年10月23日臺內（91）中地字第09100619364號令修正

項次	項目	收費標準
一	土地分割複丈費	按分割後筆數計算，每單位以新台幣800元計收，但申請人未能埋設標，一併申請確定分割點界址者，加繳複丈費之半數。
二	土地合併複丈	免納複丈費。
三	土地界址鑑定費	每單位以新台幣4,000元計收。
四	土地地目變更勘查費	每單位以新台幣400元計收。
五	土地界址調整複丈費	每單位以新台幣800元計收，但申請人未能埋設界標，一併申請確定分割點界址點者，加繳納複丈費之半數。
六	調整地形複丈費	每單位以新台幣800元計收，但申請人未能埋設界標，一併申請確定分割點界址點者，加繳納複丈費之半數。
七	土地他項權利位置之測量費	每單位以新台幣4,000元計收。
八	未登記土地測量費	每單位以新台幣4,000元計收，但心須辦理基本控制測量或圖根測量者，其測量費用，應另案核計。
九	土地自然增加或浮覆測量費	每單位以新台幣4,000元計收，但心須辦理基本控制測量或圖根測量者，其測量費用，應另案核計。
十	土地坍沒複丈費	以坍沒後存餘土地每單位新台幣800元計收。
十一	地籍圖謄本採電腦列印	以每張新台幣20元計收。
十二	採用電腦繪製大範圍地區數值地籍圖謄本繪圖費	每幅以新台幣750元計收。
十三	申請縮放大範圍地區地籍參考圖之繪圖費	視實際需要，另案核計。

附註：

土地分割複丈費、土地界址鑑定費、土地地目變更勘查費、土地界址調整複丈費、調整地形複丈費、土地他項權利位置之測量費或鑑定費、未登記土地測量費、土地自然增加或浮覆測量費、土地坍沒複丈費，以每筆每公頃為計收單位，不足一公頃者，以一公頃計，超過一公頃者，每增加半公頃增收半數，增加不足半公頃者，以半公頃計；至面積超過十公頃者，得視實際需要，另案核計。採用電腦繪製大範圍地區數值地籍圖謄本繪圖費，以圖幅橫長四十公分，縱長三十公分，比例尺五百分之一為計收單位。至繪圖圖幅長寬及比例尺如有變動，得視實際需要，另案核計。

● 建築改良物類

項次	項目	收費標準
一	建物位置圖之測量費	每單位以新台幣4,000元計收,同棟其他區分所有權人申請建物位置圖勘測時,可調原勘測量位置圖並參酌使用執照竣工平面圖或建造
二	建物面圖測量費	每單位以新台幣800元計收,如係樓房,應分層計算,如係區分所有者,應依其區分,分別計算。
三	建築改良物合併複丈費	按合併前建號計算,每單位以新台幣400元計收。
四	建築改良物分割複丈費	按分割後建號計算,每單位以新台幣800元計收。
五	建築改良物部分滅失測量費	按未滅失建築改良物之面積計算,每單位以新台幣800元計收。
六	未登記建築改良物,因納稅需要,申請勘測之測量費	依建物位置圖測量費計收。
七	建築改良物基地號或建物門牌號變更勘查費	不論面積大小,以每建號計算,每單位以新台幣400元計收。
八	建築改良物全部滅失或特別建物部分滅失之勘查費	不論面積大小,以每建號計算,每單位以新台幣400元計收。
九	建物位置圖轉繪費	每建號新台幣200元計收。
十	建物平面圖轉繪費	每建號新台幣200元計收。
十一	建物平面圖或建物測量成果圖影印本	以每張新台幣15元計收。
十二	建物測量成果採電腦列印	以每張新台幣20元計收。

附註:
建物位置圖測量費及未登記建築改良物,因納稅需要,申請勘測之測量費,以整棟建築改良物為一計收單位。
建物平面圖測量費、建築改良物合併複丈費、建築改良物分割複丈費。建築改良物部分滅失測量費,以每建號每五十平方公尺為計收單位,不足五十平方公尺者,以五十平方公尺計。

附錄12　遺產及贈與稅法

中華民國110年1月20日修正公布

第一章　總則

第1條

凡經常居住中華民國境內之中華民國國民死亡時遺有財產者，應就其在中華民國境內境外全部遺產，依本法規定，課徵遺產稅。

經常居住中華民國境外之中華民國國民，及非中華民國國民，死亡時在中華民國境內遺有財產者，應就其在中華民國境內之遺產，依本法規定，課徵遺產稅。

第2條

無人承認繼承之遺產，依法歸屬國庫；其應繳之遺產稅，由國庫依財政收支劃分法之規定分配之。

第3條

凡經常居住中華民國境內之中華民國國民，就其在中華民國境內或境外之財產為贈與者，應依本法規定，課徵贈與稅。

經常居住中華民國境外之中華民國國民，及非中華民國國民，就其在中華民國境內之財產為贈與者，應依本法規定，課徵贈與稅。

第3條之1

死亡事實或贈與行為發生前二年內，被繼承人或贈與人自願喪失中華民國國籍者，仍應依本法關於中華民國國民之規定，課徵遺產稅或贈與稅。

第3條之2

因遺囑成立之信託，於遺囑人死亡時，其信託財產應依本法規定，課徵遺產稅。

信託關係存續中受益人死亡時，應就其享有信託利益之權利未領受部分，依本法規定課徵遺產稅。

第4條

本法稱財產，指動產、不動產及其他一切有財產價值之權利。

本法稱贈與，指財產所有人以自己之財產無償給予他人，經他人允受而生效力之行為。

本法稱經常居住中華民國境內，係指被繼承人或贈與人有左列情形之一：

一、死亡事實或贈與行為發生前二年內，在中華民國境內有住所者。

二、在中華民國境內無住所而有居所，且在死亡事實或贈與行為發生前二年內，在中華民國境內居留時間合計逾三百六十五天者。但受中華民國政府聘請從事工作，在中華民國境內有特定居留期限者，不在此限。

本法稱經常居住中華民國境外，係指不合前項經常居住中華民國境內規定者而言。

本法稱農業用地，適用農業發展條例之規定。

第5條

財產之移動，具有左列各款情形之一者，以贈與論，依本法規定，課徵贈與稅：

一、在請求權時效內無償免除或承擔債務者，其免除或承擔之債務。

二、以顯著不相當之代價，讓與財產、免除或承擔債務者，其差額部分。

三、以自己之資金，無償為他人購置財產者，其資金。但該財產為不動產者，其不動產。

四、因顯著不相當之代價，出資為他人購置財產者，其出資與代價之差額部分。

五、限制行為能力人或無行為能力人所購置之財產，視為法定代理人或監護人之贈與。但能證明支付之款項屬於購買人所有者，不在此限。

六、二親等以內親屬間財產之買賣。但能提出已支付價款之確實證明，且該已支付之價款非由出賣人貸與或提供擔保向他人借得者，不在此限。

第5條之1

信託契約明定信託利益之全部或一部之受益人為非委託人者，視為委託人將享有信託利益之權利贈與該受益人，依本法規定，課徵贈與稅。

信託契約明定信託利益之全部或一部之受益人為委託人，於信託關係存續中，變更為非委託人者，於變更時，適用前項規定課徵贈與稅。

信託關係存續中，委託人追加信託財產，致增加非委託人享有信託利益之權利者，於追加時，就增加部分，適用第一項規定課徵贈與稅。

前三項之納稅義務人為委託人。但委託人有第七條第一項但書各款情形之一者，以受託人為納稅義務人。

第5條之2

信託財產於左列各款信託關係人間移轉或為其他處分者，不課徵贈與稅：

一、因信託行為成立，委託人與受託人間。

二、信託關係存續中受託人變更時，原受託人與新受託人間。

三、信託關係存續中，受託人依信託本旨交付信託財產，受託人與受益人間。

四、因信託關係消滅，委託人與受託人間或受託人與受益人間。

五、因信託行為不成立、無效、解除或撤銷，委託人與受託人間。

第6條

遺產稅之納稅義務人如左：

一、有遺囑執行人者，為遺囑執行人。

二、無遺囑執行人者，為繼承人及受遺贈人。

三、無遺囑執行人及繼承者，為依法選定遺產管理人。

其應選定遺產管理人，於死亡發生之日起六個月內未經選定呈報法院者，或因特定原因不能選定者，稽徵機關得依非訟事件法之規定，申請法院指定遺產管理人。

第7條

贈與稅之納稅義務人為贈與人。但贈與人有下列情形之一者，以受贈人為納稅義務人：

一、行蹤不明。

二、逾本法規定繳納期限尚未繳納，且在中華民國境內無財產可供執行。

三、死亡時贈與稅尚未核課。

依前項規定受贈人有二人以上者，應按受贈財產之價值比例，依本法規定計算之應納稅額，負納稅義務。

第8條

遺產稅未繳清前，不得分割遺產、交付遺贈或辦理移轉登記。贈與稅未繳

清前，不得辦理贈與移轉登記。但依第四十一條規定，於事前申請該管稽
徵機關核准發給同意移轉證明書，或經稽徵機關核發免稅證明書，不計入
遺產總額證明書或不計入贈與總額證明書者，不在此限。

遺產中之不動產，債權人聲請強制執行時，法院應通知該管稽徵機關，迅
依法定程序核定其稅額，並移送法院強制執行。

第9條

第一條及第三條所稱中華民國境內或境外之財產，按被繼承人死亡時或贈
與人贈與時之財產所在地認定之：

一、動產、不動產及附著於不動產之權利，以動產或不動產之所在地為
　　準，但船舶、車輛及航空器，以其船籍、車輛或航空器登記機關之所
　　在地為準。

二、礦業權，以其礦區或礦場之所在地為準。

三、漁業權，以其行政管轄權之所在地為準。

四、專利權、商標權、著作權及出版權，以其登記機關之所在地為準。

五、其他營業上之權利，以其營業所在地為準。

六、金融機關收受之存款及寄託物，以金融機關之事務所或營業所所在地
　　為準。

七、債權，以債務人經常居住之所在地或事務所或營業所所在地為準。

八、公債、公司債、股權或出資，以其發行機關或被投資事業之主事務所
　　所在地為準。

九、有關信託之權益，以其承受信託事業之事務所或營業所所在地為準。

前列各款以外之財產，其所在地之認定有疑義時，由財政部核定之。

第10條

遺產及贈與財產價值之計算，以被繼承人死亡時或贈與人贈與時之時價為
準；被繼承人如係受死亡之宣告者，以法院宣告死亡判決內所確定死亡日
之時價為準。

本法中華民國八十四年一月十五日修正生效前發生死亡事實或贈與行為而
尚未核課或尚未核課確定之案件，其估價適用修正後之前項規定辦理。

第一項所稱時價，土地以公告土地現值或評定標準價格為準；房屋以評定

標準價格為準；其他財產時價之估定，本法未規定者，由財政部定之。

第10條之1

依第三條之二第二項規定應課徵遺產稅之權利，其價值之計算，依左列規定估定之：

一、享有全部信託利益之權利者，該信託利益為金錢時，以信託金額為準，信託利益為金錢以外之財產時，以受益人死亡時信託財產之時價為準。

二、享有孳息以外信託利益之權利者，該信託利益為金錢時，以信託金額按受益人死亡時起至受益時止之期間，依受益人死亡時郵政儲金匯業局一年期定期儲金固定利率複利折算現值計算之；信託利益為金錢以外之財產時，以受益人死亡時信託財產之時價，按受益人死亡時起至受益時止之期間，依受益人死亡時郵政儲金匯業局一年期定期儲金固定利率複利折算現值計算之。

三、享有孳息部分信託利益之權利者，以信託金額或受益人死亡時信託財產之時價，減除依前款規定所計算之價值後之餘額為準。但該孳息係給付公債、公司債、金融債券或其他約載之固定利息者，其價值之計算，以每年享有之利息，依受益人死亡時郵政儲金匯業局一年期定期儲金固定利率，按年複利折算現值之總和計算之。

四、享有信託利益之權利為按期定額給付者，其價值之計算，以每年享有信託利益之數額，依受益人死亡時郵政儲金匯業局一年期定期儲金固定利率，按年複利折算現值之總和計算之；享有信託利益之權利為全部信託利益扣除按期定額給付後之餘額者，其價值之計算，以受益人死亡時信託財產之時價減除依前段規定計算之價值後之餘額計算之。

五、享有前四款所規定信託利益之一部者，按受益比率計算之。

第10條之2

依第五條之一規定應課徵贈與稅之權利，其價值之計算，依左列規定估定之：

一、享有全部信託利益之權利者，該信託利益為金錢時，以信託金額為準；信託利益為金錢以外之財產時，以贈與時信託財產之時價為準。

二、享有孳息以外信託利益之權利者，該信託利益為金錢時，以信託金額

按贈與時起至受益時止之期間，依贈與時郵政儲金匯業局一年期定期儲金固定利率複利折算現值計算之；信託利益為金錢以外之財產時，以贈與時信託財產之時價，按贈與時起至受益時止之期間，依贈與時郵政儲金匯業局一年期定期儲金固定利率複利折算現值計算之。

三、享有孳息部分信託利益之權利者，以信託金額或贈與時信託財產之時價，減除依前款規定所計算之價值後之餘額為準。但該孳息係給付公債、公司債、金融債券或其他約載之固定利息者，其價值之計算，以每年享有之利息，依贈與時郵政儲金匯業局一年期定期儲金固定利率，按年複利折算現值之總和計算之。

四、享有信託利益之權利為按期定額給付者，其價值之計算，以每年享有信託利益之數額，依贈與時郵政儲金匯業局一年期定期儲金固定利率，按年複利折算現值之總和計算之；享有信託利益之權利為全部信託利益扣除按期定額給付後之餘額者，其價值之計算，以贈與時信託財產之時價減除依前段規定計算之價值後之餘額計算之。

五、享有前四款所規定信託利益之一部者，按受益比率計算之。

第11條

國外財產依所在地國法律已納之遺產稅或贈與稅，得由納稅義務人提出所在地國稅務機關發給之納稅憑證，併應取得所在地中華民國使領館之簽證；其無使領館者，應取得當地公定會計師或公證人之簽證，自其應納遺產稅或贈與稅額中扣抵。但扣抵額不得超過因加計其國外遺產而依國內適用稅率計算增加之應納稅額。

被繼承人死亡前二年內贈與之財產，依第十五條之規定併入遺產課徵遺產稅者，應將已納之贈與稅與土地增值稅連同按郵政儲金匯業局一年期定期存款利率計算之利息，自應納遺產稅額內扣抵。但扣抵額不得超過贈與財產併計遺產總額後增加之應納稅額。

第12條

本法規定之各種金額，均以新臺幣為單位。

第12條之1

本法規定之下列各項金額，每遇消費者物價指數較上次調整之指數累計上漲達百分之十以上時，自次年起按上漲程度調整之。調整金額以萬元為單

位，未達萬元者按千元數四捨五入：

一、免稅額。

二、課稅級距金額。

三、被繼承人日常生活必需之器具及用具、職業上之工具，不計入遺產總額之金額。

四、被繼承人之配偶、直系血親卑親屬、父母、兄弟姊妹、祖父母扣除額、喪葬費扣除額及身心障礙特別扣除額。

財政部於每年十二月底前，應依據前項規定，計算次年發生之繼承或贈與案件所應適用之各項金額後公告之。所稱消費者物價指數，指行政院主計總處公布，自前一年十一月起至該年十月底為止十二個月平均消費者物價指數。

第二章　遺產稅之計算

第13條

遺產稅按被繼承人死亡時，依本法規定計算之遺產總額，減除第十七條、第十七條之一規定之各項扣除額及第十八條規定之免稅額後之課稅遺產淨額，依下列稅率課徵之：

一、五千萬元以下者，課徵百分之十。

二、超過五千萬元至一億元者，課徵五百萬元，加超過五千萬元部分之百分之十五。

三、超過一億元者，課徵一千二百五十萬元，加超過一億元部分之百分之二十。

第14條

遺產總額應包括被繼承人死亡時依第一條規定之全部財產，及依第十條規定計算之價值。但第十六條規定不計入遺產總額之財產，不包括在內。

第15條

被繼承人死亡前二年內贈與下列個人之財產，應於被繼承人死亡時，視為被繼承人之遺產，併入其遺產總額，依本法規定徵稅：

一、被繼承人之配偶。

二、被繼承人依民法第一千一百三十八條及第一千一百四十條規定之各順序繼承人。

三、前款各順序繼承人之配偶。

八十七年六月二十六日以後至前項修正公布生效前發生之繼承案件，適用前項之規定。

第16條

左列各款不計入遺產總額：

一、遺贈人、受遺贈人或繼承人捐贈各級政府及公立教育、文化、公益、慈善機關之財產。

二、遺贈人、受遺贈人或繼承人捐贈公有事業機構或全部公股之公營事業之財產。

三、遺贈人、受遺贈人或繼承人捐贈於被繼承人死亡時，已依法登記設立為財團法人組織且符合行政院規定標準之教育、文化、公益、慈善、宗教團體及祭祀公業之財產。

四、遺產中有關文化、歷史、美術之圖書、物品，經繼承人向主管稽徵機關聲明登記者。但繼承人將此項圖書、物品轉讓時，仍須自動申報補稅。

五、被繼承人自己創作之著作權、發明專利權及藝術品。

六、被繼承人日常生活必需之器具及用品，其總價值在七十二萬元以下部分。

七、被繼承人職業上之工具，其總價值在四十萬元以下部分。

八、依法禁止或限制採伐之森林。但解禁後仍須自動申報補稅。

九、約定於被繼承人死亡時，給付其所指定受益人之人壽保險金額、軍、公教人員、勞工或農民保險之保險金額及互助金。

十、被繼承人死亡前五年內，繼承之財產已納遺產稅者。

十一、被繼承人配偶及子女之原有財產或特有財產，經辦理登記或確有證明者。

十二、被繼承人遺產中經政府闢為公眾通行道路之土地或其他無償供公眾通行之道路土地，經主管機關證明者。但其屬建造房屋應保留之法定空地部分，仍應計入遺產總額。

十三、被繼承人之債權及其他請求權不能收取或行使確有證明者。

第16條之1

遺贈人、受遺贈人或繼承人提供財產，捐贈或加入於被繼承人死亡時已成立之公益信託並符合左列各款規定者，該財產不計入遺產總額：

一、受託人為信託業法所稱之信託業。

二、各該公益信託除為其設立目的舉辦事業而必須支付之費用外，不以任何方式對特定或可得特定之人給予特殊利益。

三、信託行為明定信託關係解除、終止或消滅時，信託財產移轉於各級政府、有類似目的之公益法人或公益信託。

第17條

下列各款，應自遺產總額中扣除，免徵遺產稅：

一、被繼承人遺有配偶者，自遺產總額中扣除四百萬元。

二、繼承人為直系血親卑親屬者，每人得自遺產總額中扣除四十萬元。其有未成年者，並得按其年齡距屆滿成年之年數，每年加扣四十萬元。但親等近者拋棄繼承由次親等卑親屬繼承者，扣除之數額以拋棄繼承前原得扣除之數額為限。

三、被繼承人遺有父母者，每人得自遺產總額中扣除一百萬元。

四、前三款所定之人如為身心障礙者權益保障法規定之重度以上身心障礙者，或精神衛生法規定之嚴重病人，每人得再加扣五百萬元。

五、被繼承人遺有受其扶養之兄弟姊妹、祖父母者，每人得自遺產總額中扣除四十萬元；其兄弟姊妹中有未成年者，並得按其年齡距屆滿成年之年數，每年加扣四十萬元。

六、遺產中作農業使用之農業用地及其地上農作物，由繼承人或受遺贈人承受者，扣除其土地及地上農作物價值之全數。承受人自承受之日起五年內，未將該土地繼續作農業使用且未在有關機關所令期限內恢復作農業使用，或雖在有關機關所令期限內已恢復作農業使用而再有未作農業使用情事者，應追繳應納稅賦。但如因該承受人死亡、該承受土地被徵收或依法變更為非農業用地者，不在此限。

七、被繼承人死亡前六年至九年內，繼承之財產已納遺產稅者，按年遞減

扣除百分之八十、百分之六十、百分之四十及百分之二十。

八、被繼承人死亡前，依法應納之各項稅捐、罰鍰及罰金。

九、被繼承人死亡前，未償之債務，具有確實之證明者。

十、被繼承人之喪葬費用，以一百萬元計算。

十一、執行遺囑及管理遺產之直接必要費用。

被繼承人如為經常居住中華民國境外之中華民國國民，或非中華民國國民者，不適用前項第一款至第七款之規定；前項第八款至第十一款規定之扣除，以在中華民國境內發生者為限；繼承人中拋棄繼承權者，不適用前項第一款至第五款規定之扣除。

第17條之1

被繼承人之配偶依民法第一千零三十條之一規定主張配偶剩餘財產差額分配請求權者，納稅義務人得向稽徵機關申報自遺產總額中扣除。

納稅義務人未於稽徵機關核發稅款繳清證明書或免稅證明書之日起一年內，給付該請求權金額之財產予被繼承人之配偶者，稽徵機關應於前述期間屆滿之翌日起五年內，就未給付部分追繳應納稅賦。

第18條

被繼承人如為經常居住中華民國境內之中華民國國民，自遺產總額中減除免稅額一千二百萬元；其為軍警公教人員因執行職務死亡者，加倍計算。

被繼承人如為經常居住中華民國境外之中華民國國民，或非中華民國國民，其減除免稅額比照前項規定辦理。

第三章　贈與稅之計算

第19條

贈與稅按贈與人每年贈與總額，減除第二十一條規定之扣除額及第二十二條規定之免稅額後之課稅贈與淨額，依下列稅率課徵之：

一、二千五百萬元以下者，課徵百分之十。

二、超過二千五百萬元至五千萬元者，課徵二百五十萬元，加超過二千五百萬元部分之百分之十五。

三、超過五千萬元者，課徵六百二十五萬元，加超過五千萬元部分之百分

之二十。

一年內有二次以上贈與者，應合併計算其贈與額，依前項規定計算稅額，減除其已繳之贈與稅額後，為當次之贈與稅額。

第20條

左列各款不計入贈與總額：

一、捐贈各級政府及公立教育、文化、公益、慈善機關之財產。

二、捐贈公有事業機構或全部公股之公營事業之財產。

三、捐贈依法登記為財團法人組織且符合行政院規定標準之教育、文化、公益、慈善、宗教團體及祭祀公業之財產。

四、扶養義務人為受扶養人支付之生活費、教育費及醫藥費。

五、作農業使用之農業用地及其地上農作物，贈與民法第一千一百三十八條所定繼承人者，不計入其土地及地上農作物價值之全數。受贈人自受贈之日起五年內，未將該土地繼續作農業使用且未在有關機關所令期限內恢復作農業使用，或雖在有關機關所令期限內已恢復作農業使用而再有未作農業使用情事者，應追繳應納稅賦。但如因該受贈人死亡、該受贈土地被徵收或依法變更為非農業用地者，不在此限。

六、配偶相互贈與之財產。

七、父母於子女婚嫁時所贈與之財物，總金額不超過一百萬元。

八十四年一月十四日以前配偶相互贈與之財產，及婚嫁時受贈於父母之財物在一百萬元以內者，於本項修正公布生效日尚未核課或尚未核課確定者，適用前項第六款及第七款之規定。

第20條之1

因委託人提供財產成立、捐贈或加入符合第十六條之一各款規定之公益信託，受益人得享有信託利益之權利，不計入贈與總額。

第21條

贈與附有負擔者，由受贈人負擔部分應自贈與額中扣除。

第22條

贈與稅納稅義務人，每年得自贈與總額中減除免稅額二百二十萬元。

第四章　稽徵程序

第一節　申報與繳納
第23條
被繼承人死亡遺有財產者，納稅義務人應於被繼承人死亡之日起六個月內，向戶籍所在地主管稽徵機關依本法規定辦理遺產稅申報。但依第六條第二項規定由稽徵機關申請法院指定遺產管理人者，自法院指定遺產管理人之日起算。

被繼承人為經常居住中華民國境外之中華民國國民或非中華民國國民死亡時，在中華民國境內遺有財產者，應向中華民國中央政府所在地之主管稽徵機關辦理遺產稅申報。

第24條
除第二十條所規定之贈與外，贈與人在一年內贈與他人之財產總值超過贈與稅免稅額時，應於超過免稅額之贈與行為發生後三十日內，向主管稽徵機關依本法規定辦理贈與稅申報。

贈與人為經常居住中華民國境內之中華民國國民者，向戶籍所在地主管稽徵機關申報；其為經常居住中華民國境外之中華民國國民或非中華民國國民，就其在中華民國境內之財產為贈與者，向中華民國中央政府所在地主管稽徵機關申報。

第24條之1
除第二十條之一所規定之公益信託外，委託人有第五條之一應課徵贈與稅情形者，應以訂定、變更信託契約之日為贈與行為發生日，依前條第一項規定辦理。

第25條
同一贈與人在同一年內有兩次以上依本法規定應申報納稅之贈與行為者，應於辦理後一次贈與稅申報時，將同一年內以前各次之贈與事實及納稅情形合併申報。

第26條
遺產稅或贈與稅納稅義務人具有正當理由不能如期申報者，應於前三條規

定限期屆滿前，以書面申請延長之。

前項申請延長期限以三個月爲限。但因不可抗力或其他有特殊之事由者，得由稽徵機關視實際情形核定之。

第27條　（刪除）

第28條

稽徵機關於查悉死亡事實或接獲死亡報告後，應於一個月內填發申報通知書，檢附遺產稅申報書表，送達納稅義務人，通知依限申報，並於限期屆滿前十日填具催報通知書，提示逾期申報之責任，加以催促。

前項通知書應以明顯之文字，載明民法限定繼承及拋棄繼承之相關規定。

納稅義務人不得以稽徵機關未發第一項通知書，而免除本法規定之申報義務。

第29條

稽徵機關應於接到遺產稅或贈與稅申報書表之日起二個月內，辦理調查及估價，決定應納稅額，繕發納稅通知書，通知納稅義務人繳納；其有特殊情形不能在二個月內辦竣者，應於限期內呈准上級主管機關核准延期。

第30條

遺產稅及贈與稅納稅義務人，應於稽徵機關送達核定納稅通知書之日起二個月內，繳清應納稅款；必要時，得於限期內申請稽徵機關核准延期二個月。

遺產稅或贈與稅應納稅額在三十萬元以上，納稅義務人確有困難，不能一次繳納現金時，得於納稅期限內，向該管稽徵機關申請，分十八期以內繳納，每期間隔以不超過二個月爲限。

經申請分期繳納者，應自繳納期限屆滿之次日起，至納稅義務人繳納之日止，依郵政儲金一年期定期儲金固定利率，分別加計利息；利率有變動時，依變動後利率計算。

遺產稅或贈與稅應納稅額在三十萬元以上，納稅義務人確有困難，不能一次繳納現金時，得於納稅期限內，就現金不足繳納部分申請以在中華民國境內之課徵標的物或納稅義務人所有易於變價及保管之實物一次抵繳。中華民國境內之課徵標的物屬不易變價或保管，或申請抵繳日之時價較死亡

或贈與日之時價為低者，其得抵繳之稅額，以該項財產價值占全部課徵標的物價值比例計算之應納稅額為限。

本法中華民國九十八年一月十二日修正之條文施行前所發生未結之案件，適用修正後之前三項規定。但依修正前之規定有利於納稅義務人者，適用修正前之規定。

第四項抵繳財產價值之估定，由財政部定之。

第四項抵繳之財產為繼承人公同共有之遺產且該遺產為被繼承人單獨所有或持分共有者，得由繼承人過半數及其應繼分合計過半數之同意，或繼承人之應繼分合計逾三分之二之同意提出申請，不受民法第八百二十八條第三項限制。

第31條　（刪除）

第32條　（刪除）

第33條

遺產稅或贈與稅納稅義務人違反第二十三條或第二十四條之規定，未依限辦理遺產稅或贈與稅申報，或未依第二十六條規定申請延期申報者，該管稽徵機關應即進行調查，並於第二十九條規定之限期內調查，核定其應納稅額，通知納稅義務人依第三十條規定之期限繳納。

第二節　（刪除）

第34條　（刪除）

第35條　（刪除）

第36條　（刪除）

第三節　資料調查與通報

第37條

戶籍機關受理死亡登記後，應即將死亡登記事項副本抄送稽徵機關。

第38條　（刪除）

第39條

稽徵機關進行調查，如發現納稅義務人有第四十六條所稱故意以詐欺或不

正當方法逃漏遺產稅或贈與稅時，得敘明事由，申請當地司法機關，實施搜索、扣押或其他強制處分。

第40條

被繼承人死亡前在金融或信託機關租有保管箱或有存款者，繼承人或利害關係人於繼承人死亡後，依法定程序，得開啓被繼承人之保管箱或提取被繼承人之存款時，應先通知主管稽徵機關會同點驗、登記。

第41條

遺產稅或贈與稅納稅義務人繳清應納稅款、罰鍰及加徵之滯納金、利息後，主管稽徵機關應發給稅款繳清證明書；其經核定無應納稅款者，應發給核定免稅證明書；其有特殊原因必須於繳清稅款前辦理產權移轉者，得提出確切納稅保證，申請該管主管稽徵機關核發同意移轉證明書。

依第十六條規定，不計入遺產總額之財產，或依第二十條規定不計入贈與總額之財產，經納稅義務人之申請，稽徵機關應發給不計入遺產總額證明書，或不計入贈與總額證明書。

第41條之1

繼承人爲二人以上時，經部分繼承人按其法定應繼分繳納部分遺產稅款、罰鍰及加徵之滯納金、利息後，爲辦理不動產之公同共有繼承登記，得申請主管稽徵機關核發同意移轉證明書；該登記爲公同共有之不動產，在全部應納款項未繳清前，不得辦理遺產分割登記或就公同共有之不動產權利爲處分、變更及設定負擔登記。

第42條

地政機關及其他政府機關，或公私事業辦理遺產或贈與財產之產權移轉登記時，應通知當事人檢附稽徵機關核發之稅款繳清證明書，或核定免稅證明書，或不計入遺產總額證明書，或不計入贈與總額證明書，或同意移轉證明書之副本；其不能繳附者，不得逕爲移轉登記。

第五章　獎懲

第43條

告發或檢舉納稅義務人及其他關係人有短報、漏報、匿報或故意以虛偽不

實及其他不正當行為之逃稅，或幫助他人逃稅情事，經查明屬實者，主管稽徵機關應以罰鍰提成獎給舉發人，並為舉發人保守秘密。

第44條

納稅義務人違反第二十三條或第二十四條規定，未依限辦理遺產稅或贈與稅申報者，按核定應納稅額加處二倍以下之罰鍰。

第45條

納稅義務人對依本法規定，應申報之遺產或贈與財產，已依本法規定申報而有漏報或短報情事者，應按所漏稅額處以二倍以下之罰鍰。

第46條

納稅義務人有故意以詐欺或其他不正當方法，逃漏遺產稅或贈與稅者，除依繼承或贈與發生年度稅率重行核計補徵外，並應處以所漏稅額一倍至三倍之罰鍰。

第47條

前三條規定之罰鍰，連同應徵之稅款，最多不得超過遺產總額或贈與總額。

第48條

稽徵人員違反第二十九條之規定，戶籍人員違反第三十七條之規定者，應由各該主管機關從嚴懲處，並責令迅行補辦；其涉有犯罪行為者，應依刑法及其有關法律處斷。

第49條　　（刪除）

第50條

納稅義務人違反第八條之規定，於遺產稅未繳清前，分割遺產、交付遺贈或辦理移轉登記，或贈與稅未繳清前，辦理贈與移轉登記者，處一年以下有期徒刑。

第51條

納稅義務人對於核定之遺產稅或贈與稅應納稅額，逾第三十條規定期限繳納者，每逾二日加徵應納稅額百分之一滯納金；逾三十日仍未繳納者，主管稽徵機關應移送強制執行。但因不可抗力或不可歸責於納稅義務人之事由，致不能於法定期間內繳清稅捐，得於其原因消滅後十日內，提出具體

證明，向稽徵機關申請延期或分期繳納經核准者，免予加徵滯納金。

前項應納稅款，應自滯納期限屆滿之次日起，至納稅義務人繳納之日止，依郵政儲金一年期定期儲金固定利率，按日加計利息，一併徵收。

第52條

違反第四十二條之規定，於辦理有關遺產或贈與財產之產權移轉登記時，未通知當事人繳驗遺產稅或贈與稅繳清證明書，或核定免稅證明書，或不計入遺產總額證明書，或不計入贈與總額證明書，或同意移轉證明書等之副本，即予受理者，其屬民營事業，處一萬五千元以下之罰鍰；其屬政府機關及公有公營事業，由主管機關對主辦及直接主管人員從嚴議處。

第53條　　（刪除）

第六章　附則

第54條　　（刪除）

第55條

本法施行細則，由財政部定之。

第56條

本法所定之各項書表格式，由財政部製定之。

第57條　　（刪除）

第58條

關於遺產稅及贈與稅之課徵，本法未規定者，適用其他法律之規定。

第58條之1

本法中華民國九十八年一月十二日修正之條文施行後，造成依財政收支劃分法規定應受分配之地方政府每年度之稅收實質損失，於修正現行財政收支劃分法擴大中央統籌分配稅款規模之規定施行前，由中央政府補足之，並不受預算法第二十三條有關公債收入不得充經常支出之用之限制。

前項稅收實質損失，以各地方政府於本法中華民國九十八年一月十二日修正之條文施行前三年度遺產稅及贈與稅稅收之平均數，減除修正施行當年度或以後年度遺產稅及贈與稅稅收數之差額計算之，並計算至萬元止。

第58條之2

本法中華民國一百零六年四月二十五日修正之條文施行後，依第十三條及第十九條第一項規定稅率課徵之遺產稅及贈與稅，屬稅率超過百分之十至百分之二十以內之稅課收入，撥入依長期照顧服務法設置之特種基金，用於長期照顧服務支出，不適用財政收支劃分法之規定。

第59條

本法自公布日施行。

本法九十年五月二十九日修正條文施行日期，由行政院定之。

附錄13　遺產及贈與稅法施行細則

中華民國110年4月26日修正公布

第一章　總則

第1條

本細則依遺產及贈與稅法（以下簡稱本法）第五十五條制定之。

第2條

債務人經依破產法和解、破產、依消費者債務清理條例更生、清算或依公司法聲請重整，以致債權人之債權無法十足取償者，其免除之差額部分，非本法第五條第一款之贈與。

第3條

保證人因履行保證責任，而代主債務人清償債務並無償免除其債務者，應以贈與論。但主債務人宣告破產者，保證人之代償行為不視為贈與。

以保證債務為目的而為連帶債務人者，仍適用前項規定。

第4條

稽徵機關依本法第六條第二項得聲請法院指定遺產管理人者，應於申報期限屆滿後一個月內為之，並同時聲請法院依民法第一千一百七十八條為公示催告。遺產管理人亦應於就任後一個月內，向法院為民法第一千一百七十九條第一項第三款之聲請。

遇有民法第一千一百八十五條情形時，前項遺產管理人應於公示催告期限屆滿後二個月內，清償債務、交付遺贈物，並將膳餘財產連同有關簿冊、文件及計算書類報請主管稽徵機關及財政部國有財產署依第五十一條規定辦理。

第5條

依本法第七條之規定，以受贈人為納稅義務人時，其應納稅額仍應按贈與人為納稅義務人時之規定計算之。

第6條

本法第十一條第二項所稱被繼承人死亡前二年內贈與之財產，應包括二年

內依本法第二十二條規定免稅贈與之財產。

第二章　遺產稅及贈與稅之計算

第7條

依本法第十六條第一款至第三款規定不計入遺產總額之遺產，納稅義務人於申報遺產稅時，應檢具受遺贈人或受贈人同意受遺贈或受贈之證明列報主管稽徵機關核發不計入遺產總額證明書。

前項捐贈之財產，其為不動產者，納稅義務人未於主管稽徵機關核發不計入遺產總額證明書之日起一年內辦妥產權移轉登記；其為動產者，未於三個月內交付與受遺贈人或受贈人者，除有特殊原因，報經主管稽徵機關核准延期者外，應依法補徵遺產稅。

前項補徵稅款，應自原核定應納稅額繳納期間屆滿之次日起，至填發本次遺產稅補繳稅款繳納通知書之日止，依各年度一月一日郵政儲金一年期定期儲金固定利率，按日加計利息；原核定為免稅者，自核發不計入遺產總額證明書之次日起算加計利息。

第8條　（刪除）

第9條

依本法第十六條第四款規定聲明登記之圖書物品，欲為轉讓時，應先報明主管稽徵機關依法補徵遺產稅。

主管稽徵機關對於前項聲明登記之圖書物品，應設置登記簿登記之，必要時並得拍照存查。

第9條之1

本法第十六條第十三款所稱債權及其他請求權不能收取或行使確有證明者，指下列各款情形：

一、債務人經依破產法和解、破產、依消費者債務清理條例更生、清算或依公司法聲請重整，致債權全部或一部不能取償，經取具和解契約或法院裁定書。

二、被繼承人或繼承人與債務人於法院成立訴訟上和解或調解，致債權全部或一部不能收取，經取具法院和解或調解筆錄，且無本法第五條第

　　一款規定之情事，經稽徵機關查明屬實。

三、其他原因致債權或其他請求權之一部或全部不能收取或行使，經取具
　　證明文件，並經稽徵機關查明屬實。

第10條　（刪除）

第10條之1

本法第十七條第一項第二款及第五款所稱距屆滿成年之年數，不滿一年或
餘數不滿一年者，以一年計算。

第10條之2

依本法第十七條第一項第四款規定申報身心障礙特別扣除額者，應檢附社
政主管機關核發之重度以上身心障礙手冊或身心障礙證明影本，或精神衛
生法第十九條第一項規定之專科醫師診斷證明書影本。

第10條之3

本法第十七條第一項第五款所稱受扶養之兄弟姊妹、祖父母係指：

一、被繼承人之兄弟姊妹未成年，或已成年而因在校就學，或因身心障
　　礙，或因無謀生能力，受被繼承人扶養者。

二、被繼承人之祖父母年滿六十歲，或未滿六十歲而無謀生能力，受被繼
　　承人扶養者。

第11條　（刪除）

第11條之1

依本法第十七條之一第一項規定經核准自遺產總額中扣除之配偶剩餘財產
差額分配請求權，納稅義務人未於同條第二項所定期間內給付該請求權金
額之財產予被繼承人之配偶者，除有特殊原因，報經主管稽徵機關核准延
期者外，應依法補徵遺產稅，並按郵政儲金一年期定期儲金固定利率加計
利息。

前項補徵稅款，應自原核定應納稅額繳納期間屆滿之次日起，至填發本次
遺產稅補繳稅款繳納通知書之日止，依各年度一月一日郵政儲金一年期定
期儲金固定利率，按日加計利息；原核定為免稅者，自核發免稅證明書之
次日起算加計利息。

第12條　（刪除）

第13條

被繼承人死亡前因重病無法處理事務期間舉債、出售財產或提領存款，而其繼承人對該項借款、價金或存款不能證明其用途者，該項借款、價金或存款，仍應列入遺產課稅。

第14條　　（刪除）

第15條

被繼承人為軍、警、公教人員，因執行任務死亡，而依本法第十八條第一項後段加倍減除其免稅額者，繼承人應提出被繼承人死亡時，服務機關出具之執行任務死亡證明書。

第16條　　（刪除）

第17條

本法第二十條第一項第四款所稱受扶養人，指符合下列各款情形之一之受扶養人：

一、贈與人及其配偶之直系尊親屬年滿六十歲或未滿六十歲而無謀生能力，受贈與人扶養。

二、贈與人之直系血親卑親屬未成年者，或已成年而因在校就學，或因身心障礙，或因無謀生能力，受贈與人扶養。

三、贈與人之同胞兄弟姊妹未成年者，或已成年而因在校就學，或因身心障礙，或因無謀生能力，受贈與人扶養。

四、贈與人之其他親屬或家屬，合於民法第一千一百十四條第四款及第一千一百二十三條第三項規定，未成年，或已成年而因在校就學、身心障礙或無謀生能力，確係受贈與人扶養。

第18條

依本法第二十一條在贈與額中扣除之負擔，以具有財產價值，業經履行或能確保其履行者為限。負擔內容係向贈與人以外之人為給付得認係間接之贈與者，不得主張扣除。

前項負擔之扣除，以不超過該負擔贈與財產之價值為限。

第19條

不動產贈與移轉所繳納之契稅或土地增值稅得自贈與總額中扣除。

第三章　申報及通知

第20條

被繼承人死亡時遺有財產者，不論有無應納稅額，納稅義務人均應填具遺產稅申報書向主管稽徵機關據實申報。其有依本法規定之減免扣除或不計入遺產總額者，應檢同有關證明文件一併報明。

贈與稅納稅義務人辦理贈與稅申報時，應填具贈與稅申報書，檢同有關證明文件，據實申報。

第21條

本法第二十三條規定之遺產稅申報期間，如被繼承人為受死亡之宣告者，應自判決宣告之日起計算。

第21條之1

被繼承人死亡後始經法院判決確定為其所有之財產，遺產稅之納稅義務人應自判決確定之日起六個月內補申報遺產稅。

第21條之2

本法第十九條、第二十四條及第二十五條所稱一年內，係按曆年制計算。

第22條

遺產稅納稅義務人為二人以上時，應由其全體會同申報，未成年人或受監護宣告之人應由其法定代理人代為申報。但納稅義務人一人出面申報者，視同全體已申報。

稽徵機關核定之納稅通知書應送達於出面申報之人，如對出面申報人無法送達時，得送達於其他納稅義務人。

遺產稅應納稅額、滯納金、罰鍰及應加徵之利息，在不超過遺產總額範圍內，仍得對遺產及已受納稅通知確定之繼承人之財產執行之。

第四章　估價

第23條

被繼承人在國外之遺產或贈與人在國外之贈與財產，依本法第一條或第三條規定應徵稅者，得由財政部委託遺產或贈與財產所在地之中華民國使領館調查估定其價額其無使領館者，得委託當地公定會計師或公證人調查估

定之。

第24條

林木依其種類、數量及林地時價為標準估定之。

第25條

動產中珍寶、古物、美術品、圖書及其他不易確定其市價之物品，得由專家估定之。

第26條

車輛、船舶、航空器之價值，以其原始成本減除合理折舊之餘額為準，其不能提出原始成本之證明或提出原始成本之證明而與事實顯不相符者，得按其年式及使用情形估定。

第27條

債權之估價，以其債權額為其價額。其有約定利息者，應加計至被繼承人死亡日或贈與行為發生日止已經過期間之利息額。

第28條

凡已在證券交易所上市（以下簡稱上市）或證券商營業處所買賣（以下簡稱上櫃或興櫃）之有價證券，依繼承開始日或贈與日該項上市或上櫃有價證券之收盤價或興櫃股票之當日加權平均成交價估定之。但當日無買賣價格者，依繼承開始日或贈與日前最後一日該項上市或上櫃有價證券之收盤價或興櫃股票之加權平均成交價估定之，其價格有劇烈變動者，則依其繼承開始日或贈與日前一個月內該項上市或上櫃有價證券各日收盤價或興櫃股票各日加權平均成交價之平均價格估定之。

有價證券初次上市或上櫃者，於其契約經證券主管機關核准後至掛牌買賣前，或登錄為興櫃股票者，於其契約經證券櫃檯買賣中心同意後至開始櫃檯買賣前，應依該項證券之承銷價格或主辦輔導推薦證券商認購之價格估定之。

第28條之1

公司依證券交易法規定私募之有價證券，繼承開始日或贈與日，於上市、上櫃或興櫃有同種類之有價證券買賣者，依下列方式估定之：

一、繼承開始日或贈與日該公司上市或上櫃有價證券當日收盤價與當日前

一個月內各日收盤價之平均價格，從低估定之；當日無買賣價格者，以繼承開始日或贈與日前最後一日該有價證券之收盤價，與該日前一個月內各日收盤價之平均價格，從低估定之。但無前一個月內各日收盤價之平均價格者，以繼承開始日或贈與日之收盤價估定之；繼承開始日或贈與日無買賣價格者，以繼承開始日或贈與日前最後一日之收盤價估定之。

二、興櫃公司之私募股票，依繼承開始日或贈與日該公司興櫃股票當日加權平均成交價與當日前一個月內各日加權平均成交價之平均價格，從低估定其價值；當日無買賣價格者，以繼承開始日或贈與日前最後一日該興櫃股票加權平均成交價，與該日前一個月內各日加權平均成交價之平均價格，從低估定之。但無前一個月內各日加權平均成交價之平均價格者，以繼承開始日或贈與日之加權平均成交價估定之；繼承開始日或贈與日無買賣價格者，以繼承開始日或贈與日前最後一日之加權平均成交價估定之。

未上市、未上櫃且非興櫃之股份有限公司私募普通股股票，以繼承開始日或贈與日該公司資產淨值估價，並依第二十九條第一項及第二項規定調整估價。

第29條

未上市、未上櫃且非興櫃之股份有限公司股票，除第二十八條第二項規定情形外，應以繼承開始日或贈與日該公司之資產淨值估定，並按下列情形調整估價：

一、公司資產中之土地或房屋，其帳面價值低於公告土地現值或房屋評定標準價格者，依公告土地現值或房屋評定標準價格估價。

二、公司持有之上市、上櫃有價證券或興櫃股票，依第二十八條規定估價。

前項所定公司，已擅自停業、歇業、他遷不明或有其他具體事證，足資認定其股票價值已減少或已無價值者，應核實認定之。

非股份有限公司組織之事業，其出資價值之估價，準用前二項規定。

第30條

預付租金，應就該預付租金額按租期比例計算其賸餘期間之租金額，為其

承租權之價額，但付押金者，應按押金額計算之。

第31條

地上權之設定有期限及年租者，其賸餘期間依左列標準估定其價額：

一、賸餘期間在五年以下者，以一年地租額為其價額。

二、賸餘期間超過五年至十年以下者，以一年地租額之二倍為其價額。

三、賸餘期間超過十年至三十年以下者，以一年地租額之三倍為其價額。

四、賸餘期間超過三十年至五十年以下者，以一年地租額之五倍為其價額。

五、賸餘期間超過五十年至一百年以下者，以一年地租額之七倍為其價額。

六、賸餘期間超過一百年者，以一年地租額之十倍為其價額。

地上權之設定，未定有年限者，均以一年地租額之七倍為其價額。但當地另有習慣者，得依其習慣決定其賸餘年限。

地上權之設定，未定有年租者，其年租按申報地價年息百分之四估定之。

地上權之設定一次付租、按年加租或以一定之利益代租金者，應按其設定之期間規定其平均年租後，依第一項規定估定其價額。

第32條

永佃權價值之計算，均依一年應納佃租額之五倍為標準。

第33條

典權以典價為其價額。

第34條

礦業權、漁業權之價值，應就其賸餘年數依左列倍數估計之：

一、賸餘年數為一年者，以其額外利益額為其價額。

二、賸餘年數超過一年至三年以下者，以其額外利益額之二倍為其價額。

三、賸餘年數超過三年至五年以下者，以其額外利益額之三倍為其價額。

四、賸餘年數超過五年至七年以下者，以其額外利益額之四倍為其價額。

五、賸餘年數超過七年至十二年以下者，以其額外利益額之六倍為其價額。

六、賸餘年數超過十二年至十六年以下者，以其額外利益額之七倍為其價額。

七、賸餘年數超過十六年者，以其額外利益額之八倍爲其價額。

前項額外利益額，謂由各該權利最近三年平均純益減除其實際投入資本，依年息百分之十計算之普通利益額後之餘額，未經設權之土法礦窯及未經領證之漁業，本無期限，不能認爲享有礦業權、漁業權者，應就其營業利得，依週息百分之五還原計算其價額。

礦業權、漁業權除依前二項規定，就各該權利徵遺產稅或贈與稅外，就經營各該業所設廠號之商號權，不再徵遺產稅或贈與稅。

第35條

無形資產之估價，除另有規定外，準用前條之規定。

第36條

定期年金之價值，就其未受領年數，依左列標準估計之：

一、未領受年數在一年以下者，以一年年金額爲其價額。

二、未領受年數超過一年至三年以下者，以一年年金額之二倍爲其價額。

三、未領受年數超過三年至五年以下者，以一年年金額之三倍爲其價額。

四、未領受年數超過五年至七年以下者，以一年年金額之四倍爲其價額。

五、未領受年數超過七年至九年以下者，以一年年金額之五倍爲其價額。

六、未領受年數超過九年至十二年以下者，以一年年金額之六倍爲其價額。

七、未領受年數超過十二年至十六年以下者，以一年年金額之七倍爲其價額。

八、未領受年數超過十六年至二十四年以下者，以一年年金額之八倍爲其價額。

九、未領受年數超過二十四年至一百年以下者，以一年年金額之九倍爲其價額。

一〇、未領受年數超過一百年者，以一年年金額之十倍爲其價額。

第37條

無期年金或因特殊情形不能依前條規定計算之年金，其價值之計算，得按實際情形，比照前條所列標準估定之。

第38條

終身年金以給付人或受領人或第三人之終身爲付給之標準者，其年金價值之計算方法，依左列標準估定之：

一、年齡未滿十歲者，以一年年金額之九倍爲其價額。

二、年齡十歲以上未滿二十歲者，以一年年金額之八倍爲其價額。

三、年齡二十歲以上未滿三十歲者，以一年年金額之七倍爲其價額。

四、年齡三十歲以上未滿四十歲者，以一年年金額之五倍爲其價額。

五、年齡四十歲以上未滿五十歲者，以一年年金額之三倍爲其價額。

六、年齡五十歲以上未滿六十歲者，以一年年金額之二倍爲其價額。

七、年齡在六十歲以上者，以一年年金額爲其價額。

第39條

附有條件之權利及不定期之權利，就其權利之性質，斟酌當時實際情形估定其價額。

第40條

共有財產或共營財產之價額估定，應先估計其財產總淨值，再核算被繼承人遺產部分或贈與人贈與部分之價值。

第40條之1

納稅義務人於本法第十七條之一第二項規定之一年期間內，給付被繼承人配偶之財產爲遺產者，其價值之計算，應以該項財產核課遺產稅之價值爲準；給付之財產爲遺產以外之財產者，其價值之計算，以給付日爲準，並準用有關遺產之估價規定辦理。

第41條

遺產或贈與財產價值之計算，本法及本細則無規定者，依市場價值估定之。

第五章　繳納

第42條

贈與人對依本法規定應申報之贈與財產，未申報或已申報而有漏報或短報情事，而贈與人並有本法第七條第一項情形時，各受贈人應對各該次贈與

之未申報、漏報或短報行為，按其受贈財產之比例在受贈財產範圍內負繳納稅款及利息之責。

第43條 （刪除）

第43條之1

本法第三十條第四項所稱中華民國境內之課徵標的物，指依本法規定計入本次遺產總額或贈與總額並經課徵遺產稅之遺產或課徵贈與稅之受贈財產，其所在地於中華民國境內者。

第44條

被繼承人遺產中依都市計畫法第五十條之一免徵遺產稅之公共設施保留地，納稅義務人得以該項財產申請抵繳遺產稅款。

依本法第七條第一項之規定，以受贈人為納稅義務人時，納稅義務人得以受贈財產中依都市計畫法第五十條之一免徵贈與稅之公共設施保留地申請抵繳贈與稅款。

前二項之公共設施保留地，除於劃設前已為被繼承人或贈與人所有，或於劃設後因繼承移轉予被繼承人或贈與人所有，且於劃設後至該次移轉前未曾以繼承以外原因移轉者外，得抵繳之遺產稅或贈與稅款，以依下列公式計算之金額為限：

公共設施保留地得抵繳遺產稅或贈與稅之限額＝依本法計算之應納遺產稅額或贈與稅額×（申請抵繳之公共設施保留地財產價值÷全部遺產總額或受贈財產總額）

第45條

納稅義務人依本法第三十條第四項規定申請以實物抵繳遺產稅或贈與稅時，應於核定繳納期限內繕具抵繳之財產清單，申請主管稽徵機關核准。主管稽徵機關應於接到申請後三十日內調查核定。

申請抵繳稅款之實物，不合於本法第三十條第四項規定者，主管稽徵機關應即述明不准之理由，通知納稅義務人仍按原核定繳納期限繳納。如不准抵繳之通知書送達納稅義務人時，已逾原核定繳納期限或距原核定繳納期限不滿十日者，應准納稅義務人於通知書送達日起十日內繳納。

申請抵繳稅款之實物，如有部分不合本法第三十條第四項規定者，應通知

納稅義務人就不合部分補繳現金。

第46條

納稅義務人申請以繼承或受贈中華民國境內之課徵標的物抵繳遺產稅或贈與稅者，其抵繳價值之計算，以該項財產核課遺產稅或贈與稅之價值為準。

前項抵繳之標的物為折舊或折耗性之財產者，應扣除繼承發生日或贈與日至申請抵繳日之折舊或折耗額；其經設定他項權利者，應扣除該項權利之價值或擔保之債權額。

前項之他項權利為抵押權者，其擔保之債權於抵繳後經債務人清償，致抵繳價值超過原抵繳稅款者，準用第四十八條第一項規定辦理。

納稅義務人申請以課徵標的物以外之財產抵繳遺產稅或贈與稅者，其抵繳價值之計算，以申請日為準，並準用有關遺產或贈與財產之估價規定辦理。

第47條

以土地或房屋抵繳應納稅款者，主管稽徵機關應查明該項土地或房屋應納未納之其他稅款同時抵繳。

第48條

以實物抵繳應納稅款者，用以抵繳之實物其價額如低於應納稅額，納稅義務人應於辦理抵繳時以現金補足。其價額超過應納稅額者，應俟實物處理變價後，就賣得價款淨額，按抵繳時超過稅額部分占抵繳實物全部價額之比例，計算其應退還之價額，於處理變價完竣之日起一個月內通知納稅義務人具領。

前項所稱賣得價款淨額，指抵繳實物處分之價款，扣除各項稅捐、規費、管理及處分費用後之餘額。

依第一項及第四十五條第三項規定，應以現金補繳者，納稅義務人得依本法第三十條第二項規定申請分期繳納。

第49條

經主管稽徵機關核准以土地、房屋或其他實物抵繳稅款者，納稅義務人應於接到核准通知書後三十日內將有關文件或財產檢送主管稽徵機關以憑辦

理抵繳。

前項抵繳之財產為繼承人公同共有之遺產者，應檢送下列文件或財產：

一、繼承登記及移轉登記之申請書。

二、符合本法第三十條第七項規定之繼承人簽章出具抵繳同意書一份，如有拋棄繼承權者，應附法院准予備查之證明文件。

三、土地或房屋之所有權狀、其他財產之證明文件或抵繳之財產。

四、符合本法第三十條第七項規定之繼承人簽章出具切結書一份，聲明該抵繳之土地倘在未經辦妥移轉登記為國有財產前，經政府公告徵收時，其徵收補償地價，應由財政部國有財產署具領。

五、其他依法令應提出之文件。

第一項抵繳之財產為納稅義務人所有屬前項以外之財產者，應檢送下列文件或財產：

一、移轉登記之申請書。

二、土地或房屋之所有權狀、其他財產之證明文件或抵繳之財產。

三、其他依法令應提出之文件。

第50條

納稅義務人未於前條規定限期內，將各項產權移轉登記所需之有關文件或抵繳之財產，檢送主管稽徵機關者，應依本法第五十一條規定辦理。其應以現金補足應納稅款者亦同。

第51條

經主管稽徵機關核准抵繳遺產稅、贈與稅及第四十七條規定欠稅之實物，應移轉登記為國有，管理機關為財政部國有財產署，並依財政收支劃分法及本法第五十八條之二規定註明直轄市、市、鄉（鎮、市）及長期照顧服務法設置之特種基金應分給之成數。但抵繳之實物為公共設施保留地且坐落於收入歸屬之直轄市、市、鄉（鎮、市）轄區內者，按其分給之成數分別移轉登記為國、直轄市、市、鄉（鎮、市）有。

抵繳之實物應儘速處理，在管理期間之收益及處理後之價款，均應依規定成數分解各該級政府之公庫及長期照顧服務法設置之特種基金，其應繳納各項稅捐、規費、管理及處分費用，應由管理機關墊繳，就各該財產之收益及變賣或放領後之價款抵償。

第52條　（刪除）

第52條之1

本法第四十一條第一項之納稅保證，係指提供符合稅捐稽徵法第十一條之一規定之擔保品所為之擔保。

第53條

經稽徵機關核發遺產稅或贈與稅繳清證明書後，得經利害關係人申請核發副本。其申請補發遺產稅或贈與稅免稅證明書、同意移轉證明書、不計入遺產總額證明書、或不計入贈與總額證明書者，亦同。

第六章　罰則及附則

第54條

依本法第四十三條規定之舉發獎金，主管稽徵機關，應於收到罰鍰後十日內，通知原舉發人限期領取。

第55條　（刪除）

第56條

本法及本細則規定之各種書表格式由財政部定之。

第57條

本細則除中華民國九十八年九月十七日修正發布之第二十二條第一項規定自九十八年十一月二十三日施行外，自發布日施行。

附錄14 遺產稅不計入遺產總額、免稅額及扣除額調整表（103年1月1日以後適用）

項目	內容	繼承發生日（死亡日）在98年1月22日以前		繼承發生日（死亡日）在98年1月23日以後	繼承發生日（死亡日）在103年1月1日以後	繼承發生日（死亡日）在111年1月1日以後
		調整前	95年起按物價指數調整後			
免稅額		700萬	779萬	1200萬	1200萬	1333萬
不計入遺產總額之金額	被繼承人日常生活必需之器具及用具	72萬	80萬	80萬	89萬	89萬
	被繼承人職業上之工具	40萬	45萬	45萬	50萬	50萬
扣除額	配偶扣除額	400萬	445萬	445萬	493萬	493萬
	直系血親卑親屬扣除額	40萬	45萬	45萬	50萬	50萬
	父母扣除額	100萬	111萬	111萬	123萬	123萬
	身障特別扣除額	500萬	557萬	557萬	618萬	618萬
	受被繼承人扶養之兄弟姊妹祖父母扣除額	40萬	45萬	45萬	50萬	50萬
	喪葬費扣除額	100萬	111萬	111萬	123萬	123萬

附錄15　遺產稅及贈與稅跨局申辦適用條件彙整表

適用要件	遺產稅	贈與稅
對象	・遺產總額在「3,000萬元以下」且未列報不計入遺產總額財產（汽、機車除外） ・適用遺產稅申報稅額試算服務之案件	贈與人為經常居住中華民國境內之中華民國國民，且非限制行為能力人或無行為能力人
財產種類	・不動產 ・現金及存款 ・投資理財帳戶、電子支付帳戶、記名式儲值卡、基金、信用合作社之社員股金 ・上市（櫃）、興櫃之有價證券、短期票券 ・未上市（櫃）且非興櫃股票及有限公司出資額之個別投資面額不超過500萬元 ・保險 ・汽（機）車 ・死亡前二年內贈與之財產	・不動產 ・現金 ・上市（櫃）及興櫃公司股票（股權） ・未上市（櫃）且非興櫃股票（股權）之個別投資面額不超過500萬元
扣除額／不計入贈與總額之財產	・配偶、直系血親卑親屬及父母扣除額 ・身心障礙扣除額 ・農地農用扣除額 ・債權人為金融機構且合計700萬元以下之未償債務扣除額 ・合計500萬元以下之應納未納稅捐、罰鍰及罰金扣除額 ・喪葬費 ・每筆土地公告現值500萬元以下之公共設施保留地扣除額	・捐贈各級政府、公立教育、文化、公益、慈善機關、公有事業機構或全部公股之公營事業之財產 ・贈與民法第1138條所定繼承人之農地 ・配偶相互贈與 ・父母於子女婚嫁時所贈與之財物，總金額不超過100萬元

適用要件	遺產稅	贈與稅
不適用跨局申辦類型	・逾期申報、代位申報、遺囑執行人申報及遺產管理人申報案件 ・被繼承人為經常居住中華民國境外之中華民國國民及非中華民國國民之申報案件 ・列報自遺產總額中扣除配偶剩餘財產差額分配請求權案件 ・列報配偶剩餘財產差額分配請求權為遺產或列報自遺產總額中扣除被繼承人死亡前六年至九年內繼承財產之再轉繼承案件 ・被繼承人遺產或繼承人身分涉及法院判決、調解或和解之案件 ・被繼承人為軍警公教人員因執行職務死亡加倍計算免稅額案件 ・被繼承人死亡前二年內出售不動產，其土地公告現值及房屋評定現值合計超過500萬元 ・經代為收受國稅局審酌，需另行查核之案件	・已逾核課期間案件 ・同年度之前次贈與稅案尚未核定或屬違章案件。 ・農地回贈案件 ・農業發展條例第38條之1視同農地案件 ・法院判決、調解、和解移轉財產案件 ・遺贈稅法第7條第1項但書第3款死亡時贈與稅尚未核課案件

國家圖書館出版品預行編目資料

遺產繼承DIY／陳坤涵編著.--十版--.--臺北
市：書泉出版社,2023.04
　　面；　公分--（小市民法律大作戰；24）
ISBN 978-986-451-303-1（平裝）
1.CST: 繼承 2.CST: 遺產稅 3.CST: 問題集
584.5022　　　　　　　　　112002770

3T33 小市民法律大作戰系列024

遺產繼承DIY

編 著 者— 陳坤涵（269.1）

發 行 人— 楊榮川

總 經 理— 楊士清

總 編 輯— 楊秀麗

副總編輯— 劉靜芬

責任編輯— 黃郁婷

封面設計— 姚孝慈

出 版 者— 書泉出版社

地　　址：106台北市大安區和平東路二段339號4樓

電　　話：(02)2705-5066　　傳　　真：(02)2706-6100

網　　址：https://www.wunan.com.tw

電子郵件：shuchuan@shuchuan.com.tw

劃撥帳號：01303853

戶　　名：書泉出版社

總 經 銷：貿騰發賣股份有限公司

電　　話：(02)8227-5988　　傳　　真：(02)8227-598

網　　址：http://www.namode.com

法律顧問　林勝安律師

出版日期　2000年 6 月初版一刷
　　　　　2016年10月九版一刷
　　　　　2022年 8 月九版二刷
　　　　　2023年 4 月十版一刷
　　　　　2023年11月十版二刷

定　　價　新臺幣480元